아스펜Aspen에서 체르마트Zermatt까지

멋진 세상, 스키로 활강하다

Into Deep Snow

양삼승 지음

박영사

민 · 유 · 지 · 태
네
손주의
씩씩한
앞날을
바라며

머리말

1999년 3월, 세기의 전환기에 공직을 떠나 자유업을 시작한 이후, 2000년 4월 이런저런 이유로, 해외스키여행을 처음 경험하였다. 그 후 매년 한 해도 거르지 않고 일년에 적어도 한두 번씩 외국의 스키장을 찾아다녔다. 그리고 다녀올 때마다, 매일매일의 일지를 가능한 한 상세히 적어두었고, 나아가, 그곳의 트레일 맵(trail map)은 물론이고, 나머지 관계되는 자료들도 모아 보관해왔다.

이제 2020년이 되어 해외스키여행을 시작한 지 꼭 20년이 되다 보니, 그동안 경험해 본 일들을 정리해서 기록으로 남겨두고 싶은 생각이 들었다. 돌이켜 보니 여러 가지 일들이 많이 있었는데 내가 경험한 것들을 토대로, 있는 그대로 적어보기로 하였다. 운동경기가 끝난 후 "재미있는 이야기들은 패배자의 락커 룸(locker room)에 있다"고 한다. 나의 이 이야기에도 실패한 이야기, 고생한 이야기, 엉뚱한 이야기들을 많이 담으려고 노력하였다. 나의 못난 점을 털어 놓고 이야기하는 것은 나를 카타르시스에 이르게 할 뿐 아니라, 남을 편안하게 해준다고 생각한다.

다음으로, 혹시라도 내가 이미 다녀온 곳을 방문하게 될 다른 스키어(skier)들을 위해서, 스키장에 관한 정보들은 될 수 있는 한 상세히 적어 두었다. 예를 들어, 돌로미테(Dolomite)나 프랑스의 어떤 스키장에 관해서는 약간 지루할 정도로 자세히 슬로프(slope)나 마을의 이름을 나열한 곳도 있는데, 이는 이와 같은 이유에서 이루어진 것이다. 따라서 가능하다면, 이 책을 읽어가면서, 해당 스키장의 트레일 맵(trail map)을 미리 구하여 지도와 함께 대조해 가면서 보면 흥미를 더할 것이라고 생각된다.

덧붙여, 이 책을 쓰기 시작할 때부터 가졌던 생각은 아니었지만, 글을 써가면서 보니, 새로운 소망이 마음속에 자라고 있음을 느끼게 되었다. 즉, 내가 스키를 하면서 깨닫게 된 좋은 생각들, 예를 들면 자연법칙에 대한 "순응", 잠시의 괴로움을 참고 견디는 "인내", 다른 사람에 대한 "배려", 그리고 내가 가장 중요하게 여기는 것인 난관을 앞에 두고 이를 극복하려는 "용기"를, 나의 손주들이 커가면서 배우기를 바라는 것이다.

그동안 모아 놓았던 자료들을 다시 꺼내어 글로 옮기고 사진을 정리하는 작업을 해온 지난 18개월 동안은, 혼자서 조용히 즐긴 행복한 시간이었다. 코로나19 사태를 기회로 삼아, 지난 20년간의 스키여행을 처음부터 끝까지 다시 한 번 새롭게 해보는 느낌이었고, 아름다운 추억에 마음껏 잠겨보는 시간이었다.

참고로, 나의 "주관적인 가치판단"에 따라, 일본스키장들의 이야기는, 이 책에서 적지 아니하였고, 다만, 부록에서 내가 방문했던 스키장의 목록과 날짜만을 적어 두었다.

끝으로 결코 녹록지 않았을 여행이었음에도 불구하고 거의 모든 스키여정을 나와 함께 해 준 아내에게 감사한다.

2020년 7월

양 삼 승

차 례

01

샤모니Chamonix의 추억

발레 블랑쉬Vallée Blanche를 타다

'Chamonix'라고 쓰고, '샤모니'라고 읽는 프랑스 알프스의 이 마을 이름은 어릴 적 나에게는 꿈과 낭만의 대상이었다.

중·고등학교시절 집에서 학교까지 걸어서 등·하교를 하는 중간쯤에 '샤모니'라는 이름을 가진 빵집이 있었는데, 읽을 줄도, 뜻도 모르고 6년간 막연한 동경심을 가지고 지나다녔다.

그러한 곳에 스키를 타러 가는 꿈이 2012년 3월에 이루어졌다.

샤모니 마을은, 서유럽의 알프스 최고봉인 몽 블랑(Mont Blanc)(4,807m) 산 바로 아래에 있는 해발 약 1,100m, 인구 만 명 정도의 작은 마을이다. 하지만 알파인 스키의 발상지이자 성지이며, 1924년에는 제1회 동계올림픽이 개최된 장소이기도 하다.

샤모니에는 13개의 초급, 중급, 상급자를 위한 스키코스가 있는데, 많은 사람은 유럽에서 가장 긴 스키코스(12 '또는' 14마일)인 발레 블랑쉬(Vallée Blanche)(White Valley)를 타보기 위해서 온다. 코스의 길이를 12 '또는' 14 마일이라고 표시한 것은, 눈 상태가 좋아서 계곡의 끝까지 가면 14마일이 되지만, 그렇지 않아서 (눈이 녹거나 없어서) 중간에서 마치게 되면 12마일이 된다는 뜻이다.

그런데, 위 코스를 실제로 타기 전에 반드시 주의할 점이 두 가지가 있다. 무모하게도, 나는 앞서 두 가지를 모두 지키지 못하고 내려갔지만, 사고 없이 끝난 것은 오로지 행운이었다고 생각한다.

하나는, 반드시 현지의 로컬 가이드(local guide)를 고용하는 것이다. 가이드는 스키스쿨 또는 호텔에 부탁하면 어렵지 않게 구할 수 있다. 그들이 필요한 이유는 눈 상태나 지형뿐 아니라, 크레바스(crevasses)나 세락(serac) 또는 아바란치(avalanche: 눈사태) 등 치명적일 수 있는 위험상황을 가장 잘 파악하고 이를 피할 수 있도록 안내해 주기 때문이다.

에귀 뒤 미디 행 곤돌라 입구

에귀 뒤 미디 정상

둘째는, 스키를 메고 얼음굴을 지나 스키를 타기 시작할 수 있는 평평한 곳(콜 사들: Col Saddle)까지 30분쯤 내려가는 구간이 좁고, 가파르고 미끄럽기 때문에, 만일의 사태에 대비하여, 가이드와 스키어들의 몸을 연결하여 묶는 안전벨트(작업장비, 하네스: harness)를 반드시 장착하여야 하는 것이다. 아니면 자칫 미끄러져 천길 낭떠러지 밑으로 떨어질 수가 있기 때문이다.

이제, 아침을 든든히 먹고, 점심식사 할 음식과 음료수를 챙겨, 에귀 뒤 미디(Aiguille du Midi: needle of high noon)로 올라갈 케이블 카를 타는 곳까지 간다. 이 케이블 카는 중간에 한번 갈아타게 되어 있는데, 정상, 에귀 뒤 미디(Aiguille du Midi: 3,842m)까지 가는 두 번째 케이블 카는 세계에서 가장 길다고 한다.

정상에는 두 개의 높은 탑 모양의 바위가 솟아 있는데, 케이블 카는 남쪽 탑에 도착한다. 내려서 절벽 사이로 연결해 놓은 다리를 건너 북쪽 탑으로 가면 곳곳에 전망대가 있어 알프스의 준봉들을 볼 수 있다. 날씨가 좋으면 스위스 체르마트(Zermatt)의 마터호른(Matterhorn)도 볼 수 있다.

호텔에서 나와 걷고, 기다리고, 타고 하여 여기까지 도착하면 이미 한 시간 반 또는 두 시간 정도가 지나게 된다.

이제 본격적으로 발레 블랑쉬(Vallée Blanche)를 탈 단계이다. 스키를 메고 북쪽 바위탑의 굴속을 통과하여 걸어나오면, 높은 고도 때문에 이미 숨이 차다. 굴 안에서 나와 눈앞의 알프스 준봉들을 바라보면서, 스키를 내려놓고 준비해온 안전장구(하네스: harness)를 묶고 가이드와 연결시킨다. 이제 그 유명한 에귀 뒤 미디 능선(Aiguille du Midi Ridge)을 내려가야 한다. 경사가 아주 급하고 폭이 1.5m쯤 되며 길이가 500미터 정도 되는 좁은 능선인데, 양쪽이 모두 겁나는 낭떠러지 벼랑이다. 한 손으로는 스키를 들고,

다른 손으로는 헐렁하게 옆에 처져 있는 밧줄을 잡고, 옆걸음으로 조심스럽게 내려간다. 옆에 설치된 한 줄 짜리 밧줄은 거의 도움이 되지 않는다. 최근에 위험도를 줄이기 위해 원래의 길 옆쪽으로 S자(갈지 자) 모양의 길을 하나 더 만들어 놓았지만, 이 역시도 아찔하기는 마찬가지다. 30분 정도 내려오니 드디어 평지(콜 사들: Col Saddle)에 도착하여 한숨을 돌리고 뒤로 돌아보니, 두 개의 바위탑과 이들을 연결한 다리, 전망대, 내가 내려온 아찔한 길 등이 보이는데, 어떻게 저기를 내려왔나 싶다. 이제 호텔을 출발한 지 어느덧 두 시간이 훨씬 넘게 지났다.

　드디어 스키를 신고 내려갈 준비를 마쳤다. 발레 블랑쉬(Vallée Blanche)를 샤모니 쪽에서 내려가는 코스는 네 개가 있다 하는데 우리는 정상(콜 드 미디: Col du Midi)에서 오른쪽으로 내려가는, 발레 블랑쉬 클래식(Vallée Blanche Classic) 코스를 택했다. 경사가 비교적 완만하고 쉬운 편이어서 가장 많이 이용되는 코스라고 한다.

　여기서부터가 오랫동안 동경해 오던 발레 블랑쉬(Vallée Blanche) 코스의 주행이 시작되는 곳이다. 기대와 우려가 뒤섞여 잔뜩 긴장된 마음으로 눈덮인 빙하 위를 활강해 내려가는데, 눈이 바람에 날려가서, 설면이 약간 딱딱하기는 하지만 경사도가 심하지 않아 편안하고 안심이 된다. 하지만, 언제 어느 곳에서 크레바스가 나타날지 모르니, 앞선 리더가 지나간 자국을 놓치지 않고 따라가려고 애쓴다. 빙하라는 것은 여러 해에 걸쳐 쌓인 눈이 딱딱해져 얼음같이 변한 것인데, 오랜 시간 동안 계곡에 쌓여있으면서, 중력에 의하여 아주 서서히 계곡의 아래방향으로 강물과 같이 흘러내려 가기 때문에 그러한 이름이 붙여졌다. 그런데 그 흘러내리는 속도가 경사도나 그 밑의 지형에 따라 일정치 않고 서로 다르기 때문에, 그 얼음이 '찢어지는' 경우가 있고, 바로 여기에 커다란 '틈'이 생기

위험한 진입로

발레 블랑쉬 출발

에귀 뒤 미디 앞에서

게 된다. 어떤 틈은 위에 쌓인 눈으로 살짝 덮여진 경우가 있어 겉으로 보이지 않기 때문에 자칫 모르고 지나치다가 빠질 위험이 있다. 그래서, 현지 상황을 잘 아는 로컬 가이드(local guide)의 안내를 받아 그가 지나간 길에서 크게 벗어나지 않도록 신신당부를 받는 것이다.

바람이 세서 단단하게 다져진 정상 부근을 어느 정도 내려오니, 깊고 부드러운 파우더 스노우(powder snow)로 뒤덮인 중간 부분에 다다른다. 이제 눈 상태도 좋아지고 슬로프(slope)도 넓어져서 편안한 마음과 함께 자신감도 생긴다. 그렇게 되자 비로소 빙하협곡(꿀루아: couloirs) 양 옆으로 하늘을 찌를 듯이 솟아있는 알프스의 준봉들이 눈에 들어오기 시작한다. 사진과 영상으로만 보던, 르 드루(Le Dru), 라 베르트(La Verte), 그랑 조라스(Grandes Jorasses) 등이 줄지어 늘어서 있다. 절경에 도취되어 잠시 스키를 멈추고, 눈덮인 준봉들을 사진기에 담기가 바쁘다. 힘들게 여기까지 온 것이 보람이 있다고 스스로 칭찬을 아끼지 않는다.

즐거움을 만끽하면서 편안한 활강을 계속하다 보니 마음이 안정되면서 슬슬 시장한 기운이 돈다. 시간을 확인해 보니 어느덧 12시를 훨씬 넘어 한 시 가까이 되었다. 이미 호텔을 나선 지 다섯 시간, 스키를 타기 시작한 지 두 시간 가까이 지난 것이다. 주변을 두리번거리면서 배낭 속에 준비해 온 점심거리를 먹을 적당한 장소를 찾아본다. 오늘은 날씨가 좋아 태양이 화창하게 비추고 있고, 시간이 한낮인 만큼 땀이 살짝 날 정도로 더워, 어디에 그늘진 곳이 없나 찾게 된다.

그 때 저만큼 멀리에 작은 집채만한 평평한 '얼음 봉우리' 위에 먹을거리를 펼쳐놓고 식사 중인 무리가 보인다. 그보다 좀더 멀리에는 더 큰 얼음덩이가 있고 그 밑으로 상당히 큰 그늘이 생겨 있는데 아무도 없는 빈 곳이어서 잘 되었다 싶어 그곳에 자리를 잡고 앉아 싸온 빵으로 점심식사를 해결하고 있었다.

　그런데 우리 옆으로 지나가는 다른 팀의 가이드들이 무어라고 큰 소리를 지르면서 손으로 우리가 앉아 있는 얼음바위를 가리킨다. 우리는 무슨 뜻인지 모르고 편안히 점심과 휴식을 즐겼다. 나중에 알게 된 것이지만, '무식하면 용감해진다'고 우리는 정말 위험한 짓을 하고 있었던 것이다. 우리가 그늘을 지고 있던 얼음바위는 소위 세락(seracs)이라고 하는 것으로, 빙하가 급경사 진 언덕을 내려올 때, 빙하의 균열에 의해서 떨어져 나온 큰 집채만한 얼음덩어리로 날씨가 따뜻해져서 온도가 올라가면 녹아 무너져 내릴 위험성이 크다고 한다. 그래서 그 부근에는 오래 머무르지 않도록 주의해야 한다는 것이다.

　아무튼 다행으로 별일 없이 점심을 마치고 하강을 계속하였는데, 즐거움과 편안함은 거기까지였다. 즉, 이후부터는 세락지대(Seracs du Geant)로서 마치 큰 무덤 같은 '모굴(mogul)' 지대가 한참 계속되어 정상적인 활강이 불가능한 지형이었다. 원래 모굴스키는 상당히 고난도의 특별한 스키기술을 필요로 하는 것이어서 일반스키어들에게는 힘든 구간이다. 달리 피해 갈 방법이 없어, 땀 범벅이 되어 생존을 위한 스키를 하면서 수백 미터를 내려오니, 어느 정도 편안한 지역에 접어들었다. 이곳이 유럽에서 가장 길다는 빙하 "메르 드 글라스"(Mer de Glace: sea of ice 빙하의 바다) 구역이다. 잠시 숨을 돌리면서 한참 동안 활강을 계속하니, 마침내 갈림길에 해당하는 몽땅베르(Montenvers) 지역에 도착한다. 앞서 말한 바와 같이 정상에서 이곳까지의 거리가 12마일이 되고, 그 이하의 계곡의 눈상태가 좋지 않으면 여기에서 활강을 마치고 기차역으로 스키를 메고 올라가, 기차로 샤모니역으로 귀환해야 하는 것이다. 만약 눈상태가 스키를 탈 수 있을 정도로 좋으면 2마일 정도 더 내려간 후 그곳에서 기차로 귀환하

그랑 조라스 앞에서

게 된다. 이 구간이 리프트로 올라갈 수 있는, 세계에서 가장 긴 '수직하강'(vertical descent)구간이라 한다.

우리의 경우는 아랫부분의 눈이 녹아 스키를 할 수가 없다 하여, 그곳에서 멈추었다. 대신 그곳에 있는 몽땅베르 얼음동굴을 잠시 구경하기로 하였다. 빙하의 얼음 속으로 동굴을 파서 각종 조각들을 얼음에 새겨 구경하게 하였는데 충분한 볼거리가 되었다. 그런데 빙하가 계속 조금씩 밑으로 흘러내려가기 때문에 어느 정도 기간이 지나면 몇 년마다 다시 조각을 해야 한다고 한다.

얼음동굴 구경을 마치고 이제 기차역으로 올라갈 단계이다. 과거에는 빙하지역표면과 기차역의 언덕지역이 거의 평면이어서 스키를 메고 조금만 올라가면 되었는데, 이제는 빙하가 녹아 빙하 높이가 계속 줄어드는 바람에 (매년 4m 정도씩) 100미터 이상 가파른 언덕을 스키를 메고 올라가야 한다. 장시간 스키를 타서 피곤한 상태에서 다시 스키를 들고 올라가야 하니, 스키를 멜 수 있는 배낭이 있었으면 좋겠다는 생각이 간절하다. 아무튼 힘들게 언덕을 올라오니 바로 샤모니 행 기차역이 있고, 잠시 기다려 기차에 몸을 맡기고 샤모니로 향하면서, 뿌듯한 성취감에 잠긴다. 많은 스키어의 꿈이자, 나 스스로도 오랫동안 소망해 오던 과제를 드디어 해낸 것이다. 샤모니에 귀환하니 이미 오후 네 시가 지나, 오늘 하루는 완전히 발레 블랑쉬(Vallée Blanche)에 바친 셈이다.

샤모니에는 알파인 스키의 발상지인 만큼, 위 발레 블랑쉬(Vallée Blanche) 이외에도 많은 스키장이 있다. 13개의 스키장에, 200개 이상의 리프트, 총연장 435마일의 스키 트레일(trail)을 자랑한다. 초·중·고급의 스키어들이 능력에 따라 적절히 즐길 수 있는데, 그중 상급자를 위한 레 그랑 몽테(Les Grands Montes)(3,300m) ('위대한 산'이라는 뜻)는 특히 악명 높다. 우리 일행 중 한 명이 눈 상태가 좋지 않아 출입금지표시가 되어있는데도 이를 무시하고 들어가 활강하다가 미끄러져 넘어져 머리에 큰 부상을 입고 현지 병원에 후송되어 장기간 입원한 일까지도 있었다. 안전을 위한 표시는 철저히 지켜야 한다는 교훈을 얻었다.

몽 블랑(Mont Blanc)은 프랑스에 속해 있지만 이태리, 스위스와도 국경을 접하고 있어 그곳에도 훌륭한 스키장들이 있다. 우선 인접한 스위스 스키장은 베르비에(Verbier)(3,300m)로서, 가이드조차도 자칫 길을 잃을 정도로 스키장이 크고 넓다 한다. 역시 인접한 이태리 스키장은 꾸르마요르(Courmayeur)(2,755m)로서, 이태리의 프로 스키어가 꼽는 이태리 3대 스키장 중 하나이다(나머지 두 곳은 돌로미테(Dolomite)와 쩨르비니아(Cervinia)이다).

샤모니의 스키장을 나의 경험에 비추어 한마디로 요약하자면 그 이름과는 다르게, 결코 낭만적이거나 녹록하지 않다. 오히려 험하고 까다로운 스키장이다. 다소 과장하자면 '사납다'고까지 할 정도라고 생각된다. 따라서 특히 가이드 없이 오프 피스트(off-piste)(정설해 놓은 구역 이외의 구역) 스키를 타는 것은 극히 위험하다. 초급자용 이외의 스키슬로프들은 모두 가파르고 위험요소가 많이 숨어있다고 보아, 조심하는 것이 필요하다.

나아가 샤모니에서는 시내에서 리프트(lift)까지 접근하는 것이 용이하지 않다. 숙소로부터 상당한 거리를 걸어야 하거나, 셔틀(shuttle)을 타거나, 자동차를 이용해야 할 경우가 많다.

추가하여, 내가 스스로 경험해 보지는 못하였지만 스키어에게는 '성지순례'라고 불리는 '오뜨 루트'(Haute Route: high route)를 소개해 둔다. 이 코스는 샤모니의 아르장띠에(Argentiere)에서 출발하여 스위스의 체르마트(Zermatt)와 사스-페(Saas-Fee)까지 65마일을 스키를 타고 알파인 투어링(Alpine Touring)을 하는 것이다. 웅장한 알프스의 설봉들을 감상하면서 하늘

길을 스키로 즐기는 코스이다. 중간에 산장에서 머물면서 가는 데 현지 가이드와의 동행은 필수적이다.

샤모니에 관한 마지막 이야기를 스키가 아닌 다른 이야기로 마무리한다.

샤모니 마을의 가장 중앙 부분, 조그마한 광장 로타리에는, 두 남자가 함께 서있는 동상이 세워져 있다. 한 남자는 옆으로 약간 기대어 손으로 멀리 어떤 곳을 가리키고 있고, 다른 남자는 주인인 듯 점잖게 그곳을 바라보고 있다. 그 주인공이 바로 스위스(제네바) 출신의 귀족이자, 과학자인 베네딕트 드 소쉬르(Benedict de Saussure)이다. 그는 과학적인 호기심으로 몽 블랑 산에 지대한 관심을 가지고 있었으나, 혼자서는 정상에 등정할 기술도 체력도 없다는 사실을 깨달았다. 그 대신 1760년에, 최초로 정상에 오르는 사람에게는 보상을 하겠다고 제안하여, 드디어 1786년 8월 8일 수정채취업자이자 프랑스 등반가인 자크 발마(Jacques Balmat)와 샤모니의 의사인 미셸 파카드(Michel Paccard)가 정상 정복에 최초로 성공하고 보상금을 받았다. 이제 등반경로가 개척되자 드 소쉬르도 등반을 시도하여 성공하였다. 유복한 귀족 출신답게 그는 18명의 하인과 온갖 사치스럽다고까지 할 장비(침대, 텐트, 사다리 등등)를 동원하였다. 아무튼 그는 등반에 성공하였고, 이를 기념하기 위하여 샤모니 마을의 가장 중심지에 소쉬르와 발마의 동상을 세워 기념하고 있다. 발마의 손끝이 가리키고 있는 곳이 몽 블랑 정상이다.

알프스를 뒤로 한 샤모니

몽 블랑을 바라보며

02

헬리 스키Heli-Ski 이야기

아트Art와 사이언스Science의 환상적 결합

'헬리스키'('Heli-Ski')라는 말은 '헬리콥터-스키'('helicopter-ski'), 즉 헬리콥 터('헬기'라고 줄인다)를 이용하여 스키를 즐기는 방식을 말한다. 그 용어에 서부터 쉽게 알 수 있는 바와 같이, 먼저 헬기를 타고 눈 덮인 산의 정상 까지 날아가서 눈 위로 내린 다음, 스키를 신고 경사면을 따라 산 밑으로 활강하여 내려오는 것이다.

이와 같은 헬리스키는, 보통의 스키, 즉 스키용 리프트(lift)를 타고 올 라가서 정설된 슬로프를 타고 내려오는 방식과는 두 가지 점에서 근본적 으로 다르다.

첫째는 높은 곳으로 '올라가는 방법'이 다르다. 지면에 고정되어 설치 된 기둥들을 따라 연결된 강철 로프에 매달려 위쪽으로 끌려 올라가는 것이 아니다. 헬기라는 수직 이착륙이 가능한 비행기를 이용하는 것이므 로, 눈이 덮여 있는 한 이론상 어느 곳이든 스키를 타기 위하여 갈 수 있 다. 물론 피해갈 수 없는 절벽이 있다거나 바위가 너무 많이 돌출되어 있 는 곳은 안되겠지만 이는 실제상의 문제일 뿐이다.

둘째는 낮은 곳으로 '내려가는 길(코스)'이 다르다. 상당기간 동안 스키 를 타보았고, 또한 어느 정도의 스키기술을 익힌 스키어들의 꿈은, TV나 영화의 화면에서 보듯이 아무도 지나간 적이 없는 백색의 설면을 우아한 모습으로 최초의 S자 흔적을 남기면서 내려오는 것이다. 이것이 헬리스 키에서는 가능하다. 커다란 정설차량으로 설면을 매끄럽게 다듬어 놓고 그 위를 타고 내려오는 보통의 스키에서는 생각지도 못할 장면이다. 이 는 마치 양탄자를 잘 깔아놓고 그 위를 내려오는 것과 같아서 스키 본래 의 모습이 아니다.

오랜 망설임과 두려움을 과감히 떨쳐버리고 제대로 된 헬리스키에 도 전해 보기로 결심하고 실행에 옮긴 것은 2008년 1월이었다. 여기서 '제대

헬기 모습

헬기 이륙

헬기 탑승

로 된'이라고 표현한 것은 사실 이보다 2년 반 전인 2005년 8월에 뉴질랜드에서 우연한 기회에 하루짜리 헬리스키를 타보기는 했기 때문이다. 그러나 이는 너무 약식이었고 헬리스키 본연의 맛을 느끼기에는 턱없이 부족한 것이었다.

물론 커다란 걱정과 의문점들이 나를 사로잡고 있었다.

당연히, 나의 스키 기술이 헬리스키를 감당하기에 충분한가? 아니, 즐기기에 충분하지는 못할지라도 적어도 모든 일정을 소화하지 못하거나 남에게 폐를 끼칠 정도는 아닌가 하는 걱정이 앞섰다.

여기에 더하여 안전에 관한 문제들, 예를 들어 수시로 뜨고 내릴 헬기는 과연 안전할까, 혹시라도 눈사태를 만나거나 하면 어떻게 되나, 활강해 나가는 도중에 갑자기 앞에 절벽이 나타나지나 않을까 등도 불안을 가중시켰다.

그래서 나의 헬리스키 경험을 구체적으로 이야기하기에 앞서, 헬리스키 일반에 관한 궁금증을 먼저 어느 정도 해소시켜 보기로 한다.

먼저 어떤 부류나 기술을 갖춘 스키어이어야 할까? 어느 헬리스키 전문 회사가 정리한 바에 따르면, 다음에 드는 여섯 가지의 징표 중에서 몇 가지 (아니면, 거의 대부분)에 해당된다면 헬리스키를 할 수 있다고 보아도 좋다고 한다.

즉, ① 당신은, 최근 수년간의 스키시즌 중에 전통적인 스키장에서 (즉, 정설된 눈 위에서) 큰 산을 여러 번 활강하여(다운힐: downhill) 내려온 경험이 있다.

② 당신은, 어떠한 눈상태나 기상조건하에서도 주저하지 않고 기꺼이 통상의 스키장의 상급자 코스(블랙 런: black run)를 선택한다. 하지만, 헬리스키는 통상의 스키장의 black 코스보다 훨씬 더 어렵다는 점을 명심

해야 한다.

③ 당신은, 스키 타는 것을 좋아해서 여러 날이 걸리는 스키여행을 기꺼이 하고, 나아가 여러 날 동안 연속해서 스키를 탈 수 있을 정도로 건강(튼튼)하다.

④ 당신은, 당신보다 경험이 많고 스키기술이 뛰어난 스키어와 함께 스키를 하더라도 크게 뒤처지지 않고 함께 보조를 맞추어 나갈 수 있다.

⑤ 당신은, 주변 상황상 필요한 때에는, 스키를 신고, 사이드-슬립(side-slip: 옆으로 슬슬 미끄러져 내려오는 것), 스텝-업 사이드웨이(step-up sideways: 옆으로 슬슬 걸어 올라가는 것), 트래버스(travers: 길게 옆으로 활주해 가는 것) 그리고 킥턴(kick turn: 그 자리에 서서 방향을 바꾸는 것)을 할 수 있다. 그리고 비록 지금까지 파우더 스노우(powder snow)를 제대로 타본 적은 없더라도 다져진 slope를 타다가 가끔 이를 벗어나 오프 피스트(off-piste)로 들어가 보기도 하였고, 또한 이러한 상태(백 컨트리, back country 조건)에서도 그런대로 균형을 잡고 내려왔다.

⑥ 당신은, 현재 고급 성능의 스키 장비를 사용하여 스키를 타고 있고, 또한 그 고급 장비의 장점(다른 장비와의 차이점)을 느끼고 있다.

이러한 테스트를 자신있게는 아니지만 어느 정도 통과하였다면, 이제 헬리스키에 도전할 기본 조건은 갖추어 졌다고 보아도 좋을 것이다.

먼저, 눈은 얼마나 깊이 쌓여 있을까? 지역에 따라 다르겠지만, 내가 경험했던 카나디안 록키(Canadian Rockies)의 록키 마운틴 트렌치(Rocky Mountain Trench)의 경우 연간 12미터 내지 20미터의 눈이 '내린다'. (물론 매년 큰 차이가 난다.) 이렇게 '내린' 눈(snowfall)은 많은 양이 바람에 날리고 또한 눌려지고 해서 2.5m 내지 5m 정도 만이 '자리 잡힌'('안정된': settled) 눈으로 남는다. 즉, 1m의 눈이 지면에 쌓여있기 위해서는 약 4m의 눈이 내려야 한다. 그리하여 지면에 있는 약 3m 이하의 나무나 바위 등의 장애물은 모두 눈 밑으로

점심식사 시간

숨어 버리게 되어 백색의 설면 만이 우리 눈에 보이게 되는 것이다.

이렇게 내려 쌓인 눈은 초기에는 당연히 깃털 같은 가루눈(powder snow) 이다. 그러나 바람에 날리거나, 낮 동안 햇빛을 받아 표면이 녹은 후 밤 동안 기온이 떨어져 얼게 되면 눈 상태가 달라진다. 낮 동안 겉 표면 눈이 살짝 녹아 작은 물방울이 생겼다가 밤에 얼게 되면 마치 옥수수 알갱이 같이 변하게 되어 이를 '콘 스노우(corn snow)'라고 부른다. 이러한 눈이 스 키타기에는 가장 편안하고 쉬운 상태라 한다.

반면에 낮 동안 기온이 많이 올라서 눈 표면의 상당 부분이 녹아 액체 상태로 되었다가 이것이 밤에 얼게 되면, 상당한 두께의 딱딱한 얼음 층 이 형성되게 된다. 이를 크러스트(crust: 딱딱한 빵 껍질)라 하는데, 스키 타기 에 가장 불편한 상태가 된다. 밟으면 얼음 층이 부스러졌다가 그 아래에 서 나타난 눈 위에서 스키를 타야 하기 때문이다. 스키어들이 가장 바라 마지않는 상태는 파우더(powder) 상태로 그대로 남은 눈 위에서 활강하는 것이다. 완만한 S자를 백설 위에 남기면서 우아하게 계곡을 향해 내려가 는 모습은 예술이고 환상이다. 그래서 헬리스키를 "아트(art)와 사이언스 (science)의 환상적 결합"이라고 이야기한다. 많은 사람이 이러한 경험을 해보기 위하여, 시간·비용·정력을 들여 여기까지 오는 것이다.

그러나 많은 세상일이 그러하듯이 꿈같이 우아한 이러한 스킹(skiing) 은 대부분 '항상 그리고 길게' 누릴 수 있는 행복이 아니다. 우선 이러한 파우더(powder) 상태의 눈이, 낮 동안 내내 햇볕에 노출(open)된 넓은 경사 면에서는 흔하지 않다. 더욱이 넓은 경사면을 마음껏 활강할 수 있을 정 도의 '좋은 시야(visibility)'가 확보되는 날씨도 드물다. 고산 지대인 만큼 수 시로 안개 끼고, 바람 불어 눈이 날리는 경우가 많기 때문이다. 더욱이 야 속하게도 10명 내외의 스키어들에게 가이드(guide)들이 강조해서 요구하는 사항 중 하나가, 다음 그룹(group)의 스키어들을 위한 배려에서 가급적 좁은 구간을 공유해서 (즉, 넓게 퍼져서 신설을 많이 망가뜨리지 말고) 활강해 달라는 것이다. 가끔은 앞사람의 스키 흔적을 슬쩍 벗어나 진정한 버진 스노우(virgin snow) 위를 활강하는 쾌감을 느껴보기도 하지만 항상 그렇게 할 수는 없다. 한 그룹 10명 정도의 스키어들을 앞에서 '인도'하고 뒤에서 '보호'해 주는 두 명의 가이드들은 고마운 존재이지만, 가끔은 야속한 존재이기도 하다. 정상에서 출발하여 질 좋은 파우더(powder)의 눈을 신나게 활강해서 즐기고 있는데 중간쯤의 지점에서(저 밑으로 아직 좋은 눈이 많이 남아 있는데도) 방향을 옆으로 틀어 나무 숲 사이로 들어가 버리는 것이다. 어쩔 수 없이 따라 들어가서 소위 '임간스키'(tree ski)를 하게 된다. 아주 촘촘하지는 않지만 그래도 빠져나가기 수월하지 않은 커다란 나무 사이를 나무와 충돌없이 앞사람을 놓치지 않을 정도의 속도로 쫓아가는 것은 녹록지 않다. 더욱이 처음 지나간 사람은 파우더(powder) 상태의 눈을 지나갔지만, 뒤따라 가는 사람은 약간은 다져진 따라서 더 잘 미끄러지는 좁은 길을 따라가야 하니 어려움이 가중된다. 정해진 길 위를 가는 스키는 속도 줄이기와 방향전환에 각별한 주의와 어느 정도의 기술도 필요하다. 초기에는 가이드를 원망하는 마음으로 가득 찼으나, 시간이 지나면서 그 이유를 점차 알게 되었다. 즉, 트리 스키(tree ski)에는 좋은 시야(visibility)와 질 좋은 눈(powder snow)을 확보해 주는 장점이 있는 것이다. 우선 탁 트인 공간(open space)에서는 안개나 바람의 영향에 그대로 노출되어 있으나 숲 속은 나무가 이를 막아주어 시야가 좋다. 또한 나무 숲 속에서는 바람이나 햇빛의 영향이 상대적으로 적어서 파우더(powder)상태로 쌓인 눈이 그대로 남아있는 경우가 많다. 이와 같은 장점이 있기 때문에 트리 스키(tree ski)는 유용하고, 나의 느낌으로는, 헬리스키한 시간의 거의 반 정도는 트

눈을 헤치고

가슴까지 눈 속에

리 스키(tree ski)를 했던 것으로 기억된다.

트리 스키(tree ski) 이야기를 하다 보니 트리 웰(tree-well)을 언급하지 않을 수 없다. 트리 웰(tree-well)이란 굵고 키 큰 나무 위로 눈이 많이 내려 쌓이게 되면 이상한(재미있는) 현상이 나타나게 되는 것이다. 즉, 눈이 지면에 닿아있는 나무 기둥의 주위에 균등하게 쌓여지는 것이 아니라, 나무 주위의 일정 구간(약 몇십 센티미터 정도)에는 눈이 없고 마치 우물(well) 같이 텅 비어있는 상태로 된다. 때로는 그 깊이가 2m 정도까지 되어 자칫 그 구멍(우물)에 거꾸로(즉, 머리가 아래로 되어) 박히게 되면 혼자 힘으로는 빠져나올 수 없게 되기 때문에 각별히 주의해야 한다고 안전교육을 받았었다. 이러한 구멍이 생기는 이유에 대하여 내가 어떤 책에서 읽은 바로는, 나무기둥에서 발생되는 에너지(열기)때문에 그 부근의 눈이 녹아서 생기는 것이라고 하는데, 더 정확한 과학적 근거는 미지수이다.

헬리스키에 필수 장비인 헬기에 대하여 본다. CMH회사(이에 대해서는 뒤에서 좀더 상세히 본다)의 설명에 따르면, 가장 기본적인 헬기는 엔진 두 개, jet 추진의 승객 11인용의 Bell 212S 기종이라 한다. 그 밖에 소규모 그룹(예를 들어, 4, 5인 그룹 등)을 위하여는 Bell 407S, Bell 206L3S도 이용된다 한다. 모든 헬기에는 헬리스키 용도로 사용하기 위하여 약간의 변형이 가해진다. 우선 눈 위에 착지할 수 있도록 '스키드 기어'('skid gear': 바닥이 스키같이 생긴 것)와 스키를 운반할 수 있도록 헬기 양쪽에 뚜껑이 달린 '사이드 베스킷(side basket)'이 설치되어 있다. 나아가 조종사, 가이드, 베이스 롯지(base lodge: 숙소), 다른 스키 구역, 기타 외부기관과 상시 무선연락을 할 수 있는 무선 장비가 갖추어 있음은 물론이다.

헬기가 스키어와 장비를 싣고 이륙(lift off)하면, 조종석 앞의 모니터에 다음 착륙지의 위치가 선명하게 표시된다. 물론 여러 정보들을 종합하여 수백 군데의 착륙가능지점 중에서 최적의 랜딩 포인트(landing point)를 정하고, GPS에 의하여 자동으로 항로가 인도된다. 이미 착륙 가능한 수백 곳의 포인트(point)에는 깃대가 꽂혀져 있어서 쉽게 식별가능하다. 물론 활강하여 도착할 목표 지점도 정확히 표시되어 있고, 나아가 비상시에 대피할 장소까지 사전에 세심하게 준비되어 있다. 그리고 이 대피장소에는 모든 구급 장비가 상시 보관되어 있다. 한 그룹에는 보통 10명정도가 팀을 이루는데, 가이드가 두 명(한 명은 맨 앞에서 리드하고, 다른 한 명은 맨 뒤에서 감시한다)씩 따라 붙는다. 이 두 명의 가이드는 매번 활강('run'이라 한다)시에 서로 임무를 바꾸어 맡기도 한다. 이 가이드들은 숙달된 전문가들이다. 평균 가이드 경력이 12.5년이고 CMH 가이드 자격을 따는 데는 8년 정도 걸린다. 대개 캐나다, 미국, 독일, 스위스, 프랑스, 이탈리아, 오스트리아, 뉴질랜드 출신이 많고, 여름에는 각각 자기나라에서 산악가이드로 일하는 것이 보통이라 한다. 이들은 진정 산사나이들이다. 시즌이 시작되기 훨씬 전에 엄격한 테스트를 거쳐 채용되는데, 가장 중요한 훈련(시험)내용은 스키 할 지역의 지형을 완벽하게 숙지하는 것이다. 즉, 스키 구역(터레인: terrain)의 어느곳에서라도 현지의 상황, 활강할 구역, 그 전방의 상황(절벽이나 바위가 있는지 등)에 대한 모든 내용을 상세하게 알고 있어야 한다. 그들에게 파우더 스노우(powder snow)에서의 스키 기술은 기본이다.

헬리스키를 즐기려는 모든 스키어에게 가장 큰 걱정거리는 눈사태(아바란치: avalanche)의 위험이다. 아바란치(avalanche)가 생기는 원인 및 예방 방법에 대해서는 전문가들의 많은 연구가 쌓여 있지만 완벽한 예방 방법은 아직 없다. 눈사태는 근본적으로 이미 쌓여진 깊은 눈이 기온의 상승으로 그 윗부분이 녹아 눈의 구조가 달라진 상태에서 다시 그 위에 눈이 내림으로써, 서로 다른 상태의 눈이 겹쳐져 있을 때 약간의 외부충격으로

눈 속 활

도 층이 다른 눈이 대량으로 미끄러져 내려오는 것이다. 위험 구역에 미리 폭약을 터뜨려 그 충격으로 위험한 눈층을 쓸어내 버리기도 한다. 큰 스키장에서 가끔 폭탄 터지는 소리가 들리는 것은 이 때문이다.

이러한 예방조치 이외에 스키 타는 현장에서 취할 수 있는 조치로는 무전송수신장치(트랜시버: transceiver)가 있다. 즉, 스키어 각자가 이 장치를 스키복 안쪽에 '발신 장치'를 켜고 장착하여 스키를 타다가 눈사태에 휩쓸려 눈 속에 갇히게 되면 그 발신신호를 보내어 동료에게 위치를 알려주게 하는 것이다. 이러한 상황이 되면 눈에 갇히지 않은 다른 동료들은, 이를 '수신상태'로 전환함으로써 신호음을 추적하여 구조를 가능하게 하는 시스템이다. 이러한 송수신 신호의 실제 훈련은 헬리스키를 시작하기 전에 가이드의 지도아래 철저히(여러 시간 동안) 연습하도록 법으로 규정(강제)되어 있다.

그리고 CMH의 경우에는 가이드 이외에도 스키어 네 명 중 한 명(이는 임의로 지정된다.)은, 삽, 눈탐색봉, 긴급구조장비(first aid kit)가 들어있는 배낭을 반드시 메도록 되어 있다.

그 밖에 눈사태에 대비한 장비로는 ABS(avalanche balloons)라고 하는, 자동차에 장치된 에어 백(air bag) 같은 것이 있다. 즉, 스키어가 이를 메고 스키를 타다가 눈사태에 휩쓸리게 되면, 이것이 자동으로 터져 부풀어 올라 옴으로써, 자기의 위치를 알리고 또한 눈 속에서 숨쉴 수 있는 공간을 확보해 줄 수 있다는 것이다. 눈사태로 인한 사망의 대부분은 눈에 갇혀 생기는 저산소중에서 비롯된다 한다. 일부에서는 이 ABS장비의 장착을 법률로 의무화시키자는 주장도 있으나 아직은 선택사항에 머무르고 있다. 가장 큰 이유는 각 스키어들이 사용할 이 장비를 헬기에 싣게 되면 그 무게가 크게 증가하여 헬기 연료가 훨씬 많이 소요되는 등의 경제성에 문제가 있기 때문이라 한다.

이러한 우려들에 대하여 CMH측에서는 다음과 같은 통계자료를 인용하면서 스키어들을 안심시킨다. 즉, 40여 년의 기간 동안(즉, 138,640회의 ski-weeks: 스키 타는 한주간의 총계이다), 780만회의 스키활강(runs)을 하였는데, 단지 32명의 사망사고가 발생하였다. 이 중 23명은 눈사태로 인한 것이었다. 그러나 최근에는 이러한 사고가 현저히 줄었고, 가장 최근에는 헬기가 착지하면서 균형을 잃어 옆으로 넘어진 사고가 유일하다고 한다.

헬리스키를 하면서 들어 알게 된 두 가지 유익하고 흥미로운 내용을 소개한다.

하나는 하루의 일과 후 8명이 둘러앉아 함께 저녁식사를 하는 자리에서 헬기 조종사로부터 들은 이야기이다. 헬리스키 운영회사 또는 조종사의 입장에서 가장 좋은 날씨는 어떤 날씨일까? 맑고 화창하고 봄날같이 따듯한 날씨는 아니다. 오히려 영하 20도를 넘을 정도로 아주 추운 날씨이다. 왜냐하면 이런 때는 공기의 '밀도'가 높아(즉, 공기가 수축되어) 헬기의 날개가 적게 회전하더라도 쉽게 상승할 수 있기 때문이라 한다. 헬기운영에 있어서 가장 큰 부분을 차지하는 비용이 유류대임을 처음 들어 알게 되었다.

다른 하나는 많은 스키어들이 궁금해 하는 헬리스키(파우더 스키: powder ski)타는 기본 요령(?)에 관한 것이다. 헬리스키 가이드(guide)로부터 들은 골든 룰(golden rule)은 "Don't control your ski. Just wait until your ski comes."이다. 이해의 편의를 위해 내가 임의로 의역(paraphrase)해 본다면, "너의 밑에는 다져진 눈이 없으니"(너의 스키를 "눌러" 통제하려 들지 말아라.) "몸을(상체를) 전방으로 던지고(기울이고)나서 조금 기다리면 중력의 힘으로 몸이 폴 라인(fall line) 밑으로 떨어지면서", 너의 스키가 "자연히 뒤따라" 올 것이다.

물론 쉽게 익혀질 기술은 아니지만, 항상 염두에 두고 숙달시킬 사항이다. 이 원칙을 따르게 되면, 다져진 눈 위에서 탈 때와 같이 스키면을 '옆으로' 뉘어 엣지(edge)를 주는 대신에(그러한 edge를 받아줄 단단한 설면이 없다), 스키면 전체로 설면을 수직으로 누르는 '상하운동'을 하면서 점프(jump)하는 모습으로 된다. 따라서 이상적으로 파우더 스키(powder ski)를 하는 모습은 설면 위에서 위아래로 마치 춤추듯이 점프(jump)하면서 내려오는 형태가 될 것이다.

이제 일반적인 이야기는 이쯤에서 그치고, 구체적인 하루 일과를 설명함으로써 헬리스키 경험담을 적어본다. 나는 2008년과 2009년 1월 말부터 각 1주일 동안 CMH라는 캐나다 헬리스키 회사(좀더 자세한 내용은 뒤에서 본다)를 통하여 캐나디안 록키(Canadian Rocky)에서의 헬리스키에 2년 연속 참가하였다.

12개의 Ski Base 중에서 내가 선택한 곳은 레벌스톡(Revelstoke)이라는 작은 마을이다. 그곳에 도착한 당일 오후에, 나의 신체조건에 따라 나에게 맞는 스키(길이나 폭 등)를 배정받고(배정받은 스키에는 각자의 이름을 매직펜으로 적어둔다), 짐을 푼 다음, 그곳의 임직원들과 소개를 겸하여 훌륭한 저녁식사를 가졌다. 참가한 스키어들은 40명 정도로 10명씩 네 그룹으로 나누어 탈 계획이다.

다음날 아침 기상 후 6시 40분부터 20분 동안 (희망자에 한하여) 스트레칭을 통한 몸풀기를 한다. 헬리스키는 위험하지는 않지만 힘든(strenuous) 운동이기 때문에 이러한 몸풀기에 대한 참여는 강력히 권유된다. 7시 10분부터의 조찬을 마치고, 모든 준비를 마친 후 8시 10분 현장안전교육을 위하여 눈밭으로 출발한다. 그곳에서 트랜시버(transceiver) 등 안전장비를 각자 지급받고 가이드의 지도하에 한 시간 반 정도의 철저한 안전교육을

숲에서 나와서

받는다. 여기서는 당연히 자기 또는 동료가 눈사태에 휩쓸렸을 경우에 수색방법 및 구조방법이 가장 중요한 내용이 된다. 교육을 마치고 드디어 고대해 마지않던 헬기에 탑승한다. 이 때에는 헬기 네 대에 40명의 스키어들이 나누어 분승한 후 약 20여 분 비행한 다음 모두 같은 장소에서 내린다. 스키장비는 모두 단단히 묶은 후 가이드들이 헬기 옆에 설치되어 있는 바스켓(basket)에 싣고 간다. 헬기에서 내린 후 각자의 스키를 찾아 신고 이제 대망의 첫 활강준비를 한다. 통상 10명의 한 그룹에 앞뒤 한 명씩 두 명씩의 가이드가 배치되지만 첫날인 오늘은 40명이 한꺼번에 같이 스키를 타기 때문에 가이드 8명이 전방, 중간, 후방에 임의로 나누어져 있다. 출발신호에 따라 맨 앞의 가이드가 인도하는 바에 따라 40명이 우루루 무질서하게 뒤따라 간다. 능숙한 스키어는 바로 가이드 뒤를 쫓아가지만, 나같이 처음 경험자는 여러가지가 서툴러서 뒤로 처지면서 겨우겨우 따라가는 형색이 된다. 정신없이 뒤따라 30분쯤 내려가니 그곳에 헬기가 다시 대기하고 있다. 다시 나누어 한 헬기당 10명씩 타고 다른 산 정상으로 날아가 착지한다. 다시 비슷한 모습의 활강이 계속된다. 이와 같은 활강을 3회하자 13시경이 되어 점심식사시간이다. 숙소에서 마련한 점심식사거리(주로 따끈한 스프와 빵, 과일이다)를 헬기로 날라와 비교적 평평한 넓은 공간에서 모두 둘러앉아 식사를 한다. 아직 흥분이 채 가시지 않은 상황이지만 땀범벅이 된 상태라서 모든 음식이 꿀맛이다. 식사를 마칠 무렵 가이드가, 힘들어서 오후에도 계속 스키를 할 수 없는 사람은 미리 알려달라고 한다. 그런 사람은 점심식사 후 남은 음식을 싣고 숙소로 돌아가는 헬기에 함께 타고 돌아갈 수 있다고 한다. 다만 그 기회를 놓치면 어쩔 수 없이 끝까지 함께 행동할 수밖에 없다고 한다. 몇 명은 손을 들고 중도귀환을 선택한다. 나는 힘들지만 버텨보기로 한다. 오후에도 같은 내용의 활강이 세 시 반경까지 세 번 더 계속된다.

최종 활강을 마치고 헬기로 숙소에 돌아오니 네 시가 조금 지났다. 파김치가 된 몸으로 샤워를 하고 잠시 눈을 붙이니 정신이 약간 회복되어 7시경 시작되는 저녁식사에 참석한다. 40여 명을 5개조로 적당히 나누어, 다섯개의 테이블로 분산해서 배치하는데 각 테이블마다 CMH회사의 CEO나 조종사, 임직원들이 적어도 한 명은 끼도록 조정한다. 그래서 식사를 즐기면서 각종 대화를 유도하고 질문에 답할 수 있도록 배려하는 것이다. 사교와 외국어에 서투른 것이 보통인 동양인들에게는 약간 불편한 시간일 수도 있다.

다음날 아침, 헬리스키 2일째. 관례에 따라 아침운동과 조식을 마치고 나니 게시판에 그날 함께 스키를 탈 그룹이 10명 단위로 나뉘어 편성되어 있다. 그제서야 그룹편성에 관한 의문과 걱정거리가 해소됨을 느낄 수 있었다. 즉, 어제 40명의 스키어 전원이 가이드 8명과 함께 떼지어 혼잡스럽게 내려가는 과정에서, 가이드들은 우리 스키어들을 면밀히 관찰하여 그 스키능력을 이미 정확하게 분류해 두었던 것이다. 사실은 그 가이드들은 '면밀히' 관찰하였기 보다는 '한 번만 척 보면' 그 스키실력을 정확히 판단할 수 있을 정도의 도사들이었던 것이다. 그러고 보니, CMH의 안내서에 '그룹편성은 전적으로 가이드의 재량사항이고, 친한 친구끼리 함께 스키를 타지 못하더라도, 안전과 다른 스키어의 편의를 위하여 양해해 달라'는 문구가 적혀 있었음이 머리에 떠올랐다. 역시 최고전문가들의 치밀성에 승복하고 그대로 따를 수밖에 없었다. 이후 끝날 때까지 그러한 조편성은 특별한 사정이 없는 한 그대로 유지되었다.

그리고 매일 아침 조식시간 전후에 게시판을 보면 세 가지 중요사항이 기재되어 있다. 하나는 앞서 본 (스키실력에 따라) 함께 스키 탈 일행의 명

단이고, 둘째는, (모든 최근까지의 기상상황 등을 종합하여) 그날 스키를 탈 구역의 표시이며, 셋째는, 각 스키어마다 전날 스키를 탄 '수직활강거리'(vertical drop)의 표시이다. 특히 헬리스키에 있어서는, 스키로 활주한 거리(수평활주거리)는 별로 의미가 없다. 얼마나 높은 곳에서 낮은 곳으로 활강 했느냐가 중요한 것이기 때문이다. 이는 컴퓨터에 각 개인마다 자동입력, 합산되어 언제든지 이를 확인할 수 있다. 이는 흥미롭게도 다음 네 가지의 용도로 활용된다.

하나는, 스키어 개개인의 활강거리를 기록·합산하기 위한 용도이다. 즉, '기록관리용'이다. 둘째는, 이미 지급한 비용의 '반환'(refund)용이다. 즉, 예를 들어 7일간의 헬리스키(이 경우 보장되는 수직활강거리는 10만 피트이다)를 위한 비용으로 일정금액을 납입하였는데 헬기의 '기계고장' 또는 '악천후'로 인하여 위 보장된 10만피트를 타지 못한 경우에는 그 부족분에 대하여 1,000피트당 일정액을 반환해 주는 것이다. 셋째는, 이미 지급한 비용에 '추가'하여 청구하기 위한 용도이다. 즉, 7일간의 총 수직활강거리가 10만피트 이상이 되는 경우에는, 그 초과 1,000피트당 일정액을 추가하여 청구하는 것이다. 넷째는, 고객확보를 위한 차원에서 고객에 대한 서비스 용도이다. 즉, 위와 같이하여 계산된 수직활강거리의 누적거리가 100만피트를 넘게 되면 소위 '밀리언 피터(million feeter)'라고 축하해 주면서 기념품으로 회사의 로고가 찍힌 스키복을 모든 스키어의 축복과 부러움 속에서 증정하는 것이다. 7일짜리 스키상품의 보장거리가 10만피트이므로 최소 10번 정도는 참여하여야 이 기준에 도달할 수 있게 되니, 쉬운 일이 아님은 금세 알 수 있다. 드문 일이기는 하지만 내가 참여했던 해에는 '2 million feeter'도 탄생하여 모든 사람의 부러움을 받은 일도 있었다. 이렇게 되기 위해서는 20년을 매년 올 수도 있지만, 어떤 사람은 일년에 두세 번씩 온 경우도 있었다.

이제 끝으로 2008년과 2009년에 내가 참여했던 캐나다의 헬리스키 회사 CMH(Canadian Mountain Holidays) 및 그 진행 일정을 살펴본다.

위 회사는 오스트리아 출신 이민자인 한스 모스(Hans Gmos)에 의해서 1965년에 설립되었다. 캐나다에 이민 와서 눈에 덮인 Canadian Rockies를 보고 고국을 그리면서 그곳에 헬리스키를 할 수 있는 회사를 만들기로 결심하였다. 이를 위하여 15,765km²의 산악 지역(이는 스위스 총면적의 40%에 해당하고, 남한은 10만km²이다)을 캐나다 정부로부터 임차하였다. 그리고 부가부 (Bugaboos)라는 구역에 최초의 헬리스키용 숙소(lodge)를 건설하였다. 이곳에는 눈 덮인 산속에 고립되어 있으므로 오로지 헬기를 이용해서만 접근이 가능하다. 그 이후 하나씩 롯지(lodge)를 늘려가기 시작하여 현재는 총 12곳에 이러한 숙소가 있다. 이중에서 6곳은 외부와의 접촉·연락이 극히 불편하다(즉, 헬기로서만 가능하다). 내가 머물렀던 곳은 레벌스톡(Revelstoke) 이라는 곳으로서 아주 고풍스러운 작은 마을이다.

숙소에 도착한 첫날 방배정, 스키배정(부츠를 제외한 스키장비는 무료로 제공된다), 구조 및 직원 소개를 마치면 다음 날부터 같은 일정이 반복된다. 6시 전에 기상, 준비운동, 아침식사, 스키 할 장소와 그룹 공지, 장비를 갖추어 헬기 탑승, 목적지에서 착지, 오전에 5회 정도의 활강, 오후 1시경 설원에서의 중식, 다시 오후 4시경까지 3회 정도의 활강, 숙소로의 귀환, 샤워·휴식 후 동료 스키어 및 회사 직원(8인 내외)과의 와인을 곁들인 식사와 활기에 넘치는 대화(거의 그날 있었던 일들에 대한 것이다)로 이어진다. 이때 많은 정보와 스키에 관한 새로운 지평을 알게 된다. 예를 들면, 프랑스에서 온 어떤 사업가는 20년 넘게 매년(더욱이 어떤 해는 한해에 두 번 또는 세 번씩) 참가하였다. 또한 미국에서 온 어느 젊은 사업가는 매년 자기 혼자서

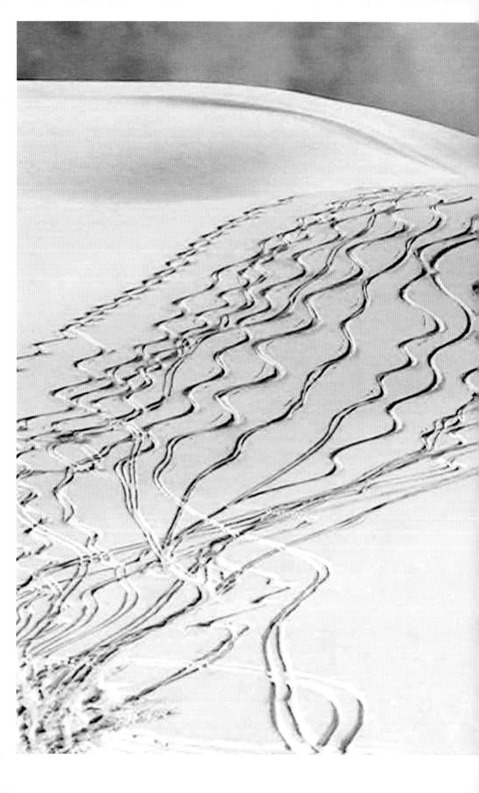

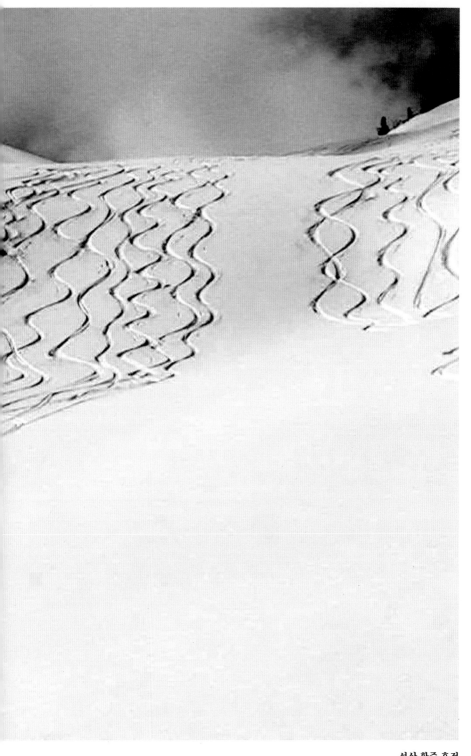

설상 활주 흔적

설상 집단 활주

전용으로 헬기를 이용하여 1주일쯤 즐기고 돌아간다. (이렇게 하면, 보통 그룹을 이루어 참여하는 경우보다 최소 4배 내지 10배의 비용을 더 부담하여야 한다.)

큰 용기를 내어 헬리스키에 도전한 나의 모습이 이러한 사람들에 비하여 어쩐지 초라해 보이기도 하고, 세상에는 나의 상상을 훨씬 뛰어넘는 일들이 일어나고, 그런 생각을 하는 사람들이 있음을 알게 되면서 겸손해지지 않을 수 없음을 느낀다.

광활한 눈 덮인 산, 예측불가능하나 다양한 설질, 첨단 문명의 이기인 헬기를 이용한 어느 곳에라도 접근가능성, 순백의 버진 스노우(virgin snow)를 활강하는 기쁨, 이 모든 것을 종합하면, 헬리스키는 분명 예술(art)과 과학(science)의 환상적인 결합이다. 그들은 스키에 대한 열정에 마음껏 빠져들기 위해 오늘도 헬리스키에 도전하고 있다.

오랫동안 잊혀지지 않는 에피소드 세 가지를 적어둔다.

먼저 그림자이다.

헬리스키에 익숙하지 않는 초보자에게 가장 큰 어려움은 파우더 스노우(powder snow)에서 넘어졌을 때의 상황이다. 스키하면서 넘어지는 일은 다반사이지만 파우더(powder)에서의 상황은 전혀 다르다. 즉, 눈이 전혀 다져져 있지 않기 때문에 바닥을 디디고 일어설 수가 없는 것이다. 가지고 있는 폴(pole)을 눌러 일어나려해도 끝없이 눈 속으로 들어가 버릴 따름이다. (나중에 guide에게 배운 방법은 pole 두 개를 '+'자 형으로 교차시켜, 눈위를 누르면 버팀목이 되어준다.)

한번 넘어지면, 눈이 깊은 만큼 머리를 포함하여 온몸이 눈으로 범벅이 된다. 고글(goggle)이 눈에 뒤덮여 앞이 보이지 않는다. 손으로 눈을 털어봐야 신통치 않다. 더욱이 땀이 범벅이 되어있는 만큼 눈이 금세 녹아 고글(goggle)에 얼어붙어 어려움이 가중된다. 급한 마음에 고글(goggle)을 벗어버리고, 맨눈으로 도전해 보는데, 이는 눈의 건강상 바람직한 모습이 아니다. 자칫, 설맹(雪盲)의 위험이 있다.

한번은 (헬리스키 첫날이다) 중간쯤 내려오다가 어김없이 넘어졌다. 머리가 밑으로 향하여 넘어졌기에 (이는 초보자에게 흔히 일어나는 불상사이다.) 얼굴이 눈 속에 깊이 파묻혔다. 순간적으로 눈이 얼굴을 뒤덮어 숨쉬기가 불편해졌다. 이러다가 질식되어 죽겠구나 절망하고 있는데 잠시 뒤(아마도 3, 4초 정도일 것이다) 얼굴의 눈이 녹아 숨쉬기가 편해졌다. 드디어 살았구나 하고 안도해 있는데, 갑자기 또다시 눈덩이가 얼굴에 떨어지면서, 숨이 막히게 되는 같은 상황이 반복되었다. 정신을 차리고 주변을 살펴보니, 내 옆에 있는 큰 나무 위에 쌓여있던 눈덩어리가 떨어지면서 하필이면 내 얼굴을 덮친 것이었다. 분명, 불행은 한번에 끝나지 않고, 반복해서 오는 모양이다.

다음은 빛이다.

헬리스키를 즐기기에는 나의 능력이 많이 부족하지만, 그래도 힘든 일만 계속되는 것은 아니다. 가끔은 모든 어려움을 잊게 해주는 황홀한 경험을 하기도 한다.

파우더 스노우(powder snow)로 뒤덮힌 스키자국이 없는(untracked) 경사면을 따라 활주해가다가 보면, 간혹 상하 몸동작의 리듬이 정확하게 이루어져서, 그야말로 날아가는 듯한 기분을 느낄 때가 있다. 천국에 들어가는 느낌인데, 바로 이 순간 내 몸에는 특별한 감각이 찾아온다. 즉, 온몸이 중력을 받아 수직방향으로 내려앉으면서 스키 밑의 눈이 압력을 받아 다져진 결과 그 반동으로 온몸이 솟구쳐 올라온다. 하강에서 상승으로 전환하는 짧은 그 순간, 잠시 우리 몸은 배꼽부분의 근육이 살짝 긴장되면서 무중력의 상태를 느낀다. 비행기를 타고 갈 때 에어 포켓(air pocket)을 만나 비행기가 급강하할 때 잠시 느껴지는 무중력 상태와 같다. 바로 이 순간을 위하여 하드 코어 스키어(hard core skier)들이 많은 부담을 감당하면서 헬리스키를 하는 이유이다.

끝으로 그림자와 빛이다. 헬리스키 첫해의 어느날, 평소와 같이 가이드(guide)와 일행들 일부는 저 앞에 앞서가다가 숲속으로 사라져들어갔다. 그 순간 그들의 모습은 숲에 가려져 내 시야에서 사라졌다. 놓쳐서는 안 된다는 생각으로 나도 서둘러 숲속으로 들어갔고, 파우더(powder)에 남겨진 스키자국을 쫓아 정신없이 앞으로 나아갔다. 그런데 그 어느순간 바로 눈앞에 높이가 적어도 3m는 되는 절벽이 나타났다. 물론 바위가 있지는 않아 크게 위험지역은 아니었지만, 앞서간 일행들이 이곳을 통과해 간 것은 틀림없어 보였다. 순간적으로 나는 고민에 빠졌다. 이 절벽을 우회할 다른 길은 전혀 없었다. 일행을 만나려면 이곳을 통과해야만 했다. 하지만 앞은 파우더 스노우(powder snow)가 깊이 쌓인 3m쯤의 절벽이다. 망설임 끝에 뛰어내리기로 작정하였다. 아니 그럴 수밖에 없었다. 파우더(powder) 위로 뛰어내리자 나의 온몸은 가슴부분까지 눈 속에 잠겼다가, 반동으로 다시 튀어올랐다. 다행히 넘어지지 않고 균형은 유지되었다. 이 순간 앞서 말한 무중력 상태가 느껴지고, 배꼽부근의 근육에 긴장감이 찾아왔다. 무사히 탈출하였다는 안도감과 함께 내 생애 최고의 황홀감을 느꼈다.

절벽 점프

나는 어떻게 스키를 했는가?

나는 46세이던 1993년 12월에 직장 선배의 권유로 처음 스키를 시작하였다. 첫 스키는 청바지에 파카를 입고 스키는 대여소에서 빌려서 했다. 물론 많이 힘들고 넘어지기도 여러 번 하였지만, 이상하게도 속도감있게 미끄러져 내려오는 것이 즐겁게 느껴졌다. 흥미를 느끼면서 최소한의 장비를 마련하였고, 주말이면 어김없이 용평의 스키장에 출근하였다. 새벽의 찬 공기 속을 운전하면서, 첫 리프트(lift)를 타려고 애써 달리던 기억이 생생하다. 처음에는 당연히 그린(green)코스에서 A자로 내려오는 것으로 시작하였으나, 다음 단계인 핑크(pink)코스로 올라가서는 처음 약 30m의 약간 경사진 코스가 그렇게 무섭고 두려울 수가 없었다.

시간이 지나 목표가 상향조정되어, 골드(gold)코스의 직벽을 넘어지지 않고 내려오는 것이 평생의(?) 소망사항으로 등장하였다. 여러 번의 실패끝에, 어느날 다리의 힘이 가장 좋을 때에 도전하는 것이 유리할 것이라는 생각으로, 아침 첫 스키를 gold 직벽에서 하였고, 이것이 성공하였다. 나의 스키역사상 큰 전환점이 이루어진 것이다. 다음 단계로 레드(red)코스를 여러 번 연습한 후, 그 해 스키시즌의 마지막쯤인 2월 말에는 감히 최상급인 실버(silver) 코스에 도전할 생각까지 하게 되었다. 다행히 자상하고 배려심 깊은 선배의 도움으로, 먼저 silver 차도와 처음 급경사(직벽) 부분을 우회해서 내려오는 코스를 여러 번 연습하여 자신감을 키운 뒤 드디어 시즌 끝무렵에는 실버(silver) 직벽을 넘어지지 않고 내려오는 대업(?)을 완성하였다. 나의 속마음으로는 한 시즌 동안에 그린(green)에서부터 실버(silver)까지 주파하였다는 자부심을 가지고 있다. 그런데 한참 후인 2014년의 일이지만 나의 둘째 며느리가 이보다 더한 일을 해내었다. 우리가족 모두가 계획한 해외 스키여행에 동참하기 위하여, "평생 처음으로 스키를 배워 2개월 동안 연습한 후", 스위스의 체르마트(Zermatt)까지 원정하여, 훌륭하게 즐기고 마무리한 것이다. 시아버지인 내가 평가하기로, 어떤 경기종목을 처음 배운 후 그 해에 올림픽에 출전한 것과 맞먹을 쾌거라고 칭찬해 주었다.

1994년 실버(silver)를 정복(?)한 후 매년 겨울 주로 용평에 다니면서 즐기고 단련해 왔다. 그러다가 1999년 자유업으로 직업이 바뀌면서, "이런저런 이유"로 해외스키(특히 초기에는 일본스키)에 열중하였다. 우선 눈의 양도 많고, 리프트에서 길게 기다릴 필요도 없는 것이 좋았으며, 더 나아가서는 국내나 일본에서는 맛볼 수 없는 광활한 풍경과 차원이 다른 스키장의 크기 및 자연조건에 매료되었다.

그러다보니 시야가 넓어 지면서 점점 더, 멀리, 크고 웅장한 곳을 찾아 나서게 되었으며, 급기야는 북미, 유럽을 넘어 남반구까지 경험하면서 오늘에 이르렀다.

20여년 동안을, 매년 겨울이 되면, 거의 습관적으로 해외의 스키장을 찾아 나서다 보니, 약간 이상한(?) 습관 내지는 강박관념이 생기게 되었다. 즉, 바깥의 기온이 영하로 떨어져 가는 시기에, 어쩌다 집에서 일찍 일어나 아직 어둠이 채 가시지 않은 바깥을 내다보면, 마음이 살짝 긴장되면서 스키복을 챙겨입고 눈 쌓인 바깥으로 나갈 준비를 해야 할 것 같은 생각이 나도 모르게 드는 것이다. 강박은 강박이로되, '건강한' 강박이라고 스스로 자위하고 있다.

끝으로 한 가지, 용평스키장 이야기이다.

우리나라에서 스키 역사가 시작된 이래 용평스키장은 스키 발전에 크게 이바지하였다. 초기에는 스키를 메고 언덕을 30분간 힘들게 올라가, 30초만에 스키타고 내려오는 어려움을 겪었다 한다.

세월이 가면서 발전을 거듭하여, 이제 레인보우 슬로프(rainbow slope)까지 만들어져서 제법 규모를 갖춘 스키장이 되었다.

하지만 아직 국제적인 스키장에 비교하기에는 부족한 점이 너무 많다. 그렇다 하더라도, 우리나라의 스키어에게 '커다란' 기여를 한 부분이 있다. 즉, 스키장의 관리나 슬로프(slope) 상태가 워낙 열악하여, 좁고 얼음판이 드러나는 위험한 구간이 많이 있지만, 상황을 바꾸어 생각해보니, 역설적으로 용평에서 "살아 남은" 스키어는, 세계 어느 곳의 스키장에서도 "쉽게 살아 남을 수 있는" 커다란 기여(?)를 하고 있는 셈이다.

03

체르마트ZERMATT의 스키 사파리Ski Safari

초원에 우뚝 솟은 뿔, 마터호른Matterhorn

체르마트(Zermatt)는 이탈리아와 국경을 접하고 있는 스위스의 작은 마을이다. 그 이름 중 'Zer'는 영어의 "the"에 해당하는 독일어 정관사 'der'이고, 'matt'는 영어의 "meadow", 즉 초원이라는 단어가 합쳐진 것이라 한다.

이 체르마트(Zermatt)의 상징이 마터호른(Matterhorn) 봉우리(4,478m, Mont Blanc 보다 300m 낮다.)인데 세계에서 가장 사진이 많이 찍힌 산으로, 파라마운트(Paramount) 영화사의 유명한 로고로 사용되고 있다. 역시 그 뜻은 'matter'(초원)과 'horn'(뿔, 영어의 horn)이 합쳐져서 '초원에 솟은 뿔'이라 한다. 나는, 같은 스키장에는 특별한 사정이 없는 한, 두 번이상 가지 않는 것을 원칙으로 해왔는데(가보고 싶은 곳이 워낙 많으므로), 이곳 체르마트(Zermatt)에는 2006년과 2014년에 두 번 갔었다. 이 두 번을 강조하는 이유는 뒤에서 보는 바와 같이 '엄청난 실수'가 있었기 때문이다.

체르마트(Zermatt)는 해발 1,772미터에 위치한 스위스의 유서 깊은 도시이다. 500년 이상 된 목조건물들이 즐비하고, 독일어를 사용하지만 생활양식은 프랑스와 이탈리아의 영향을 많이 받아왔다. 철저한 환경보호를 위하여, 이 마을에 들어가려면, 약 5km 떨어진 테쉬 란다(Täsch Randa)라는 곳에 차를 세워두고, 톱니바퀴 기차나, 전기카트 아니면 말이 끄는 썰매를 타고 들어가야만 한다.

이 스키장의 특징은 스키장의 윗부분이 이탈리아와 국경을 접하고 있어서 스키를 타면서 자연스럽게 이탈리아 땅으로 넘어갈 수 있다는 점이다. 이탈리아 쪽의 스키장은 체르비니아(Cervinia)라고 하는데 이탈리아 3대 스키장의 하나로 꼽힐 만큼 웅대하고 경치도 좋다. 더욱이 곳곳에 숨어있는 작은 식당들은 분위기와 음식이 환상적이다.

체르마트(Zermatt) 스키장은 일반적으로 중급자 또는 상급자들이 타기에 좋다고 평가되고 있다. 특히 스톡호른(Stockhorn)은 상급자용으로 이름

마터호른 앞에

나 있지만, 꼭 그곳이 아닌 어느곳에서라도 마터호른(Matterhorn)을 바라보면서 활강할 수 있다. 그 중에서도 클라인 마터호른(Klein Matterhorn)을 내려오면서 오른쪽 바로 옆으로 '초원의 뿔'을 가장 가깝게 잘 볼 수 있다. 이 마터호른(Matterhorn)은 그 북쪽 경사면이 가장 가파르고 웅대하여 많은 전문산악인들의 도전 대상이 되어왔다. 이 북벽은 그랑조라스 북벽 및 아이거 북벽과 함께 알프스의 3대북벽으로 유명하다.

여기에 1865년 영국의 판화가이자 등산가인 에드워드 휨퍼(Edward Whymper)가 세계최초로 정상정복에 성공하여 알피니즘(Alpinism)의 황금기를 열었다. 그러나 그는 하강하던 도중에 밧줄이 끊어져서 일행 7명 중네 명이 추락하여 사망한 사고가 발생하였다. 끊어진 밧줄의 윗부분에 있던 세 명은 살아남았으나 당시 25세이던 휨퍼(Whymper)는 자책감과 함께, 대중의 의혹에 휩싸여 큰 고통을 당하였다. 즉, 위기의 상황에서 본인이 살아남기 위하여 일부러 밧줄을 끊어 버린 것은 아닌지 하는 의혹이었다. 급기야는 재판으로까지 이어졌지만 결국에는 무죄의 판결을 받았다. 그 흥미로운 재판 기록은 현재 체르마트(Zermatt) 시내의 박물관에 보관되어 일반인에게 공개되고 있다.

체르마트(Zermatt)에는 총 71개의 리프트(lift)와 총연장 153마일의 슬로프, 그리고 최대 수직하강거리(vertical drop) 7,216 피트를 자랑한다(이는 스위스에서는 가장 큰 높이로서, 미국의 스팀보트(Steamboat) 스키장 위에 아스펜(Aspen)산을 올려 놓은 높이이다).

위에서 말한 대로 이탈리아와 프랑스풍의 생활양식을 가져서, 특히 산중 곳곳에 있는 식당들의 음식이 일품이다. 혹시 기회가 있으면 내가 힘들게 찾아가 경험했던 정말 작은 오두막식당(Hütte) 간덱 휘테(Gandegg Hütte)에서 차나 음식을 즐겨 보기를 권한다. 위 오두막은 테오돌 패스(The-

새벽 햇살을 받은 마터호른

전기자동차

odul Pass)의 슬로프(스키지도에서 어렵지 않게 찾을 수 있다)를 '조심스럽게 천천히' 타고 내려오다 보면 끝 무렵에 이곳으로 들어가는 길을 표시해주는 작은 간판이 보인다. 잘 보지 않으면 놓치기 십상이다. 이곳의 창밖으로 빙하가 내려다 보이는 분위기 최고의 장소이다.

체르마트(Zermatt)는 알프스 최고봉인 몽 블랑(Mont Blanc)과 멀리 떨어져 있지 않다. 그리하여 몽 블랑(Mont Blanc)의 도시 샤모니(Chamonix)에서 스키를 타고 체르마트(Zermatt)로 올 수 있듯이, 반대로 체르마트(Zermatt)에서도 샤모니(Chamonix)로 스키 여행을 할 수 있다. 그 길을 오뜨 루트(Haute Route)라고 부르며 local guide와의 동행이 필수적이다.

체르마트(Zermatt)에서의 스키일정에 한 주일 이상 머무를 여유가 있으면, 중간에 하루쯤 스키를 쉬고 인근의 온천지인 로이커 바트(Leuker Bad)에 가는 것도 방법이다. 로마시대부터 유명한 깊은 산속의 호화로운 온천휴양지이다. 다만 우리가 흔히 생각하는 우리나라나 일본의 온천과는 약간 개념이 달라, 따듯한 수영장과 비슷할 수 있다는 점을 염두에 두는 것이 좋다.

이제, 세계에서 유일하게 체르마트(Zermatt) 스키장에서만 경험할 수 있는 특별한 스키를 소개해야 하겠다. 이를 가리켜 현지에서는 '스키 사파리'('Ski Safari')라고 이름 붙였다. 잘 아는 바와 같이 'safari'라는 말은 '주로 아프리카의 초원에서, 특수 자동차를 타고 야생동물을 구경 또는 사냥하기 위하여 여기저기를 다니는 것'을 가리킨다. 이 단어는 원래 아프리카의 스와힐리어로 '투어(Tour)'라는 뜻이라 하고 아랍(Arab)어도 이를 그대로 받아들였다 한다.

여기에 빗대어 만들어 낸 스키 사파리(ski safari)는 자연스럽게, '흰 눈으로 뒤덮인 산에서 스키를 타고, 절경을 구경하기 위하여 여기저기를 다니는 것'이라는 뜻으로 읽혀질 것이다. 다만 한 가지 체르마트(Zermatt)가 자랑하고 싶은 것은 '한번도 같은 리프트(lift)를 이용하거나, 같은 슬로프(slope)를 타지 않고' 스키장 전체를 일주할 수 있다는 데에 있다. 물론 여러 여건이 허락한다면 '하루 안에' 전체 스키장을 돌아보는 것이다.

이러한 스키 사파리(ski safari)를 즐기기 위해서는 우선 이를 위한 특별한 슬로프 지도(Special Piste Map)를 입수해야 한다. 이 지도는 시내 중심의 인포메이션 센터(Information Center)에서 쉽게 구할 수 있다.

지도의 입수가 끝나면 먼저 약간의 연구와 검토가 필요하다. 즉, 지도를 옆으로 길게 끝까지 펼쳐보면, 제일 왼쪽 끝부분에 '마터호른 스키 사파리(Matterhorn ski safari) 10,500'이라는 표시가 있고 그 아래에 이어서 1번부터 24번까지의 부호가 매겨져 있으며, 각 번호마다 두 개의 지명(이는 출발지와 도착지를 뜻한다) 및 숫자(이는 두 지역 사이의 vertical drop을 뜻한다)가 기재되어 있다. 그 의미하는 바는 '위 번호에 따라 순차적으로' 위 두 지명 사이를 스키로 내려가게 되면 결국에는 체르마트(Zermatt) 스키장 전체를 같은 슬로프나 같은 리프트를 이용하지 않고 일주하여 제자리로 올 수 있게 되는데 그 수직하강거리(vertical drop)의 총합계가 10,500m가 된다는 것이다.

그 밑으로 보면 다시 "Matterhorn ski safari 12,500'이라는 표시가 있고 그 아래에 '16a부터 16e'까지의 부호가 매겨져 있으며, 앞서와 같이 번호마다 두 개의 출발지와 도착지의 지명 및 숫자가 기재되어 있다. 다만 'Matterhorn Ski Safari 12,500'은 그 구역이 이탈리아지역(즉, 체르비니아: Cervinia 스키장)의 가장 오른쪽 지역인 발투르낭쉬(Valtournenche) 지역까지 다녀오는 코스로서 길이가 그만큼 길어지고 수직하강거리(vertical drop)도 12,500m로서 더 길어진다.

지도를 보고 스키장 전체를 일주하는 사파리(safari)이므로 스키장 슬로

Gandegghütte

Gandegghütte

고르너 그라트 열차

프를 어느정도는 숙지하고 있어야 실수없이(즉, 같은 슬로프나 리프트를 두 번이
상 이용하지 않고) 전 일정을 마무리 할 수 있다. 따라서 처음부터 이러한 사
파리(safari)에 도전하기 보다는, 며칠간 여기저기 슬로프를 타보고 즐긴
다음 시도해 보는 것이 바람직하다.

지도를 길게 펼쳐놓고 살펴보면 알 수 있듯이 10,500m짜리 사파리
(safari)를 시도한다면 출발지를 세 군데 중 하나로 정함이 좋다. 즉, 가장 왼
쪽의 1번루트 체르마트-순네가(Zermatt-Sunnegga) 노선을 시작으로 하여 점차
오른쪽으로 이동해 나가는 방법이 있다(이 경우에는 2번 출발지로 적혀있는 '에자
(Eja)'가 지도상 작게 표시되어 있으므로, 각별히 유의하여 찾아내야 한다).

다음으로는 중간지역의 11번 루트, 푸리-리펠베르크(Furi-Riffelberg) 노선
을 시작으로 하여 점차 오른쪽으로 플란 메종(Plan Maison) (Cervinia 지역)까지
갔다가 다시 돌아오는 방법이 있다.

셋째로는 정반대로 제일 오른쪽의 지역(역시 Cervinia 지역이다) 17번의
Cervinia-Plan Maison에서 출발하여 점차 왼쪽으로 이동하여 나가는 방
법이다.

추가로 12,500m짜리 사파리(safari)를 시도한다면 지도의 맨 오른쪽에
위치한 발투르낭쉬(Valtournenche)까지 일정에 포함시키면 된다. 이 경우에
는 그 만큼 시간이 더 소요될 것이므로, 하루 안에 일정을 마치기 위해서
는 더 일찍 시작하여, 쉼없이 서둘러 가면서 스키를 할 필요가 있다.

그리고 사파리(safari)가 차질없이 이루어질 수 있도록 배려하여, 각각
의 주요지점(갈림길)에는 해당구간의 번호가 황금색으로 적힌 직사각형
의 표지가 설치되어 있으므로 이를 따라가기만 하면 된다.

체르마트(Zermatt) 스키여행을 되돌아 보면서, 나의 20여 년 동안의 스
키 여정 중에서 저지른 가장 큰 실수를 털어놓지 않을 수 없다.

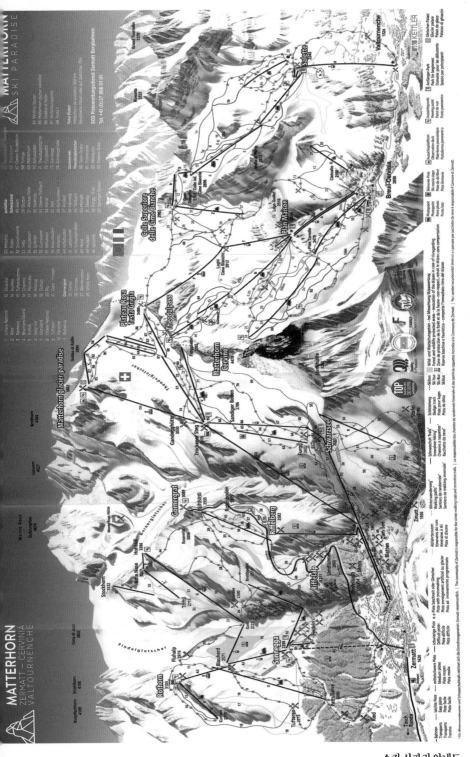

스키 사파리 안내도

그것은 2014년 1월 28일에 일어났다. 사고의 발단은 앞서 말한 바와 같이 체르마트(Zermatt)의 스키장이 스위스와 이탈리아의 국경지대에 있어서, 스키를 타면서 자기도 모르게 다른 나라의 국경너머로 흘러 들어간다는 데에 있다.

물론 이러한 사정은 너무나도 중요한 것이므로, 체르마트(Zermatt)에 가는 스키어들은 가이드나 여러 경로로 이 점을 수없이 들어왔다. 따라서 적어도 리프트의 운행이 마감되기 넉넉히 두 시간 전쯤에는 자기가 머무르는 나라 안에 들어와 있어야 한다는 점을 숙지하고 있었다.

나는 이미 8년 전인 2006년에도 이곳에 와서 10일 가까이 스키를 즐겼고, 아무 탈 없이 잘 지냈었다. 더욱이 8년 후인 2014년 이번에는 두 아들과 그 며느리까지 동행하여, 내가 내 스스로 위 주의사항을 그들에게 숙지 시켰다. 거기에 더하여 위 실수를 저지르기 하루 전(1월 27일)에도 나는 이탈리아의 체르비니아(Cervinia) 스키장으로 넘어가 스키를 잘 즐기고 무난히 스위스 땅으로 넘어 오기도 하였다.

문제가 발생한 당일, 1월 28일에도 가족들을 이끌고 오전에 체르비니아(Cervinia)로 넘어가 스키하고 점심도 먹고 하여 충분히 시간 여유를 두고, 스위스로 귀환하고 있었다. 그러한 과정에서 몇차례 리프트를 옮겨 타면서 정상적으로 중간목표지점('콜레 슈페리오레' 델레 치메 비안체: 'Colle Superiore' delle Cime Bianche: Cime Bianche의 '위쪽 언덕'이라는 뜻)에 도달하였다. 여기에서부터는, (이탈리아 구역에서는 마지막으로) 잠시 우측에 붙어 활강하여 가장 중요한 지점으로서 '남쪽의' Cime Bianche라는 뜻인 '라기' 치메 비안체('Laghi' Cime Bianche)까지 내려갔다가, 그곳에서 최종적으로 스위스 구역인 플라토 로사 테스타 그리기아(Plateau Rosa Testa Grigia)로 리프트를 타고 올라오면 되는 상황이었다. 그곳부터는 이미 스위스 지역이므로 어떤 슬로프를 이용하던지 계속 내려가면 체르마트(Zermatt) 시내로 진입하게 된다.

그런데 운명의 장난은 '콜레 슈페리오레(Colle Superiore)'에서 시작되었다. 우리들 가족 네 명이 그곳에 도착하자, 우리와 같은 일행으로서 다른 곳에서 스키를 타던 세 명을 그곳에서 우연히 만나게 되었다. 그들도 역시 귀환을 위하여 그곳에 와 있었던 것이다. 잠시 반가운 인사를 나눈 후, 이제 다시 출발하려는 순간, 우연히 만난 위 세 명 중 두 명이 우리와 함께 가기로 하였고 그 중 한 명이 우리들 선두에 나서서 활강하기 시작하였는데, 이때 나는 나의 스키상식으로는 이분이 우리들을 안내하려는 것으로 받아들이고 함께 활강하기 시작하였다. 나의 가족 네 명과 다른 한 명 합계 다섯 명은 당연히 그 뒤를 쫓아 함께 내려가고 있었다. 그 무렵은 이미 스키를 마감할 시간이 가까워져서 많은 사람이 혼잡스럽게 함께 내려가는 상황이었다. 그렇게 얼마간을 나의 일행들을 보살피면서 내려가고 있었는데, 가장 앞서 나가던 리더 격인 일행이 시야에서 사라져 보이지 않게 되었다. 잠시 당황하였으나, 나 스스로도 길을 모르는 바가 아니었으므로 이제 내가 리더가 되어 나머지 일행을 이끌고 계속 활강하였다. 그러나 잠시 후 그 시점에서 이미 우리가 갔어야 할 지점인 '라기 치메 비안체(Laghi Cime Bianche)'를 지나쳐 버렸음을 알게 되었다. 다시 걸어서 올라갈 수는 없었으므로 유일한 선택지는 가능한 빨리 계속 끝까지 내려가서 (이는 체르비니아(Cervinia)(지역 맨 밑의 ski-base인 브뢰이유-체르비니아(Breuil-Cervinia)까지 가는 것을 의미한다.) 다시 원점에서 올라가기 시작할 수밖에는 없게 되었다. 초조한 마음으로 전속력으로 활강, 아직은 움직이고 있는 리프트에 탑승, 잠시 후 다른 리프트로 바꾸어 탐을 반복하였으나, 최종 리프트에 도착하였을 때에는 간발의 차이로 리프트 운행이 종료되어 있었다. 그곳에 일하는 직원들에게 한번만 더 운행해 줄 것을 호소하였으나, 들어줄 리 만무하였다. 그들은 매일 그러한 경우를 보아왔기 때문에 동정하는 모습도 찾아볼 수 없었다.

나와 함께 남은 일행 다섯 명은 이제 엉뚱한 이탈리아 지역에 고립되었다. 숙소는 저멀리 스위스 지역에 있는데 앞길이 막막하였다. 이제 스키를 벗어 들고 시내의 파출소를 찾아가 사정을 말하고 버스 등의 대중교통수단이 있는지 문의하였으나, 돌아오는 대답은, 여기서 하룻밤 자고 내일 아침 리프트를 타고 돌아가든지 아니면 택시를 대절하여 가는 수밖에 없다는 것이다. 우리들 주위로는 이미 택시승객을 불러모으는 운전사들이 여러 명 있었는데, 그들의 차는 시내를 다니는 모양의 차량은 아니고 10인승쯤 되는 SUV같은 차량이었다. 속은 쓰렸지만, 택시를 이용해 돌아가는 것이 덜 손해라고 여겨져서 택시운전자와 가격 흥정을 시작하였다. 그러나 흥정은 마음 급한 우리의 생각일 뿐 그들에게는 많이 겪은 일이라서 이미 정해진 공정가격이 있었다. 마지막 손해경감방책은 같이 갈 승객 수를 늘리는 것 밖에 없었다. 다행이 우리와 같은 처지의 체코에서 온 젊은이 두 사람을 만나 설득·회유 끝에 함께 대절하여 돌아가기로 하였다.

택시에 스키장비를 모두 싣고 출발하는데 운전자가 20대의 아주 젊은 (어린)친구였다. 이미 어둠이 깔린, 꼬불꼬불한 산길을 곡예운전을 하며, 왕복 1차선인 좁은 길을 시속 100킬로에 가까운 속도로 달려갔다. 거기에 더하여 차안의 오디오에서는 거의 최고 볼륨으로 빠른 박자의 비트음악이 흘러나오고 가끔은 흥에 넘쳐서 양손을 들어 핸들을 때리면서 박자를 맞추기도 해서, 불안한 마음에 천천히 가자고 하니 이 길은 여러 번 달려봐서 전혀 걱정이 없다 하면서, 돌아갈 때는 빈차로 혼자 가야 하니 팁이나 넉넉히 달라는 이야기만 했다.

다행스럽게도 사고없이 테쉬(Täsch)에 도착하였고(앞서 본 바와 같이 보통 자동차는 거기까지만 갈 수 있다) 다시 호텔에 연락하여 전기자동차를 오게 하여 무사히 귀환하였다. 걸린 시간은 두 시간 남짓 되어 도착시간은 저녁 10시경이었다.

나는 이 책 어느 곳에서도 비용(금전)에 관한 언급은 하지 않기로 하였지만, 여기에서만은 예외적으로 적어둔다. 우리 일행 다섯 명과 우연한 동승자 두 명은 함께 420유로로(1인당 60유로)를 '무의미하게' 소비하였다.

앞서서, 이와 같은 사고의 발단 원인이 '나의 스키상식으로는 이해할 수 없다'고 적었었다. 그 이유는 함께 스키를 하는 동료는 서로 배려해야 하는 것이 철칙이고, 혼자만의 편안함을 위해서 동료를 버리는 것은 절대적 금기사항이기 때문이다. 그 단적인 예가 헬리스키 회사인 CMH의 운영규정에 적혀있다. 즉, 헬리스키에 참가하는 모든 스키어는 동료를 돕고 배려해야 하며, 그래서 반드시 '2인 1조' 시스템(buddy system)으로 운영한다. 그러한 이유에서 아무리 스키기술이 능숙하다 하더라도 일정 연령(15세) 이하의 스키어는 동료에 대한 배려·연대 의식이 부족할 수 있다 하여 받아들이지 않고 있다.

체르마트(Zermatt)에서 일어난 또 하나의 실수를 이야기하지 않을 수 없다. 앞서 잠깐 언급한 바와 같이 이번 2014년의 체르마트(Zermatt) 스키여행은, 큰 아들 부부와, 결혼한 지 얼마 안되는 작은 아들 부부를 위해 시아버지로서 큰마음 먹고 계획한 스키여행이었다. 그래서 목적지로서도 내가 8년 전에 한번 와보아서 익숙한 곳을 선택하였다. 아내까지 6명의 가족 모두가 참가하였기에 최대한 편안하고 기억에 남는 스키여행을 하고 싶었던 것이다. 하지만, 세상만사가 뜻대로 잘 진행되는 것은 쉽지 않은 듯하다. 앞서 본 이탈리아 땅에서 제때에 스위스로 넘어오지 못하여 고생을 사서한 것만으로 그치지 아니하였다. 또다른 사고가 발생한 것이었다.

돌발사태는 스키 3일째 되는 날에 발생하였다. 그날도 나의 가족들은 나의 지휘하에 마터호른(Matterhorn)을 만끽하면서 스키장 곳곳을 하루종일 즐겼다. 오후 네 시가 가까이되어 이제는 숙소로 돌아가야 할 단계이다. 마지막 런(run)을 하면서, 숙소로 돌아가기 위해 익숙하게 이미 알고 있는 슬로프(slope)를 따라 활주하고 있었는데, 맨앞에 나의 아내와 큰아들 및 그 며느리가 앞서서 나아갔다. 바로 뒤에 나와 작은아들 및 그 며느리가 따라가고 있던 중 슬로프(slope)의 한쪽 옆에 자그마한 사인 보드(sign board)가 꽂혀 있었다. 거기에는 "우리가 가려고 하는 슬로프(slope)는 어떤 사정으로 클로스(close) 되어 있으니, 약간 돌아서 곤돌라(gondola)를 타고 주차구역까지 내려가라"고 적혀 있었다. 하지만 앞서간 우리가족 세 명은 이것을 보지 못하고 그대로 내려가 버렸다. 뒤에서 이러한 상황을 파악한 나는, 그곳으로 가지 말라고 소리쳐서 불렀지만, 광대한 스키장에서의 나의 외침은 가냘픈 모기소리에 지나지 않았다. 순간적으로 나는 잠시 망설였다. 앞서간 가족들은 그냥 두고 나머지 우리 가족들만이라도, 곤돌라(gondola)를 이용해 내려갈 것인지, 아니면 나 역시도 그냥 앞서간 가족들을 따라갈 것인지였다. 준법정신보다도 가족애가 더 강했던지 나도 역시 앞서간 가족들을 따라, 입구를 막아놓은 밧줄을 밑으로 통과하여 숙소로 통하는 슬로프(slope)에 들어섰다. 잠시 동안 활주하고 있었는데, 얼마 지나지 않아 제복을 입은 페트롤(patrol) 두 명이 나타났다. 아마도 CCTV로 상황을 파악하고 있지 않았나 생각되는데, 우리들이 금지된 구역에 들어왔으니 마땅한 페널티(penalty)를 받아야 한다는 것이다. 그 벌은 이미 구입한 1주일 동안 유효한 리프트 페스(lift pass)를 압수하겠다는 것이었다. 당황스럽기는 하였지만, 가족의 대표로서 내가 나서서 변

명과 함께 용서를 부탁할 수밖에는 없는 곤혹스러운 상황이 되었다. 당연히, 이러한 변명이 정당하지 못했지만, 약 20분간의 승강이 끝에, 동정을 받아내는 데 성공하였다. 가장으로서의 체면은 가까스로 유지하였지만, 별로 유쾌하지 못한 기억이었다.

04

융프라우JUNGFRAU를 품은 마을,
그린델발트GRINDELWALD

쉴트호른Schilthorn에서 007을 만나다

2014년 2월말 그린델발트(Grindelwald)를 찾았다. 1977년 12월 당시 판사로서 연수(유학)를 위하여 독일(괴팅겐: Göttingen)에 머무르다, 짬을 내어 방문한 지 37년 만이다. 그때에는 융프라우(Jungfrau)라는 이름에 끌려 관광이 주목적이었지만, 이번에는 흰 눈에 이끌려 스키가 주목적이다.

1977년 당시 독일정부의 장학금을 받아 나이 30세에 평생 처음으로 외국여행을 하는 촌뜨기로 모든 것이 새롭고 부러웠으며, 그만큼 열등의식도 감출 수 없었다. 하지만 이제는 판사에서 변호사로 신분도 바뀌었고, 나이도 70이 가까워졌으며 그동안 해외여행경험도 쌓이고 경제적 여유도 생겨 열등감도 많이 없어졌다. 그동안 우리나라도 크게 성장하였지만, 나 역시 우여곡절 끝에 많이 발전하여 그들의 수준에 다다르는 데에 37년, 한 세대 이상이 걸렸다고 생각하니 감개가 무량하다.

융프라우(Jungfrau) 관광을 위하여 이 곳을 방문하는 경우에는 아래쪽에 위치한 인터라켄(Interlaken)(해발 567m)이라는 마을이 출발점이 된다. 인터라켄(Interlaken)의 뜻은 '호수들'(Laken, 즉 브리엔츠(Brienz) 호수와 툰(Thun) 호수) '사이'(Inter)라는 의미이다.

그러나 스키를 타기 위한 경우에는 지도상 왼쪽으로 좀더 올라가서 있는 1,000년 고도인 그린델발트(Grindelwald)(해발 1,034m)라는 마을에 머무르게 된다. 즉, 이 곳이 이 부근의 중심지로서 각종 호텔과 식당 등 편의시설이 모여있다.

그린델발트(Grindelwald)를 중심지로 한 스키 지역은 크게 두 구역으로 나누어 진다. 즉, 하나는 스키지도상으로 맨 왼쪽 상단부분(따라서 그린델발트(Grindelwald) 마을의 바로 왼쪽에 해당된다)에 펼쳐져 있는 '피르스트(First)'(이는 독일어로 산봉우리, '피크(peak)'라는 의미이다) 구역이다. 그리고 다른 하나는 반대편, 즉 그린델발트(Grindelwald)의 오른쪽으로 넓은 구역을 차지하는 융프라우(Jungfrau) 구역이다. 이 곳이 주된 스키구역으로서 보통 융프라우 (Jungfrau)에서 스키를 탔다고 말하면 이 곳을 가리키는 것이다.

먼저 피르스트(First) 구역을 보면 그린델발트(Grindelwald) 바로 위쪽에 위치해 있어서 접근이 용이하다. 심지어 내가 머물던 숙소(Sunstar 호텔)에서는 스키를 메고 자동차 길만 건너면 바로 리프트를 탈 수 있었다. 이곳의 최고봉은 슈바르츠호른(Schwarzhorn)(해발 2,928m)인데, 그 아래쪽으로 광범위하게 넓은 슬로프가 펼쳐져 있다. 대부분이 중급자(intermediate) 수준이어서 편안한 활강을 즐길 수 있다. 이러한 다져진(groomed) 눈에 양이 차지않는 스키어들은 넓게 펼쳐진 백컨트리(backcountry) 스키를 즐길 수도 있다.

스키 이외의 다른 즐거움을 맛보려면 두 가지 방법이 있다. 하나는 피르스트 플리거(First Flieger)(영어로 First Flyer)로서 피르스트(First)(2,168m)에서 강철 밧줄을 타고 보르트(Bort)까지 800m의 수직하강 거리를 최대 시속 84km의 속도로 수십초 안에 날게 해 준다.

다른 하나는 나무로 된 썰매인 '토보간(toboggan)'을 타고 전용 통로를 따라 내려오는 것이다. 이 썰매는 구조도 간단하고 위험하지도 않아 어린이들도 많이 즐기는데, 역시 피르스트(First)에서 출발하여 중간 지점인 보르트(Bort)를 지나 그린델발트 베이스(Grindelwald Base)까지 장장 15km 정도를 내려오게 되는데 이 거리는 세계에서 가장 긴 토보간 런(toboggan run)이라 한다.

이제 융프라우(Jungfrau) 스키지역을 본격적으로 탐방하기 위해서는 먼저 그룬트(Grund)라는 작은 마을(944m)까지 가야 한다(보통은 시내를 수시로 운행하는 버스를 이용한다).

이곳에서 멘리헨 GGM(Männlichenbahn GGM)이라는 곤돌라를 타고 멘리헨(Männlichen) 산정상(2,230m)에 다다르면 이제 본격적인 스키를 즐길 수 있게 된다. 참고로 멘리헨반(Männlichenbahn) 다음에 'GGM'이라는 글자가 추가된 것은 'Grindelwald Grund Männlichen'이라는 지명의 각 앞글자를 딴 것인데, 이는 다른 곳에 있는 '멘리헨(Männlichen)'리프트 그리고 'Männlichenbahn WM'(여기의 'WM'은 벵엔-멘리헨(Wengen-Männlichen)라는 지명의 첫 글자임)과 구별하기 위함이다.

여기서부터는 넓게 펼쳐진 설산에서 마음껏 스키를 즐길 수 있다. 대부분의 슬로프들은 길고, 가볍게 물결치는, 비교적 완만한 경사를 이루고 있어서 관대한(?) 설면 위에서 마치 영웅이 된 것 같은 심정으로 행복한 스키를 즐길 수 있다. 기분이 내키면 스키지도상에 표시되어 있는 모든 슬로프들을 이곳 저곳 찾아다니는 재미를 맛보는 데에 어려움이 없다.

특히 알피글렘(Alpiglem) 부근에서 출발하는 아이거노르트반트(Eigernordwand)(아이거 북벽이라는 뜻) 리프트를 타면, 열차의 종착역인 클라이네 샤이테크(Kleine Scheidegg) 보다 훨씬 위에서부터 스키를 타고, 그 유명한 아이거(Eiger) 북벽을 등뒤로 두고서 내려올 수 있다.

앞에서 이곳 융프라우(Jungfrau)의 스키장은 중급자 수준의 슬로프가 '대부분'이라고 하였지만, 모두가 그러한 것은 아니다. 특히 매년 월드컵 스키(World Cup Ski) 대회가 열리는 벵엔(Wengen)에서의 다운힐(downhill: 직활강) 스키는 세계적으로 악명높다. 이 'Wengen classic downhill race'는 '세계에서 가장 오래되고, 가장 길고, 가장 빠른 레이스(race)'로 알려져 있다.

라우버호른(Lauberhorn) 산(해발 2,472m)의 남쪽 쥐트슐터(Südschulter)에서 시작하여 벵엔(Wengen) 남쪽의 바일러 쉴트발트(Weiler Schiltwald)까지 표고차 1,125m, 활주거리 4,455m를 보통 2분 30초대에 주파하게 되는데, 이는 다른 월드컵 다운힐(world cup downhill) 경기장보다 30초 내지 45초 더 긴 시간

질주본능

아이거 북벽을 보며

이다. 1930년부터 시작하여 매년 열리는 이 시합에서 구간 최고속도로 2013년에 프랑스의 요한 클라레(Johan Clarey)에 의해서 시속161.9km가 기록된 적이 있다 한다. 구간 중 가장 속도가 나는 곳은 하네그슈츠(Hanegg-schuss) 구간인데 위 최고기록도 여기에서 수립되었다. 반면에 가장 위험한 구간은, 뒤에서 보는 '훈트숍프(Hundschopf)' 구간인데 'Z'자로 구부러진 좁은 길이 급커브로 이어져 있고, 구부러진 길의 바로 아래쪽은 깊이 15m의 깊은 계곡이다. 시간을 최대한 단축하기 위해 위험을 무릅쓴 선수들은 위 'Z'자의 '윗부분 ＿'에서부터 '옆 부분 /'를 뛰어넘어, 바로 '아랫부분 ＿'자로 도약하기도 한다. 그 도약해야 할 거리가 눈짐작으로 족히 10m 정도는 되어보이는데, 만약 성공하지 못하면 계곡으로 추락하게 된다. 그래서 이 다운힐(downhill) 구간에서 역대로 사망하거나 크게 부상당한 선수들이 많다고 한다.

이러한 건너뛰기에 성공하면 당연히 시간이 단축될 것인데, 보통 2분 30초 걸리는 위 구간의 역대 최고기록은 1분 32초라고 한다.

이러한 모든 자료의 정확한 수치는 위 다운힐(downhill) 코스의 결승점에 설치되어 있는 전시판에 기재되어 있다. 그리하여 여기 벵엔(Wengen)은 world cup downhill race의 출발지이자 성지로 여겨지고 있다.

나는 (당연히) 흥미삼아 이 다운힐(downhill) 코스에 도전해 보기로 하였다. 출발지점에는 TV에서 보아서 익숙한 둥근 천막 같은 시설이 있고 그곳으로 들어가면 가는 철선이 가로막고 있다. 출발신호에 맞추어 앞으로 튀어나가면서 위 철선을 밀고 나가면 그때부터 시간이 계측된다. 재미있게도 BMW 자동차회사에서 설치해 준 입구의 게시판에 보면, 본인의 Ski-Pass의 고유번호 등을 입력하면 그 출발시의 모습이 카메라에 찍혀 자동 저장된다 한다. 그리고 그 영상은 귀국해서 일정 기간 내에(한달내에)

인터넷으로 접속하여 역시 고유번호를 입력하면 화면에 나타나고 이는 사진으로 출력된다. 그래서 나도 그 출발 장면의 컬러 사진을 기념으로 보유하고 있다.

출발선을 통과하여 속력을 내고 활강하는데 처음 약간을 제외하고는 비교적 경사도 완만하고 슬로프도 넓어 슬슬 자신감이 생긴다. 그런 상 태로 한참을 활강하니 점점 좁아지면서 가파른 설면이 나타나 속도를 크 게 줄이면서 나아가는데, 급격하게 폭이 좁아지는 곳에 4각형의 게시판 이 설치되어 있다. 스키를 멈춘 후, 게시판을 읽어보니, 이곳은 속칭 '훈 트슈프(Hundschopf: 영어로 Dog's Head)'라는 구간으로서 길이 엄청 좁고, 경사 도 강하고, 게다가 'Z'자 형태로 구부러져 있으니 각별히 주의해야 한다 는 내용이었다. 잔뜩 겁을 먹고, 완전 스키초보자의 자세로 A자를 그리 면서 천천히 미끄러져 가면서 보니, 바로 밑은 깊은 계곡이고 구부러진 길의 반대 면은 수직의 바위 언덕이 가로막고 있다. 길이 좁은 만큼 많은 스키어들이 나와 같은 모습으로 지나갔을 것이니, 그 바닥 또한 눈은 거 의 없어지고, 얼음 면이 그대로 드러나 있다.

아무튼 위험지대를 사고없이 통과한 후 겸손한 마음으로 활주를 계속 하여 결승선에 이르렀다. 결승선 부근에는 앞에서 본 게시판이 설치되어 있고 그 곳에 각종 흥미있는 기록·자료들이 기재되어 있다.

한숨을 돌리고 시간을 확인해 보니 출발시점부터 약 20분이 경과되어 있었다. 물론 중간중간에 사진도 찍고 경치 구경도 하면서 내려왔지만, 마지막까지 긴장을 풀 수는 없었다.

인간의 한계에 도전하는 선수들의 용기에 감탄하지 않을 수 없다. 나 중에 알게 된 내용이지만, 월드컵(world cup)이나 올림픽 다운힐 레이스 (downhill race)에서 우승하기 위하여는 전 구간을 '조금도 머뭇거리지 않고,

다운힐 결승지점

Dog's Head 입구

전속력으로' 달려야 한다는 것이다. 그래서 다운힐(downhill)의 우승은 운이 상당히 작용하고 그 결과 각종 대회에서의 다운힐(downhill) 우승자가 매번 다른 경우가 많다고 한다.

스키경력이 상당히 되고 또한 스키기술이 어느정도 수준에 달하는 스키어들의 가슴속에는 늘 한 가지 꿈이 있다. 즉, 잘 다듬어지고 경사가 상당히 되는 슬로프를 회전함이 없이 '직활강'으로 '최대속도'를 즐기면서 내려가 보는 것이다. 그러나 짧은 구간은 몰라도 충분히 긴 구간을 이렇게 달릴 수 있는 스키장을 발견하기는 쉽지 않다. 이러한 도전의식을 충족시켜 줄 수 있는 곳이 이곳 융프라우(Jungfrau)에는 있다.

즉, 라우버호른(Lauberhorn) 정상 부근에서 시작하여 상당히 긴 거리를 넓게(아마도 폭이 200m는 훨씬 넘을 듯하다) 적당한 경사이면서 직선으로 뻗은 (지도상의 표시로) 21번 루트가 있다. 이 슬로프의 한쪽 옆으로 긴 가림막을 쳐놓고 (다른 일반 스키어들과 부딪치지 않도록) 한 사람씩 출발선에 들어가 신호와 함께 직선으로 300미터쯤의 거리를 마음껏 달려서 자신의 최고 스피드(speed)를 체크(check)할 수 있게 해놓은 것이다. BMW 자동차회사가 홍보용으로 설치해 준 것인데, 최고속도가 날 수 있는 지점에 카메라를 설치해 두어서 그 순간의 모습을 (최고속도의 숫자와 함께) 촬영하여 준다. 그 숫자는 도착지점의 전광판에 즉시 나타난다. 촬영된 영상은 스키어의 고유번호를 입력하면 인터넷에 접속하여 바로 출력할 수 있다.

나는 두 번을 시도해 보았는데, 첫 번째는 약간 불안한 마음에 스타트 속도를 줄였더니 최고속도가 시속 86km로 나왔다. 두 번째 다시 시도하니 91km로 촬영되어 이것이 나의 최고기록으로, 출력하여 기념으로 보관하고 있다. 젊은이들이 겁없이 몸을 던지듯이 활강하면 대개 100km가 약간 넘는 숫자들이 나오고 있었다. 이 경험에 비추어 보면, 앞에서 본 다운힐(downhill) 선수들이 기록한 시속 160km대의 기록이 얼마나 대단한 것인지 실감할 수 있었다.

융프라우(Jungfrau) 스키장에는 또하나 흥미로운 곳이 있다. 즉, 스키 지도상 제일 오른쪽, 맨 위에 보면 쉴트호른(Schilthorn)(해발 2,971m)이라는 봉우리가 있고 그곳에 '피즈 글로리아(Piz Gloria) 360'이라는 360도 회전하는 레스토랑이 있다. 그 아래로 상당히 고난도의 슬로프가 펼쳐져 있고, 특히 회전식당으로부터의 전망이 훌륭하여 커다란 인기이다. 바로 이곳에서 007영화가 촬영되어 주인공이 스키를 타고 아래쪽으로 전속력 질주하는 장면이 나온다 한다. 식당 문을 열고 테라스로 나오면 영화 주인공의 모습이 멋있는 조형물로 세워져 있다.

융프라우(Jungfrau)에 관한 마지막 이야기는 이곳 뮈렌(Mürren)(스키 지도의 맨 오른쪽 중간부분에 있다)에 있는 '칸다하르 스키 클럽'('Kandahar Ski Club')에 바치는 것이 적절할 듯하다. 이를 이해하기 위하여는 그 역사를 아는 것이 중요하다.

칸다하르(Kandahar)는 본래 아프가니스탄에 있는 제2의 도시이다. (제1의 도시는 카불이다)

이는 먼 옛날 알렉산더 대왕이 이곳을 정복한 때에 세워졌다. 따라서 원래 이름은 알렉산드리아(Alexandria)였겠지만 이것이 왜곡(변형)되어 칸다하르(Kandahar)로 불리게 되었다. 이러한 도시 칸다하르(Kandahar)와 스키와의 '아주 가느다란' 연결은 여러 세기 후에 영국의 장군인 프레데릭 슬레이 로버츠(Frederick Sleigh Roberts)에 의하여 만들어졌다. 즉, 1880년에 칸다하르(Kandahar)에는 영국군이 주둔하고 있었는데, 적군에 의하여 포위되어 거의 절망적인 상황이었다. 이때 위 로버츠(Roberts) 장군은 22일 동안 1만명의 군대를 이끌고 카불에서 그곳까지 500km를 행군하여 영국군대를

마음껏 질주하기

구출하는 데에 성공하였다. 이에 영국정부는 감사의 뜻으로 그에게 기사의 작위를 수여하기로 하였는데, 당시의 전통에 따라, 승전한 전투(칸다하르(Kandahar) 전투)의 이름을 따서 'Lord Roberts of Kandahar'라는 기사 명을 부여하였다.

그런데 그 후 1911년 1월 11일에 일단의 영국인들이 스위스의 몬타나-수르-시에르(Montana-sur-Sierre)에서 세계최초로 활강 스키(downhill ski) 대회를 열게 되었는데, 그 대회의 우승자에게 주는 트로피를 위 Lord Roberts of Kandahar가 기증하였다. 그 이후로 위 트로피는 전 세계 downhill racing에 대한 최고의 상으로 인정되게 되었다.

그러다가 결국 1924년 1월에는 일단의 영국 알파인 스키(Alpine Ski) 선구자들이 스위스의 뮈렌(Mürren)에 스키 클럽(Ski Club)을 만들기로 결정하고 그 이름을 'Kandahar Ski Club'이라고 하였다. 이러한 다운힐(downhill) 스키클럽을 만드는 데에는 그 이면에서 당시 스키계의 거물이던 노르웨이(Norway) 출신의 써 아놀드 룸(Sir Arnold Lum)의 지대한 역할이 있었다. 그 당시만 하여도 스키의 발상지인 Norway에서는 스키라 하면 '노르딕(nordic)'을 말하는 것으로서 '알파인(alpine)'은 스키취급도 받지 못할 때이었다. 그러한 상황에서 위 Sir Arnold Lum은 슬라롬 스키 레이스(slalom ski race)를 발명하고 명명하는 등 알파인 스키(alpine ski) 발전에 공헌하였다.

그 후 alpine ski는 발전을 거듭하여 1928년 3월 3·4일에는 오스트리아의 세인트 안톤(St. Anton)에서 제1회 '알베르그-칸다하르 레이스(Arlberg-Kandahar Race)'가 열렸고, 2년 후인 1930년에는 세계스키연맹(FIS)이 다운힐(downhill) 및 slalom 경기를 공인하였으며, 1931년에는 스위스의 뮈렌(Mürren)에서 제1회 알파인(Alpine) 스키 세계선수권대회가 열렸다. 그 이래로는 칸다하르(Kandahar)라 하면 다운힐(downhill) 스키의 대명사처럼 되었으며, 예를 들어 1936년 동계올림픽이 열린 독일의 가르미슈-파르텐키르헨(Garmisch-Partenkirchen)의 현란한 downhill 경기장의 이름이 바로 이 칸다하르(Kandahar)이다.

참고로 'ski'라는 말은 발상지인 노르웨이(Norway) 말로 '널판지'라는 뜻이고, '슬라롬'('slalåm')(slalom이라고 읽는다)은 Norway말로 '회전하면서 천천히 내려온다'라는 뜻이라고 한다. 독일어의 '토어 라우프(Torlauf)', 영어의 '게이트 레이스(gate race)'에 해당되는 말인데, 이 '슬라롬(slalom)'이라는 단어를 국제적 공식명칭으로 사용할 것을 주장하여 관철시킨 위 아놀드 룸(Sir Arnold Lum)은 위 단어의 의미가 '국제적으로 그 개념이 금방 떠오르지 못하여' 이 단어의 사용을 강력히 주장한 것을 나중에 후회하였다 한다.

백설을 배경으로

05

세계 최대의 스키장,
돌로미테 슈퍼스키DOLOMITE SUPERSKI

셀라 론다 Sella Ronda**를 양방향으로 돌다**

　이탈리아의 북동쪽에, 오스트리아 및 스위스와 국경을 접하고 있는 돌로미테(Dolomite) 지역은 지정학적으로 뜨거운 장소이다.

　오스트리아와 이탈리아 사이에서 지배권이 왔다갔다 하다가, 제1차 세계대전 당시 이곳에서 격전이 벌어져 수많은 군인과 민간인들이 목숨을 잃었으며, 1919년 제1차 세계대전 종전 후 베르사이유 조약에 의해서 패전국인 오스트리아로부터 이탈리아의 지배로 넘어와 현재에 이르고 있다. 그 당시 희생된 사람들을 추모하여 현지에 동굴교회를 만들었으며 교황도 이곳을 방문한 적이 있다.

　3,000미터를 훌쩍 넘는 (최고봉은 3,343m의 마르모라다(Marmolada)이다.) 알프스의 준봉들로 이루어진 돌로미테(Dolomite) 지역은 뾰족한 바위들이 웅장하게 솟아 있고, 더욱이 석회암과 백운암으로 이루어진 그 바위들에 남아 있는 산호초와 해파리의 잔재들에 의해서 햇빛을 받으면 회색 핑크색 또는 라벤더색을 내면서 빛나고 있다. 사실 이러한 독특한 지형에 관심을 가지고 연구한 사람은 프랑스의 광물학자 돌로미유이었는데, 그에 의하여 이 지역은 원래 바다 밑에 있다가 융기되면서 높이 솟아올라 현재와 같은 모습을 가지게 된 것이라고 밝혀졌다. 그리하여 후세 사람들이 그의 업적을 기리기 위하여 이 지역을 '돌로미유'의 '돌'(-ite)이라고 이름 붙여 돌로미테(Dolomite)로 되었다 한다. 이러한 특성 때문에 유네스코는 2009년에 이 지역을 세계문화유산으로 등재하였다.

　이와 같은 화려한 풍광을 가지고 있음에도 불구하고 크게 발전하지 못하였음을 아쉽게 여긴 돌로미테(Dolomite) 지역 12개 마을과 계곡 스키장들은 1974년에 연맹을 만들어 관광객을 유치하기로 하였다. 그 결과 이루어진 성과가 12개 리조트가 연합한 '돌로미테 슈퍼스키(Dolomite Super Ski)'를 탄생시킨 것이다.

돌로미테 전경

동굴

move to the top

marmolada

1.450 m > 3.265 m

마르모라다 입구

그로 인해 각 마을과 스키장들은 경계선이 없어지고 45개 스키장, 슬로프 총 연장길이 1,200km, 464개의 리프트와 곤돌라가 움직이는 세계 최대 규모의 단일 스키장이 되었다.

나는 2017년 2월초 이곳을 방문하여 10일 동안 머물렀는데 스키장이 워낙 넓고 방대하여, 코끼리의 뒷다리만 만져보고 온 느낌이었다. 참고로 내가 다녀 본 어느 스키장도 10일 정도 머물며 스키를 타게 되면, 돌아올 때쯤에는 스키장의 전체 구도가 머릿속에 그려지는 것이 보통이었다.

이러한 이유에 덧붙여, 혹시 나중에라도 이 곳을 방문하실 스키어들을 위하여 (좀 길지만) 위 12개 스키장 전부의 목록을 적어 둔다. 목록 앞에 붙여진 숫자번호는 현지의 스키지도 상에서도 그대로 사용되고 있으므로 그대로 옮겨 적는다.

① 코르티나 담페초(Cortina d'Ampezzo) (참고로, 이는 Ampezzo 계곡의 Cortina 마을 이라는 뜻이다)

② 크론플라츠- 플란 데 코로네스(Kronplatz-Plan de Corones)

③ 알타 바디아(Alta Badia)

④ 발 가르데나(Val Gardena/Alpe di Siusi-Gröden/Seiser Alm)

⑤ 발 디 파사(Val di Fassa/Carezza-Fassatal/Carezza)

⑥ 아라바/마르모라다(Arabba/Marmolada)

⑦ 세스트너(Sextner Delomiten-Alta Pusteria)

⑧ 발 디 플레메(Val di Flemme/Obereggen)

⑨ 산 마르티노 디 카스트로차(San Martino di Castrozza/Passo Rolle Pass)

⑩ 발레 이사르코(Valle Isarco/Eisacktal)

⑪ 트레발리-모에마(Trevalli-Moema/San Pallegrino/Falcade)

⑫ 치베타(Civetta)이다.

그리고 지역이 이렇게 넓다 보니, 모든 지역을 상세히 그려 놓은 한 장 짜리 ski지도는 없다. 보다 정확하게는, 있을 수가 없다. 다만 위 12곳의 위치를 전체적으로 파악할 수 있는 지도는 있으며, 나아가 12곳 개개의 스키지역은 그 지역만을 다루는 지도를 따로 구하여 참고해야 한다.

나의 경우는 12곳의 돌로미테(Dolomite) 마을 중 ③번의 알타 바디아(Alta Badia) 지역의 라 빌라(La Villa) 마을에 머물렀기 때문에 따로 알타 발디아(Alta Badia) 지역 스키지도를 입수하여 활용하였다. 알타 발디아(Alta Badia) 마을은 다시 6곳의 더 작은 마을로 이루어져 있다. 즉, ① 코르바라(Corvara), ② 콜포스코(Colfosco), ③ 라 빌라(La Villa), ④ 페드라체스(Pedraces), ⑤ 산 카씨아노(San Cassiano), ⑥ 라 발(La Val)의 6곳이다.

특히 이들 6곳 중에서 코르바라(Corvara), 콜포스코(Colfosco) 및 산 카씨아노(San Cassiano)에는 훌륭한 4 star 호텔이 들어서 있기 때문에 알타 바디아(Alta Badia)가 이탈리아에서 가장 훌륭한 스키리조트라고 불리기도 하였다. 참고로 최상급의 스키리조트에도 '5 star' 호텔은 없는 것이 일반적이다. 왜냐하면 국제기준상 5 star 호텔로 인정받기 위하여는 다른 여러 조건들과 함께 일정 규모 이상의 수영장이 갖추어져 있어야 하는데, 스키리조트의 특성상 이를 충족시키기 어렵기 때문이다.

하지만 시간이 흐르면서 그 자리를 점차 이웃 마을인 코르티나 담페초(Cortina d'Ampezzo)에 넘겨주게 되었다. 가장 큰 이유는 돌로미테(Dolomite) 산들을 배경으로 한 마을과 계곡의 사진영상이 가장 완벽하기 때문이고, 나아가 그곳에 있는 호텔들이 '미슐랭 스타(Michelin Star)' 별점을 받은 세 곳의 레스토랑을 유치하였기 때문이다.

돌로미테 전경

돌로미테 풍경

이러한 연유로 이 곳이 돌로미테(Dolomite) 지역 중 가장 널리 알려져 있으며 1956년에 이어 두 번째로 2026년 동계올림픽 개최지로 2019년 7월에 선정되었다. 이 때의 경쟁도시는 스웨덴의 오레(Åre[Ore]라고 읽음) 스키장이었다.

참고로 내가 머물렀던 라 빌라(La Villa) 마을은 소위 '도로의 마을(street village)'로서 마을의 '핵심 구역'이 없이 자동차도로를 따라 옆으로 길게 펼쳐진 마을이다. 코르바라(Corvara) 마을도 이와 같다. 따라서 스키를 마치고 저녁시간에 쇼핑을 하거나 맥주라도 마시기 위해서는 차를 이용하여 인근 다른 마을로 이동해야 하는 불편함이 있다. 또한 스키장의 가장 가까운 리프트에 접근하기 위해서도, 우선 호텔이 제공하는 차량을 타고 약 5분 정도 간 후, 다시 스키를 메고 5분 정도 걸어가야 한다. 스키장을 다녀본 경험에 비추어 숙소의 좋은 location은 결국 비용으로 귀결되기 때문에, 이번 여행을 주선한 여행사 측에서 비용절감을 위해 어쩔 수 없이 선택한 결과일 것이다.

어쨌든 아침식사 후 준비를 갖추고 차량, 걷기, 리프트 탑승을 거쳐 스키활주가 가능한 피즈 라 일라(Piz La Ila)까지 30분 내지 한 시간 걸려 도착하면 그때부터 자유로운 활주공간이 널려 있다.

이 알타 바디아(Alta Badia) 구역에만 50개가 넘는 리프트(곤돌라와 T bar를 포함하여)와, 50개에 가까운 슬로프(오프 피스트: off-piste는 제외하고)가 펼쳐져 있어서 곳곳을 다 찾아다니려면 적어도 2~3일은 걸릴 것이다. 그럼에도 상급자용의 black코스는 세 군데 (그러나 어느 정도 수준의 스키어라면 못 내려올 정도는 아니다.) 밖에 없어서, 초ㆍ중급자 및 가족단위로 스키를 즐기기에는 최고의 스키장이라고 평가받고 있다. 알타 바디아(Alta Badia) 이외의 다른 곳들도 모두 비슷한 상황이어서 이 점에서도 많은 사람들로부터 사랑을 받고 있는 것 같다. 곤돌라 안에서 만난 어떤 독일인들은 이러한 점에서 이 곳을 극찬하면서, 매년 찾아오지 않을 수 없다고 하였다. 특히 우리나라 나 일본에서 스키를 배우고 타온 스키어들에게, 이 곳의 슬로프는 정말 환상적으로 충분히 길고 넓어서 별천지에 와 있는 느낌을 가지게 될 것 이다. 우스갯말로 스키장의 흰 눈은 백색의 마약과 같아서 맛들이면 쉽 게 끊을 수 없다 하는데, 완전히 농담만은 아닌 듯하다. 스키에 몰입한 어 떤 지인은 '여기서 이대로 죽어도 좋아!'라고 격앙된 감상을 나타내기도 하였다.

이제 마침내 돌로미테(Dolomite) 지역 스키의 highlight인 셸라 론다(Sella Ronda) 이야기를 할 단계이다. 'Sella'는 '(말의) 안장'이라는 뜻이고 'Ronda'는 '순찰하다, 돌다'라는 뜻이니, 결국 '말안장 (모양의 산)을 순찰하듯 (한바퀴) 돌다'라는 의미가 된다.

이 말안장 모양의 커다란 산(최고봉은 3151m의 피즈 보에(Piz Boe)이다.)은 앞서 본 돌로미테(Dolomite)를 구성하는 12개의 마을 중 네 개의 마을에 걸쳐 있 다. 따라서 셸라 론다(Sella Ronda)를 하기 위해서는 네 개의 마을을 거쳐 스 키를 타야 한다. 이 마을들은 ① 알타 발디아(Alta Badia), ② 발 가르데나(Val Gardena), ③ 발 디 파사(Val di Fassa), ④ 아라바/마르모라다(Arabba/Marmolada)이 다.

이 셸라 론다(Sella Ronda)를 하기 위하여는 반드시 이를 위한 ski 지도를 입수하고 지참하여야 한다. 이 지도는 오랜 기간의 검토 및 수정을 거쳐 만들어 졌기 때문에 필요한 사항이 완벽하고 알기 쉽게 표시되어 있다. 그 이해를 위해 처음에는 약간의 연구와 집중력이 필요하지만 금세 익숙 해 질 수 있다.

셸라 론다(Sella Ronda)는 큰 산을 중심으로 하여 스키를 타면서 도는 것

돌로미테 전경

이므로, 도는 방향에 따라 두 가지로 나누어진다. 즉, 시계방향으로 도는
것(지도상 그린(green)색으로 표시됨)과 시계반대방향으로 (지도상 오렌지(orange)색
으로 표시됨) 도는 것이 있다. 양방향 모두 일주하는 데에는 약 5 내지 6시간
이 걸리는데, 시계방향으로 도는 것(즉, 오렌지(orange)색으로 표시된 루트: route)이
고도가 500m정도 높고, 또한 약간 더 힘들다(sporty)고 한다. 그러나 나의
경험으로는 실수없이 루트를 하나하나 잘 찾아가는 것이(물론 ski 지도를 활
용하여) 급선무였지, 슬로프의 난이도에 따른 어려움은 별로 느끼지 못하
였다.

   셀라 론다(Sella Ronda)용의 지도를 잘 살펴보면, 한쪽 옆(끝)으로 (지도에 따
라 왼쪽 끝 또는 오른쪽 끝일 수 있다) 작은 글씨로 인쇄된 각 루트의 구간별 탑승
할 리프트(곤돌라와 T-bar를 포함)와 활강할 슬로프가 표시(인쇄)되어 있다. 친
절하게도 시계방향일주경로는 주황(orange)색으로, 반대방향일주경로는
녹(green)색으로 인쇄되어 있으며, 또한 (어떤 지도는) 더욱 상세하게도, 출발
지의 고도, 도착지의 고도, 고도의 차이, 활강하는 슬로프의 거리, 탑승할
리프트의 종류(보통의 리프트인지, 곤돌라인지, 아니면 T-bar인지)를 그림으로 알기
쉽게 나타내고 있다. 그 친절함과 정확성에 감탄하지 않을 수 없다.

   이제 셀라 론다(Sella Ronda)를 실행하기 위하여 지도의 한쪽 끝에 기재
된 루트(Route)의 목차를 살펴보자. 먼저 시계반대방향(green)의 루트는 총
16개 구간으로 되어 있고, 시계방향(orange)의 루트는 총 14개 구간으로 되
어 있음을 알 수 있다. 그런데 앞서 본 바와 같이 셀라 론다(Sella Ronda)는
돌로미테(Dolomite)의 12개 마을 중 네 개 마을(Fassa, Arabba, Alta Badia, Gardena)
을 통과한다 하였으므로, 이 루트에 올라타기 위해서는 네 개 마을의 어
느 곳에서든지 시작이 가능하다. 즉, 위 루트의 중간 어느 곳에서든지 시
작하여 다시 그곳까지 와서 끝내면 되는 것이다.

셀라 론다(Sella Ronda)를 하는 슬로프의 총길이는 500km에 달한다고 하는데 돌로미테(Dolomite)의 멋있는 풍광을 충분히 즐길 수 있다. 그 중에서도 특히 아름다운 네 곳의 구간은 벨루네스(Bellunese)(Marmolada 마을), 그란 리사(Gran Risa)(Alta Badia 마을), 발 지우멜라(Val Giumela)(Val di Fassa 마을), 그리고 사스롱(Saslong)(Val Gardena 마을)이다.

나의 경우는 다른 동료들 여러 명과 함께 green route를 돌았었는데, 다른 스키어들이 너무 많아서 리프트를 타는 곳마다 줄서서 기다리기를 반복하여, 10시경 출발한 Tour가 16시가 넘어서야 최종목적지의 '바로 직전' 리프트에 도착할 수 있었다. 당연히 리프트의 운행시간이 지나 난감한 상황에 처하였으나, 비상수단으로 숙소호텔에 전화하여 차량을 제공받아 귀환하였다.

그런데, 이날 '섬짓한' 경험을 한 가지 하였다. 거의 대부분의 경우에 리프트 운행종료시간에 맞추어 숙소로 귀환하였기 때문에 경험해 보지 못한 상황에 처하게 된 것이다. 숙소로 돌아갈 마지막 리프트의 운행 마감시간이 시시각각으로 닥쳐 오자, 나의 마음이 불안해지고 다급해졌다. 그러나 이날은 아쉽게도 간발의 차이로 마지막 리프트를 놓쳤다. 리프트 운행이 종료되고 스키장의 불들이 하나 둘 꺼져가는데, 나는 아직 산 중턱에 머물러 있다. 조금 전까지만 해도 수많은 스키어들로 북적이던 슬로프에 갑자기 적막이 감돌면서 날은 일분 단위로 급속히 어두워져 간다. 나는 혹시라도 어둠 속에서 길을 잃을 것을 염려하면서, 전속력으로 저 아래의 불빛을 향해 달려 내려간다. 사람들로 북적이고 웃음과 즐거움으로 가득찼던 슬로프가 이제는 암흑속에 파묻혀 외로이 달려가는 나를 집어 삼킬 것 같다. 고독과 불안이 엄습한다. 천사에서 악마로 스키장이 변한 것 같다. 아! 스키장이, 아니 세상이 원래는 이런 곳이구나라고

셸라 론다(그린)

느끼는 순간, 정신이 번쩍 들면서 초긴장 상태로 빠져든다. 다행히 잘 수
습되었지만 소중한 경험을 하였다.

반면에 며칠 뒤에는 나 혼자서 오렌지 루트(orange route)를 돌았었는데,
스키어들도 훨씬 적었고, 또한 혼자라서 움직임도 가벼워 9시반에 출발
하여 네 시간 만인 13시반경에 최종목적지에 도착하였다.

셀라 론다(Sella Ronda)를 하게될 skier들을 위하여 몇가지 중요한 Tip을
적어둔다.

첫째, 총 소요시간이 5~6시간이라 하지만 날씨·스키어의 몰림, 루트
의 착각으로 인한 되돌아 옴 등 변수들이 있으므로 최대한 일찍 시작하
여, 적어도 리프트 운행종료 시간보다 두 시간쯤 여유를 두고 진행함이
좋다.

둘째, 처음으로 셀라 론다(Sella Ronda)를 하는 스키어라면 (대부분이 그러하
겠지만) 루트(route)의 도중에서 길을 잃거나, 다른 길로 잘못 들어설 경우가
있다. 이런 상황이 발생하면 지도를 재확인한 후 정상루트로 돌아와야
하는데, 스키장이 워낙 넓다 보니 한번 실수에 30분 가까이 낭비되는 것
은 각오해야 한다.

셋째, 만약 리프트 운행이 종료되었는데 아직 귀환하지 못한 상황이
라면 당황하지 말고 그 장소의 베이스(base)까지 스키로 이동하여 택시를
이용하여 돌아오면 된다. 셀라 론다(Sella Ronda)의 구조가 큰 산을 중심으
로 이를 도는 형태이므로 어느 곳에서든지 밑으로 하강하면 마을 또는
차량이 통행하는 도로와 만날 수 있다.

넷째, 양방향 루트의 전체 구간이 모두 스키를 신은 채로 잠시 걷거나
또는 활주하여 다음 리프트 탑승장소로 이동할 수 있게 되어 있지만, 단
한군데의 예외 지점이 있다. 즉, 스키를 벗고 걸어서, 자동차도로를 횡단

하여, 철제 계단을 걸어서 올라가야 하는 구간이 있다. 시계방향의 루트(orange루트)인데, 리프트번호 33(푼게이아 셀바 'Fungeia' Selva: Plan-Selva)에서 다음 리프트 번호 31(코스타벨라-셀바 'Costabella'-Selva/Wolkelstein: Costabella-Datercepies)로 넘어가는 구간이다. 표시를 따라가는데 갑자기 도로를 횡단하는 구간이 나타나더라도 당황하지 않도록 미리 알아둘 필요가 있다.

끝으로 아주 작지만 실용적인 tip이다. 경우에 따라서는 어느 리프트를 타기 위하여 많은 사람들이 몰리는 곳이 있다(가장 번화한 곳이다). 이러한 곳에서는 줄을 설 때에 '양쪽 끝으로' 서는 것이 '중간에' 서는 것보다 빨리 리프트를 탈 수 있다고 한다. (공과대학을 졸업한 친구로부터, 유체역학의 원리가 여기에도 적용된다고 가르침을 받았다.)

9일간의 돌로미테(Dolomite) 스키여행을 마치면서 몇가지 아쉬운 점이 남는다.(그중에서도 하루는 몸이 불편하여 쉬었다.)

하나는, 그래도 세계적으로 가장 유명한 마을인 코르티나 담페초(Cortina d'Ampezzo)를 방문하고 스키를 타보지 못한 점이다. 훗날을 다시 기약할 수밖에 없다.

다른 하나는, 지나고 보니 깨닫게 된 것이지만 숙소를 스키타기에 가장 좋은 마을(나의 생각으로는 발 가르데나(Val Gardena)이다)에 정했어야 했다는 점이다. 물론 location이 좋은 만큼 비용도 상승하겠지만 충분히 그만한 가치가 있다고 생각한다.

마지막 날 하루를 할애하여 발 가르데나(Val Gardena)에서 스키를 하였는데, 그곳에서만 일주일을 머물러도 좋을 정도로 넓고 광활하였다. 특히 그 지역의 최고봉인 리프 세체다(Rif Seceda)에서부터 시작하는 slope는 환상적이다. 정상에서는 비스듬히 양쪽으로 두 개의 slope가 있는데, 그중 왼쪽의 슬로프는 눈짐작으로 그 넓이(폭)가 400미터는 되는 듯 하였다. 그렇게 넓은 슬로프는 나의 첫경험이다. 경사도와 길이 또한 훌륭하였다.

오른쪽의 슬로프를 내려오면 비장의 장소들이 숨겨져 있다. 월드컵 다운힐(World Cup Downhill) 경기장이 있는가 하면, 끝도 없이 10.5km를 활주할 수 있는 비경도 있다. 그 중간쯤에는 현지의 가이드들이 추천하는 분위기 좋고 음식좋은 레스토랑(카페 발 다나: Café Val d'Anna)이 있는데, 시간이 없어 눈으로 확인만 하고 훗날을 기약하며 통과하였다. 돌로미테(Dolomite)를 이루는 12마을을 다 돌아 보지는 못하였지만, 추측컨대 이 Val Gardena가 스키를 즐기기에 가장 좋은 곳이 아닌가 여겨진다. 하루동안 가장 훌륭한 곳을 경험하게 해 줄 것을 부탁 받은 현지의 local guide가 안내한 지역이 바로 이곳이었다 한다. 다음 번 기회에는 반드시 이곳에 머물러야지 하고 다짐하였다.

발 가르데나(Val Gardena)에서 있었던, 나를 시련에 빠뜨리게 하였던 에피소드를 소개하면서 돌로미테(Dolomite) 스키여행을 마무리 한다.

9일간의 이번 스키여행 중 마지막 날 하루를 잡아 발 가르데나(Val Gardena)를 탐방하기로 하고 아침 일찍부터 출발하여 점심도 거른 채 스키에 열중하였다. 스키장이 워낙 넓어 목표하였던 곳 중에서 한두 곳은 포기한 채로 숙소(알타 발디아: Alta Badia 소재)로 귀환을 위해 스키를 서두르고 있었다. 그 당시의 일행은 나와 아내 그리고 스키경력이 30년은 족히 되고 연배는 나보다 10년 정도 위인, 성공한 사업가이었다. 자연스럽게 내가 안내자(리더) 역할을 맡아 귀환 도중, 분기점이 되는 결정적 장소인 치암피오니(Ciampinoi)를 목전에 두고(이곳에서 알타 바디아(Alta Badia)로 가기 위해 '셀라론다 오렌지(Sella Ronda orange)'를 타야 한다), 안내 게시판을 잘못 이해한 바람에 (후에 보니 혼동하기 쉽게 쓰여져 있었다) 한 바퀴 돌아 다시 오느라 30분 정도 시간이 낭비되었다. 이제는 시간이 빠듯하여 실수없이 행동하여야 할 압박감이 찾아왔다. 이번에는 분기점(치암피오니: Ciampinoi)에 제대로 도착하여 게시판을 살피는데, 길이 양쪽으로 나누어져 있다. 어느쪽 길로 가야 하나 숙고 중이었는데, 아내는 왼쪽, 동행인 다른 분은 오른쪽으로 이미 출발해 내려가고 있었다. 나의 판단으로는 왼쪽으로 가는 것이(orange route를 타는 것이) 숙소로 가는 최단거리라고 여겨졌다. 순간적으로 나는 선택의 기로에 빠졌다. 귀환시간이 임박하여 수많은 스키어들이 혼란스럽게 내 옆으로 쏟아져 내려가고 있었다. 아내와 다른 동행인은 시시각각 나로부터 멀어져 가고 있다. 둘 중 하나를 즉시 선택해야만 했다. 급박한 상황 속에서 나는 왼쪽(아내쪽)을 선택하기로 결단내렸다. 동행인은 그동안 수십년간 스키여행이나 촬영여행, 사업여행 등에 숙달되어 있어, 어떻게든 무사히 귀환할 수 있으리라는 믿음이 있었기 때문이었다. 반면에 아내는 보호자 없이는 넓은 스키장에서 미아로 떠돌 것이 틀림없었다. 서둘러 아내를 따라잡아 무사히 숙소에 귀환하였으나, 호텔에서 저녁식사가 거의 끝나가는 데에도 동행인이 아직 귀환하지 않고 있었다. 미안한 마음과 죄책감으로 한동안 힘들어 하고 있었는데 저녁 9시가 다되어 씩씩한 모습으로 동행인이 무사히 귀환하였다. 역시 여행을 많이 하였고, 사회생활의 경험이 풍부한 분이라서, "호텔주소와 신용카드 및 넉넉한 현금이 수중에 있는데 걱정될 것이 없었다"고 말하며, 우여곡절 끝에 택시를 이용하여 잘 왔다고 오히려 우리들을 위로해 주었다.

침착함과 용기 그리고 배려에 지금도 깊이 감사드리고 있다.

돌로미테의 압도적인 풍광

휴게실 ②

해외 스키를 위한 홈워크(homework)
("어디로", "어떻게" 갈 것인가)

해외로 스키여행하기를 계획하고 있다면, 가장 먼저 두 가지를 결정해야 한다. 하나는 "어디로" 갈 것인가 이고, 둘째는 "어떻게" 갈 것인가 이다.

먼저 어디로 갈까이다. 이 책에서는 머리말에서 적은 바와 같이 일본은 제외하고 생각해 본다. 우선 떠오르는 곳이 미국이나 캐나다 같은 북미 또는 알프스를 공유하고 있는 나라들, 프랑스, 스위스, 오스트리아, 이탈리아 같은 유럽 등이 대표적이다.

일반적으로 행선지를 정함에 있어서 가장 중요한 요인은 당연히 "비용"이다. 멀리가면 비싸고, 같은 곳이라도 시설이나 위치(location)가 좋은 곳은 비싸다. 그 밖에도 스키어의 관심사항(interest)이 무엇인지도 고려된다. 스키는 많이 타더라도 하루에 6시간이다. 24시간 중 그 나머지 시간을 어떻게 보낼 것인가의 관심사항 역시 중요하다. 식사, 쇼핑(shopping), 나이트 라이프(night life), 관광거리 등등도 고려대상이 된다.

다음으로 스키어의 스키능력(ability)도 역시 고려해서 장소를 정해야 한다. 스키장의 티레인(terrain)이 비교적 평이한 곳도 있지만, 적어도 스트롱 인터메디에이트(strong intermediate) 정도는 되어야 즐길 수 있는 스키장도 있다. 물론 대부분의 스키장은 초·중·상급자의 코스가 섞여 있기는 하지만, 그 중점이 있는 코스를 소화해 낼 수 있는 스키기술이 되는지 생각해 보아야 한다.

그 밖에도 스키장의 크기, 시설, 설질 등등이 부수적으로 고려할 사항이다.

그러나 한국의 스키어들에게는 이러한 일반적인 고려사항을 일일이 따져가면서 스키장을 선택하는 경우가 많지 않다. 왜냐하면 세계의 많은 스키장에 대한 상세한 정보를 종합적으로 가지고 있으면서, 세부내용을 서로 비교해 볼 자료와 여유가 적기 때문이다. 그리하여 현실적으로는 몇 군데의 비록 소규모이지만 해외스키전문의 여행사를 통하여 소개를 받아 그 중에서 하나를 정하는 것이 보통이다. 아니면 미리 여행사에서 스키장을 선정하고 기간·비용까지 정하여 선택 여부만을 구하는 경우가 많다. 하지만 이러한 여행사들은 국제적으로 이름이 나있는 스키장들 중에서 매년 하나 둘씩 골라 광고를 하게 되므로, 아주 실망스러운 선택을 할 위험은 적다.

스키장선택과 관련하여 가장 많이 받는 질문은, "지금까지 다녀 본 곳 중에서 어디가 제일 좋았나요?" 아니면 "한번 더 갈 수 있다면, 어디를 가고 싶은가요?"이다. 여기에 대한 정답은 "세계에 가장 좋은 스키장은 없다. 다만 가장 좋은 날이 있을 뿐이다."이다.

하지만 정답만으로는 너무 아쉽다. 그리하여 내가 개인적으로 바이블(Bible)처럼 모시고 이용하는 책을 한 권 소개해 둔다.

캐나디안 록키(Canadian Rocky) 출신이고, 레이싱(racing) 선수 및 캐나다 스키(Canada Ski) 팀의 코치(coach)를 지낸, 게리 윙엔바흐(Gerry Wingenbach)가 쓴 "100 Best Ski Resorts of the World"라는 책(쉽게 말하여, "세계 100대 스키장"이다.)인데, 유명스키장 100개를 골라, 한 스키장에 2page씩을 할애하여 간단하고 유익한 정보를 담고 있다. 위 책에 수록된 스키장들의 목록은 이 책 맨 뒤의 부록난에 적어 두었다. (여기에 일본 스키장은 하나도 없다.)

갈 곳이 정해지면 다음 문제는 "어떻게" 갈 것인가 이다. 여기에는 세 가지 방법이 있을 수 있다. 하나는 여행사에서 상품으로 개발해 놓은 곳에 패키지(package)로 따라 가는 것이다. 당연히 항공편, 공항·숙소간 이동, 숙소의 선정, 리프트권 구입, 스키장내의 안내, 식사 등등을 스스로 해결할 필요없이 여행사의 계획에 따라 하기만 하면 된다. 편하다. 하지만 개성이 없고, 자기만의 취향을 살려 스키하기에 부족함이 많다.

반대의 방법은 스키어가 독자적으로 위 모든 것들을 정하여 원하는 대로 스키를 즐기는 것이다. 앞서 본 모든 일들을 스스로 해결해야 하므로 신경을 써야 할 일이 많다. 더욱이 일반 여행경험이 많지 않은 스키어라면 부담이 가중된다.

절충적인 방법은, 동호인들 5·6명(많아도 10인 이내) 정도가 팀을 만들어, 갈 장소, 기간, 숙소의 수준 등 중요사항을 미리 정한 다음, 이에 맞추어 필요한 예약을 여행사에게 의뢰하는 방법이다. 어느 정도 스키여행 경험이 있고, 기본적인 스키장정보도 가지고 있으며, 경제적인 여유도 있는 마음맞는 친구·동료들이 활용하기에 적당하다. 점차 이러한 스키여행방식이 조금씩 늘어나고 있는 것을 본다.

각각의 방법에 장·단점이 있으므로 각자의 상황에 따라 선택할 일이지만, 다른 모든 조건이 허락한다면, "고 잇 얼로운(go-it-alone)"의 방법에 부정할 수 없는 매력이 있다.

해외스키를 위한 사전 준비과정에서 가장 많이 시간과 노력을 들여야 할 부분은, 가기로 결정한 스키장에 관한 여러 가지 유용한 정보들이다. 핵심자료는 그 스키장의 지도(trail map)를 미리 입수하여 그 구조를 파악해 두고, 숙소에서 그곳에 접근하는 가장 편리한 방법(교통수단)을 사전에 알아두는 것이다. 일반적인 패키지(package) 여행의 경우에는 여행사측에서 준비한 대로 따라하는 것이 보통이지만, 트레일 맵(trail map)의 입수와 사전 정밀검토는 효과적인 스키를 위해서는 필수적이다. 이즈음은 internet이나 여러가지 자료검색을 통하여 떠나기 전에 이미 현지자료를 숙지하고 갈 수가 있다. 특히 그 스키장이 역사적으로나 관광지로서 유명한 곳인 경우에는 이러한 사전검색이 더욱 유용할 수 있다.

하지만, "지도는 현장이 아니다"라는 말이 있듯이, 막상 현장에 가서만이 알 수 있는 내용도 있으므로, 현지에서도 적극적인 활동이 필요하다. 유용한 정보획득을 위해서는 현지언어의 지식이 크게 도움이 된다. 수집한 자료의 해독과 현지인과의 소통 등을 위해서이다. 아니면 최소한 영어의 자유로운 구사는 필수적이라 할 것이다. 외국어능력의 중요성은 여기에서도 절실하다.

수영장에 비친 호텔

06

미국 스키장 모아보기

~~~~~~~~~~~~~~~~~~~~~~~~~~~~~~~~~~~~~

캘리포니아California 주 / **콜로라도**Colorado 주
유타Utah 주 / **몬타나**Montana 주 / **와이오밍**Wyoming 주

캘리포니아California 주

○ 레이크 타호Lake Tahoe 지역

2000년과 2002년 캐나다(Canada)의 대형스키장 두 곳(벤프: Banff 지역과 휘슬러-블랙콤: Whistler-Blackcomb)을 경험한 후 이제 약간의 자신감이 생겨, 드디어 2003년 3월말에는 guide나 여행사의 도움이 없이 1주일간의 모든 과정을 스스로 계획 · 실행하는 홀로서기 스키를 시도하게 되었다.

그 대상으로 등장한 곳이 미국 서부 캘리포니아(California)주와 네바다(Nevada)주에 걸쳐있는 레이크 타호(Lake Tahoe)이다. 나와 아내 그리고 친구 두 명이 나의 스키이력에서 새로운 이정표를 세우게 되었다.

숙고 끝에 리노(Reno) 부근에 독립주택을 빌리고 4륜 구동의 SUV도 rent 하였다. 그런데 막상 현지에 도착하고 보니, 사전조사가 철저하지 못했던 데다가, 주변에 스키장이 너무 많아서 (알파인: alpine 스키장이 모두 15군데, 노르딕: nordic 스키장이 9군데나 된다.) 어디를 가야할지 조차 망설여지는 상태였다.

다행히 어느 식당에서 레이크 타호(Lake Tahoe) 전 지역의 상세정보를 담은 지도를 우연히 입수하였는데, 여기에 각 스키장의 입장료(lift권의 요금)가 기재되어 있었다. 이 자료를 이용하여 입장료가 가장 비싼 순서로 다섯 군데를 골라 그곳을 찾아가기로 하였다. 입장료가 비싸다는 것은 스키장이 크고 훌륭하다는 의미일 것으로 추정하였는데, 결과적으로 아주 탁월한 선택임이 증명되었다.

레이크 타호(Lake Tahoe)는 시에라 네바다(Siera Nevada) 산맥(스페인 어로 siera 는 '산맥', nevada는 '눈덮힌'이라는 뜻이다.)의 해발 1,897m에 위치한, 넓이 496.2km² 크기의 담수호이다. 이는 한라산(1,950m) 위에 광주광역시(500km²)가 있는 것과 같다. 이 호수의 3분의 1은 네바다(Nevada)주에, 3분의 2는 캘리포니아(California)주에 걸쳐 있는데, 평균수심 300m, 최대수심 501m, 해안길이 114km의 미국에서 두 번째로 깊은 호수이다. 'Tahoe'라는 이름은, 인디언 말로 '높은 곳에 있는 물' 또는 '광활한 호수'라는 뜻이라 했는데 한자로 '대호(大湖)'에서 유래했다는 설도 있어서, 엉뚱한(?) 추측을 불러일으키기도 한다.

헤븐리(Heavenly) 스키장의 리프트(lift)를 타고 올라가다 보면, 리프트(lift)를 연결하는 타우어(tower)마다에 레이크 타호(Lake Tahoe)에 얽힌 각종 의문과 이에 대한 대답을 간단히 적어두어서(예를 들어, 호수가운데에 엠파이어 스테이트 빌딩을 세워두면 어떻게 될까?), 정보도 얻고 지루함을 더는 재치를 보여주고 있다.

1853년에 지역신문인 플레서빌 헤럴드(Placerville Herald)가 "이 지역에 금광이 발견되었고, 이제 세계적인 명소가 될 것이다"라고 보도하였는데, 금광 발견은 페이크 뉴스(fake news)이지만, 세계적 명소가 된 것은 리얼 뉴스(real news)이다.

헤븐리(Heavenly) 스키장

15개의 스키장 중에서 엄선된 다섯 개의 스키장, 그중에서도 첫 번째로 채택된 곳은 당연히 세계적 명성이 자자한 헤븐리(Heavenly)였다.

이 스키장은 베이스(base)가 해발 1,962m(California Lodge 구역), 정상이 3,012m, (California 구역의 스카이 익스프레스: Sky Express가 도착하는 지점), 표고차 1,050m로서 Tahoe지역에서 가장 크고 높은 곳에 있다.

스키장의 지도를 보면, 맨 오른쪽 하단에 California주에 속하는 California Lodge와 그 조금 왼쪽에 베이스 오브 더 곤돌라(Base of the gondola) (1,870m)가 있고, 반대편으로 왼쪽 하단에 Nevada주에 속하는 스테이지코치 롯지(Stagecoach Lodge)와 보울더 롯지(Boulder Lodge)가 있다. 이 두 구역 사이에 두 개 주의 경계선이 통과한다.

스키장의 오른쪽 California side에서 보면 저 아래에 레이크 타호(Lake Tahoe) 호수가 사파이어 보석처럼 푸르게 빛나고 있으며, 슬로프(slope)를 활주해 내려가면 마치 호수 속으로 빠져들어가는 것 같은 느낌을 준다.

반대편인 왼쪽의 Nevada side에서 보면 저 멀리 갈색, 노란색, 초록색의 광대한 사막이 펼쳐져 있는 광경을 볼 수 있다. 미국에서 유일하게 두 개의 주에 걸쳐 있는 스키장인 만큼, 슬로프를 질주하다보면 어느 순간에 주경계표시가 나오고, '당신은 이제 주경계를 넘고 있습니다'라는 표시를 읽는 신비한 경험을 할 수 있다.

일반적으로 말해서 California side는 초급·중급자에게 적합하다고 하고, Nevada side는 상급자용의 가파르고 깊은 눈이 많다고 한다.

큰 그림으로 보면 스키지도의 오른쪽은 California, 왼쪽은 Nevada로 구별되어 스키장구조가 복잡해 보이지 않지만, 리프트(lift)의 레이아웃

(layout)이 어색하게 배치되어 있어서 산의 이곳저곳을 돌아다니는 것이 복잡할 수 있다. 따라서 가이드(guide)의 도움을 받거나 아니면 반드시 트레일 맵(trail map)을 소지하고 다니면서 군사훈련을 받는 듯한 자세로 위치확인을 해 나가는 것이 필요하다.

그리고 Heavenly 스키장에의 접근은 앞서 본 California side와 Nevada side의 양쪽에서 모두 가능하지만, 아침 한때에 스키어들이 몰리는 상황을 피하려면 Nevada side의 스테이지코치(Stagecoach)나 보울더 롯지(Boulder Lodge)를 이용하는 것이 좋다.

여기에서 오랫동안 나의 머리에서 떠나지 않는 한 가지를 적어 두어야겠다. 나의 스키성향은 스키실력에 비해서 무모할 정도로 용감하게 어려운 코스에 도전하면서 쾌감(?)을 느끼려고 애쓰는 쪽이다. 특히, 나와 오랫동안 스키를 함께 한 친구들이나 지인이 그렇게 평가한다. 그래서 세계의 어느 스키장이든지간에 어렵다거나 위험하다고 해서 들어가기를 포기하는 경우는 거의 없었다. 싱글 블랙 다이아몬드(single black diamond)는 기본이고 더블 블랙 다이아몬드(double black diamond) 표시 구역도 어떻게 해서든 헤쳐 나오곤 하였다.

그러나 이러한 나의 스키이력에 두 가지의 예외가 있었다. 도저히 용기가 나지 않아 오랜 망설임 끝에 도전을 포기한 경우가 두 번 있었다.

한 번은, 나중에 다시 보겠지만, 미국의 잭슨 홀(Jackson Hole) 스키장에서였다. 정상 조금 밑으로 양쪽의 높은 바위 절벽 사이에 좁고 길게, 더욱이 눈보다 얼음이 훨씬 많은 "슈트(chute)"가 펼쳐져 있었는데, 그곳을 직활강으로 통과하더라도 그 밑쪽으로 속도를 줄여나갈 공간이 없었다. 내가 그 입구에 서서 구경하는 동안 아무도 그곳으로 들어가는 사람이 없다.

두 번째 경우가 이곳에서이다. 스키지도를 보면 제일 왼쪽의 상단부분에(Nevada side이다) 가파른 계곡이 그려져 있고, 그곳에 까맣게 double black diamond가 한두 개도 아니고 잔뜩 그려져 있다.

평상시와 같이 그 위쪽의 산 정상에서부터 활주해 내려오는데 그 중간의 어느 지점에서 숲속으로 들어가는 아주 좁은 길이 나있고(그 밑으로는 나무로 가려 앞이 보이지 않았다.) 그 입구에 타자된 A4용지가 한장 붙어 있었다. 가까이 가서 살펴보니, "이곳은 최상급자(엑스퍼트: expert)만이 들어갈 수 있는 난코스이니, 자기의 능력을 잘 판단해서 들어갈 것. 들어가서 스키하다가 사고가 나더라도 모두 본인의 책임임. 만약 사고 발생으로 인하여 구조대가 투입된 경우 그 모든 비용이 청구될 것임. 그럼에도 불구하고 능력에 어긋나게 이곳에 들어가는 것은 '형사범죄행위'임."이라고 작은 글씨로 덤덤하게(?) 쓰여져 있었다.

이 문구를 보는 순간, 평소의 모험본능이 발동하여 들어가고 싶은 욕구가 솟구쳐 올라왔다. 그런데 맨 마지막 문구, 즉 "형사범죄행위"라는 단어들이 마음에 크게 부담이 되었다. 더욱이 다른 경우와 상황이 크게 다른 것은, 이 경우에는 앞에 전개될 상황, 즉 스키타고 내려갈 길이 전혀 보이지 않아, 앞으로 어떤 상황이 전개될지 예상할 수가 없다는 것이었다. 한참을 그 앞에 서 있다가, 결국 포기하고 평범한 slope를 타고 내려갔다.

아직까지 마음 속에 아쉬움으로 남아있지만, 그 때의 판단이 옳았다고 생각한다. 참고로 이 곳은 지도 상단 왼쪽에 킬브루 케년(Killebrew Canyon) 및 모트 케년(Mott Canyon)으로 표시되어 있으며, 그곳에 가기 위하여는 Mott Canyon chair lift를 타고 올라가면 된다.

들어갈까 말까

스쿠어 밸리(Squaw Valley) 스키장

첫째날 헤븐리(Heavenly)를 끝내고, 둘째날은 스쿠어 밸리(Squaw Valley)에 가기로 하였다. 차를 rent 하였기 때문에 장소이동은 아주 편리하였으나 지도를 확인하면서 운전해야 하기 때문에 조심하지 않을 수 없었다.

그런데 아침에 일어나 보니 상황이 보통이 아니었다. 지난밤부터 폭설이 내려서 순식간에 발목이 빠질 정도로 눈이 쌓인다. 이곳에서의 폭설은 우리나라에서 생각하는 폭설과는 개념이 다르다. 자고 일어나니 세워둔 자동차가 없어졌다는 정도는 보통이다. 이는 이곳 시에라 네바다(Sierra Nevada)가 3,000미터 이상의 고소인데다가 태평양에서 불어오는 겨울폭풍을 이 산맥이 끌어들이는 역할을 하기 때문이다. 연간 평균 강설량이 10m가 넘는다고 한다.

그러나 그렇다고 하루를 숙소에서 지낼 수는 없어서 스키장비를 싣고 스쿠어 밸리(Squaw Valley)를 향해 조심스럽게 출발하였다. 군데군데에 이미 제설차가 나와서 능숙하게 정비작업을 하고 있는 것을 보니, 이러한 상황에 익숙해 있음이 틀림없다. 시야도 좋지않아 자연히 속도를 늦추니 뒤에서 따라오는 차량들의 성화가 빗발친다. 잔뜩 긴장하여 한동안 운전해 나가니 조금씩 자신감이 생긴다. 4륜구동차의 효용성 내지는 위력(?)을 서서히 느끼기 시작한 것이다. 설상운전에서 4륜구동이 그만큼 안정적·효과적이라는 데에 크게 놀랐다. 아무튼 목적지에 무사히 도착!

자료를 찾아보니, 이곳에서 1960년 제7회 동계올림픽을 개최하였다고 한다. 당시에는 이곳이 시장(mayor)도 없는 작은 마을로서 단지 한 개의 체어리프트(chair lift)와 두 개의 로우프 토우(rope tows)만 있었다. 그런데 이 스키장의 소유자인 알렉산더 쿠싱(Alexander Cushing)이 5년 전에 국제올림픽 위원회를 설득하여 동계올림픽 유치에 성공한 후 건설공사를 완성하였다. 그리하여 이곳은 올림픽역사상 가장 작은 마을에서 동계 올림픽을 개최한 기록을 세우고, 역사상 최초로 TV중계가 성사된 동계 올림픽 및 프랑스의 장 부아르네(Jean Vuarnet)가 처음으로 '메탈 스키(metal skis)'를 신고, 남자 다운힐(downhill) 경기를 우승하는 기록을 세웠다.

이 스키장은 대형스키장은 아니지만 그 대신 가장 새롭고 가장 좋은 첨단 기술을 과감히 적용하는 것으로 유명하다. 1949년에 세계최초로 2인승 chair lift를 설치하였고, 오늘날에는 북미 최초의 후니쿨라(funicular) 철도(base에서 기차를 타면 산속으로 뚫린 동굴을 따라 가다가 순식간에 정상에 도착하는 구조) 및 150명의 승객을 태울 수 있는 곤돌라(gondola) 등을 설치하였다.

스키장 곳곳에는 올림픽을 개최한 스키장이라는 표시와 함께, "KT-22"를 경험해 보았느냐는 표시가 쓰여져 있다. 궁금증을 풀기 위하여 검색을 해 보니 흥미있는 결과가 발견되었다.

이 스쿼어 밸리(Squaw Valley)스키장은 초대형은 아니지만, 그래도 6개의 높은 산으로 둘러싸여 있고 이는 각각의 특색을 가지고 있다. 즉, 스키지도상 제일 왼쪽으로부터, ① 스노우 킹(Snow King)(2,265m), ② KT-22(2,460m), ③ 스쿼어 피크(Squaw Peak)(2,670m), ④ 에미그란트(Emigrant)(2,610m), ⑤ 브로큰 애로우(Broken Arrow)(2,406m) 및 ⑥ 그래닛 취프(Granite Chief)(2,715m)의 6개 봉우리가 그것이다.

그런데 이중 KT-22에는 재미있는 이야기가 담겨있다. 즉, 1948년에 당시 이 스키장의 소유자이던 샌디 & 웨인 폴센(Sandy & Wayne Poulsen)이라는 이름의 부부가 산정상에 올라 스키를 타고 활강을 시작하였는데 그 경사도가 너무 급하여 Sandy 부인은 도저히 정상적으로 이를 내려올 수가 없었다. 그래서 하는 수 없이 남편인 Wayne이 저 아래 계곡에서 기다리는

El. 6200'

- High Camp Cable Car
- Gold Coast Funitel
- Papoose Learning Area
- Squaw Kids
- Squaw One Express
- Exhibition/Searchlight
- Far East Express
- Red Dog
- Squaw Creek
- KT-22 Express
- Olympic Lady
- Cornice II

LIFT STATUS
0 - 10 Minutes
Over 10 Minutes
Standby
Closed

SQUAW

SKI LIFTS OPERATING

← TICKETS

SQUAW

스쿠어 밸리 입구

동안 "킥-턴(Kick-Turn)"의 방식(스키기술의 일종)으로 천천히 내려갈 수밖에 없었는데, 이 "KT"를 22번이나 하고서야 비로소 계곡을 다 내려갈 수 있었다는 것이다.

이 "킥-턴(Kick-turn)"은 스키전문용어로 "슈핏츠케렌(Spitzkehren: 독일어로, 서 있는 상태에서 한쪽발의 발뒤꿈치를 들어 옮겨서 안전하게 방향전환을 하는 기술이다)"이라 하는데, 급경사면에서 넘어질 위험을 피하면서 방향전환을 하는 것을 말한다.

스키장의 구조는 간단하여 지도상 일목요연하다. 즉, 1,860m의 base에서 그레닛 취프(Granite Chief)를 제외한 5개의 정상으로 향하는 리프트(lift)를 골라타면 바로 정상에 도착한다. 앞서 본 KT-22정상은 블랙 다이아몬드(black diamond) 표시가 되어 있지만, 나머지는 거의 중급자용으로서 활주에 크게 어려움은 없다.

특히 에미그란트(Emigrant) 정상에서부터는 초보자들이 특히 좋아할 수 있는 길고 긴 슬로프(slope)가 계곡 끝까지 펼쳐져 있어서 인기가 있다.

이 스쿠어 밸리(Squaw Valley)마을은 1860년대에 이곳에서 은(銀)이 많이 나온다는 소문이 퍼져서 모험가들이 몰려들었는데, 결과는 헛탕이었다.

이 마을이름(Squaw)의 유래에 대하여는 불명확한 점이 많지만, Squaw는 원주민어로 Women이라는 뜻인데 이 지역개발의 초기에 백인들이 마을에 와서 보니 여인들만이 있고 남자들은 모두들 늦여름철이라 사슴사냥을 나가고 안 보여서 그와 같은 이름이 붙여졌다고 한다.

알파인 메도우(Alpine Meadow) 스키장

스쿠어 밸리(Squaw Valley)와 인접하여 바로 아래쪽에 알파인 메도우(Alpine Meadow)스키장이 있다. 베이스(Base)의 고도가 2,050m, 정상 워드 피크(Ward Peak)가 2,591m, 표고차 541m의 그리 크지 않은 스키장이지만 중·상급자의 슬로프가 고루 갖추어져 있고, 연중 적설량이 풍부하여 현지인들(local)에게 인기있는 스키장이다.

구조는 간단하여 베이스 에리어(base area)에서 출발하는 리프트(lift)를 타면 여러곳의 정상에 도달할 수 있다. 중급자용의 슬로프(slope)가 충분히 많지만, 특히 지도상의 오른쪽 부분에는 single black 또는 double black의 코스들이 적지않게 흩어져 있다.

특히 지도상 중간부분의 최상단에 있는 "아우어 파더(Our Father)"라는 곳에서는 뒷편 백 볼(back bowl)로 넘어갈 수 있는데, 이 백 볼(back bowl)에서는 전혀 느낌이 다른 새로운 스키장을 경험할 수 있다. 이곳에서는 셔우드 익스프레스(Sherwood Express)라는 리프트(lift)를 이용하여 파우더 스노우(powder snow)를 즐길 수 있으며, 이 전구역은 최상급자 코스인 블랙 다이아몬드(black diamond) 구역이다.

적어도 하루를 즐기기에는 충분하며 리틀 스쿠어 밸리(Little Squaw Valley)라고 불린다. 2011년부터는 스쿠어 밸리(Squaw Valley)와 함께 하나의 리프트(lift)권으로 양쪽 모두를 이용할 수 있게 되었다.

노스 스타(North Star) 스키장

스쿠어 밸리(Squaw Valley)보다 약간 윗쪽(북쪽)으로 노스 스타-엣-타호(North Star-at-Tahoe) 스키장이 있다. 베이스(Base)가 1,899m, 정상(Mt. Pluto)이 2,624m, 표고차 725m의 크지 않지만, 모든 수준의 스키어에게 적절한 슬로프(slope)를 제공한다.

스키지도상으로 오른쪽 절반 부분은 전부 블랙 다이아몬드(black diamond) 표시가 되어 있고, 왼쪽 절반 부분은 blue 표시가 많다.

전구간의 50%정도 슬로프가 인공제설이 가능하도록 되어있어 질좋은 눈을 즐길 기회가 어느 곳보다 많다. 7개의 대형 "티레인 파크(Terrain Parks)"가 보더(boader)를 유혹하고, 타호(Tahoe) 호수를 바라보는 경치가 빼어나다.

커크우드(Kirkwood) 스키장

타호(Tahoe) 호수의 가장 남쪽으로, 베이스(Base) 2,340m, 정상 2,940m, 표고차 600m의, 외지인들에게는 잘 알려져 있지 않지만, 현지인들이 좋아하는 커크우드(Kirkwood) 스키장이 있다.

구조는 복잡하지 아니하여 베이스(Base)에서 출발하는 여러 리프트(lift)들 중에서 원하는 방향으로 가는 것을 골라타면 된다.

레이크 타호(Lake Tahoe) 주변의 여러 스키장들 중에서 경관이 가장 좋다는 평가를 받는다. 지도상 가운데 부분 거의 대부분이 블랙 다이아몬드(black diamond) 표시로 가득차 있다. black이 아닌 곳이 드물 정도이다. 더블 블랙 다이아몬드(double black diamond)도 여러 군데 보인다.

그만큼 능력있는 skier들이 조용하게 마음껏 즐길 수 있는 곳이라는 뜻이다.

이로써 레이크 타호(Lake Tahoe)부근의 대표적인 스키장 다섯 곳의 순례를 마쳤다.

이 지역을 돌아 본, 재치넘치는 문필가 마크 트웨인(Mark Twain)은 다음과 같은 재담(bon mot)을 남겼다.

"천사들이 숨쉬는 공기를 그리워하는 자들은, 이곳 Tahoe로 가라"

○ **맘모스 마운틴**Mammoth Mountain **지역**

미국 캘리포니아(California) 주에 있는 스키장을 소개하면서 맘모스
(Mammoth) 스키장을 빠뜨릴 수 없다. L.A.에서 차로 간다면, 산 베르나르디
오 마운틴스(San Bernardio Mountains)와 모하브 데저트(Mojave Desert)를 통과하
여 다섯 시간 정도 걸린다.

이 스키장이 있는 마을 이름은 1984년에 타운 오브 맘모스 레이크스
(Town of Mammoth Lakes)라고 붙여졌다. 이 마을이 생겨나게 된 데에는 캘리
포니아(California) 지역에 불어닥친 골드 러쉬(gold rush)와 관련이 있다. 즉,
1849년부터 1853년까지의 열풍이 지나간 이후에도, 이곳의 금에 관심이
있는 사람은 계속 있어왔다. 그리하여 1877년에 네 명의 광산투기자들이
이곳에 채굴조직을 만들었고, 다음해인 1878년에는 남북전쟁 참전용사
인 죠지 돗지(George Dodge) 장군이 맘모스 마이닝 컴퍼니(Mammoth Mining Co.)
를 설립하자 단기간내에 천여 명이 일확천금을 꿈꾸며 이곳으로 몰려왔
다. 그러나 이러한 꿈은 실현되지 못하였고 1880년에 위 회사는 문을 닫
았다.

그러나 그 후인 1890년대에는 다시 종목을 바꾸어, 이번에는 낚시, 사
냥, 캠핑, 승마, 등산 등의 방법으로 이스턴 시에라(Eastern Sierra)를 즐기자
는 사업이 시작되어 많은 투자가 이루어졌고 그 결과 올드 맘모스(Old
Mammoth)라는 마을이 형성되었다.

시간이 흐르면서 1937년에는 현대적인 highway가 완성되었으며, 특
히 1950년대에는 데이브 멕코이(Dave McCoy)라는 분이 맘모스(Mammoth)를
오늘날과 같이 캘리포니아(California) 주에서 가장 인기있고 번창하는 알
파인 리조트(alpine resort)로 만드는 데에 크게 기여하였다. 그리하여, 스키

장지도의 한가운데에는 휴게시설이 갖추어진 큰 식당이 있는데 그 이름
이 멕코이 스테이션(McCoy Station)이라고 붙여져 있다.

맘모스(Mammoth) 스키장은 그 이름 그대로 대단히 크다. 우선 공간적
또는 물리적으로, 베이스(Base)는 해발 2,424m(이글 롯지: Eagle Lodge), 정상은
3,369m(톱 오브 더 시에라: Top of the Sierra), 표고차 945m, 트레일(trail)의 수 150
개, 리프트 수 28개, 총면적 3,500 acre(1,416ha), 연평균 강설량 10.16m 등 압
도적이다. 뿐만 아니라 시간적으로도 스키가 가능한 기간이 11월초부터
7월 4일까지 8개월이나 된다. 태평양으로부터 불어오는 폭풍이 높은 시
에라(Sierra)산맥에 부딪쳐 눈을 쏟아내리기 때문이다.

나는 이전부터 맘모스(Mammoth) 스키장의 명성을 익히 들어 알고 있었지
만, 기회가 없었으나, 뒤늦게 2013년 3월초에야 비로소 찾아보게 되었다.

이 맘모스(Mammoth) 스키장은 그 규모가 엄청난 것에 비하여는, 스키
지도상 그 구조를 파악하는 것이 별로 복잡하지 않다. 즉, 지도를 펼쳐 놓
고보면 아랫부분에 제일 왼쪽으로 이글 롯지(Eagle Lodge), 그 다음으로 캐
니언 롯지(Canyon Lodge)가 있고, 제일 오른쪽 끝으로 메인 롯지(Main Lodge)
가 있는데, 이 세 곳에서 출발하는 리프트(lift)를 타고 스키장으로 진입할
수 있다. 이 세 곳의 베이스(Base)는 스키장이 있는 산의 기슭에 있기 때문
에 여기에서는 스키장의 모습이 보이지 않는다. 이 세 곳 중 캐니언 롯지
(Canyon Lodge)는 주로 가족단위 스키어들이 많이 이용하고 있고, 가장 일
반적인 출발지점은 메인 롯지(Main Lodge)이다. 그리고 맘모스 빌리지(Mam-
moth Village)는 캐니언 롯지(Canyon Lodge)보다 아랫부분에 위치해 있다. 따라
서 차로 세 곳의 Lodge로 이동해 가야 한다. 소위 on-mountain이 아니라
off-mountain스키장이다. 이는 알프스의 여러 스키장과 같이 원래부터
스키장으로 개발·발전된 곳이 아니라, 뉴질랜드 등에서 보는 바와 같이

광산 등 다른 목적에서부터 개발된 스키장의 일반적인 특징이다.

메인 롯지(Main Lodge)에서 출발하는 리프트(lift)의 백미는 파노라마 곤돌라(Panorama gondola)이다. 베이스(Base)에서 출발하여 단숨에 최정상인 톱 오브 더 시에라(Top of the Sierra)(3,369m)까지 데려다 준다. 3,300m가 넘는 정상에서 아래로 바라보이는 풍광은 웅대하다. 가슴이 확 트이고, 평소에 별로 위대한(?) 생각을 품어보지 못한 사람도 이 순간만큼은 큰 포부를 가져봄직도 하다. 이 스키장은 일반적으로 상층부의 반 정도는 상급자 또는 엑스퍼트(expert)용이고, 하층부의 반 정도는 중급자용으로 구성되어 있다.

일단 정상에 내려 잠깐 동안의 감동이 지나고 나면, 슬그머니 걱정이 찾아든다.

시작부터가 온통 더블 블랙 다이아몬드(double black diamond) 표시의 최상급자 슬로프(slope)들이기 때문이다. 경사면은 그야말로 steep하고 spacious하다. 최상급자의 코스가 항상 그러하듯이 산등성이에서 계곡쪽으로 스타트(start)하는 지점은 거의 예외없이 코니스(cornice: 눈처마: 처마 끝 같이 튀어 나온 모습으로, 산등성이에 몰아치는 바람때문에 자연스럽게 형성된 것이다.)로 되어있어 더 큰 두려움을 자아낸다. 용기를 내어 뛰어내리니 푹신하게 쌓인 눈이 나를 반겨주고 안심시켜 준다. 희열도 잠시, 이내, 허벅지에는 불이 나기 시작하고, 온몸이 땀으로 흥건해진다. 몇 번을 쉬어 숨을 고르면서 한참을 내려가니 중간쯤에 (앞서 말한) 멕코이 스테이션(McCoy Station)이 나타난다. 들어가 쉬고 싶은 생각이 났지만, 남아있는 블랙 다이아몬드(black diamond)가 많아 또다시 리프트(lift)에 올라탄다. 이 스키장의 프론트 사이드(front side)를 충분히 즐기기 위해서는 세 개의 리프트(lift), 즉 정상까지 가는 파노라마 곤돌라(Panorama gondola), 그 오른쪽의 Chair 23, 가장 오른쪽의 Chair 12를 자주 타야 한다. 이 세 개의 리프트(lift)는 이 용도뿐만 아

입구를 지키는 맘모스

맘모스 전경

니라 그 각각의 정상에서 반대편쪽 백 사이드(back side)로 넘어가면 그 곳에도 또다른 별세계가 펼쳐져 있다. back side의 베이스(Base)는 아웃포스트(outpost) 14라는 이름이 붙여져 있는데, 이곳에서 출발하는 Chair 13 및 Chair 14 리프트(lift)를 이용하면 백 사이드(back side)만을 오르내리면서 즐길 수 있다.

모험을 즐기는 skier들을 위한 정보제공 한 가지.

3,369m의 톱 오브 더 시에라(Top of the Sierra)에 내리면 지도상 오른쪽으로 가파른 계곡이 길게 나타나 있다. 첫번째 double black이 클라이맥스(Climax), 두 번째가 행맨스 할로우(Hangman's Hollow), 세 번째가 MJB's, 네 번째가 코니스 볼(Cornice Bowl), 다섯 번째가 드롭아웃 슈트(Dropout Chutes) 등으로 이어진다. 이중에서 몇 개 정도는 활강을 시도하여 자존심을 충족시키는 것도 좋은 방법이리라.

나아가 맘모스(Mammoth) 스키장을 처음 방문하는 skier들이 스키지도를 보고 쉽게 구조를 파악할 때 필요한 tip 한 가지.

이 스키장은 특이하게도(아마도 세계 유일이 아닐까 한다.) 각 리프트(lift)의 표시를 번호(숫자)로 표시하고 있다. 예를 들어, Chair 12, 13 등등이다. 즉, 이름으로 표시되어 있지 않은 것이다. 그러다가 많은 이용객들이 불편함을 이야기하자 마지못해(?) "일부의 리프트(lift)에 대해서는" 숫자에 추가하여 이름을 붙여 주게 되었다. 예를 들어, Eagle Express 15와 같이 되는 것이다. 따라서 skier들은 이점을 잘 알아 두는 것이 지도를 쉽게 파악하고 전체구도를 빨리 익히는 데에 도움이 된다.

Tip 두 가지를 더 추가한다.

이 스키장은 대도시에서 그다지 멀지 않아, 주말에는 사람이 붐빌 수가 있다.

또한 산의 고도가 높아 기상의 변화가 순식간에 일어날 수 있어서, 방금 전까지 운행하던 리프트(lift)가 갑자기 기상악화를 이유로 운행을 중지할 수가 있다. 따라서 특히 정상으로 올라가는 리프트(lift)의 경우에는 그것이 운행되는 동안 일단 최우선적으로 먼저 이용해 두는 것이 좋다. 나중에 타겠다고 미루어 두었다가는 멀리까지 왔다가 정상에 가보지도 못하고 귀국해야 하는 비극이 발생할 수도 있기 때문이다.

콜로라도Colorado 주

미국은 영토가 워낙 넓어 록키(Rocky) 산맥과 같은 스키장 만들기에 최적의 자연환경을 가지고 있을 뿐만 아니라, 스키장을 건설하고 개발할 충분한 경제력도 구비하고 있는 유일한 나라이다.

그러하기에, 내가 기본서로 삼고 있는 "100 Best Ski Resorts of the World"(세계 100대 스키장)라는 책(이 책에 대하여는 말미의 부록에서 따로 언급한다.)에, 미국이 절반 가까운, 정도를 차지하고 있다. 나머지 절반 가까운 곳은 유럽, 즉 오스트리아, 프랑스, 스위스가 각 13군데씩 차지하고 있다.

그런데, 이러한 미국에서도 콜로라도(Colorado)주에만 그 4분의 1정도인 11군데가 있다. 다음으로 큰 곳이 유타(Utah)주와 버몬트(Vermont)주(각각 6군데)이다. 이 11군데 중에서 내가 경험한 곳이 6곳인데, 이를 두 개의

part로 나누어, 아스펜(Aspen)부근(아스펜 마운틴: Aspen Mtn, 아스펜 하이랜드: Aspen Highlands, 그리고 스노우 메스: Snow mass)과 그 이외의 부분(베일: Vail, 비버 크릭: Beaver Creek, 키스톤: Keystone, 그리고 코퍼 마운틴: Copper Mtn.)으로 이야기하려 한다.

○ **아스펜**Aspen **지역**

보통 아스펜(Aspen)이라고 하지만, 이를 넓게 보는 경우와 좁게 보는 경우가 있다. 넓게 보면, 지도상으로 제일 왼쪽에 아스펜 마운틴(Aspen Mountain) 스키장이 있고, 그 오른쪽으로 아스펜 하이랜드(Aspen Highlands), 이어서 버터밀크(Buttermilk)가 있으며, 제일 오른쪽에는 스노우메스(Snowmass)가 있다. 이 네 개의 산을 모두 합하여 아스펜(Aspen)지역이라고 부른다.

좁게 보면, 가장 왼쪽의 Aspen Mtn.과 바로 그 아래 산 기슭에 있는 아스펜 타운(Aspen Town)을 가리키는데, 아스펜(Aspen)이라고 하면 우리들 머리속에 언뜻 떠오르는 곳이 바로 여기 Aspen Town이다.

우리들이 머리속에 아스펜(Aspen)을 떠올릴 때에는 반드시 두 가지를 구별해야 한다. 첫째는 아스펜 타운(Aspen Town)과 아스펜 스키 슬로프(Aspen ski slope)를 구별하는 것이고, 둘째는 아스펜 타운(Aspen Town)의 명성과 현실을 구별하는 것이다. 먼저, 아스펜 타운(Aspen Town)은 품위있고 고풍스럽고 콜로라도(Colorado)에서 가장 멋진(chic) 곳이지만, 그 스키장 아스펜 마운틴(Aspen Mtn.)은 상급자용인 블랙 다이아몬드(black diamond) 더욱이 expert용인 더블 블랙 다이아몬드(Double black diamond)로 가득차 있는 사납고 험준한 스키장이다. 물론 사이사이에 안전을 위해 중급자용인 Blue Line이 있기는 하다.

한때 산에 사는 사람이란 뜻인 유트 시티(Ute City)로 불렸던 아스펜 타

운(Aspen Town)에는 스키도 타지 않으면서, 화려한 장신구와 값비싼 모피
옷을 걸치고 돌아다니는 멋쟁이 낭비족(high roller)들을 심심치 않게 볼수
있다. 이들은 해발 2,422m까지 올라와 스키를 타는 대신, 이 마을의 화려
한 분위기에 흠뻑 젖어보기 위해, 돌아다니는 겉멋쟁이들이다. 아스펜
(Aspen)은 원래 1880년대에 은(silver) 광맥을 찾아들어온 사람들이 만든 마
을이다(이중 두 곳의 광산은 현재도 가동중에 있다.). 그 후 실버 러시(silver rush)가 시
들해지자, 마을이 쇠퇴하기 시작하였으나, 빅토리아 풍의 옛 건물들을
철저히 보존하려는 정책에 따라 오늘날 역사적인 도시로 발전해 왔다. 4
층 이상 건물은 불허하고, 시내의 전선은 모두 지하로 묻게 하였다. 2차
대전이후 1946년에 시카고(Chicago)의 사업가 피프케(Paepcke)가 고급도시
로 개발하기로 작정하고 아스펜(Aspen) 음악제 등을 유치한 후 오늘날의
명성을 가지게 되었다. 그러나 한편, 이 도시에는 6,000명의 주민이 살고
있고, 1,000명의 어린이들이 이곳의 local school에 다니는 평범한 생활형
도시인 면도 있음을 놓쳐서는 안된다.

아스펜(Aspen: 옛이름 아약스(Ajax)) 마운틴 (Mountain)

아스펜 타운(Aspen Town)의 배경으로 완
벽하게 자리잡은 아스펜 마운틴(Aspen Mtn.)은 원래 은광으로 개발되었다
가 1937년에 스키장으로 개장하였다. 그렇지만, 이 스키장의 면적은 단
지 675acre에 불과하여 "세계에서 가장 큰, 작은 산(the biggest little mountain in
the world)"이라고 불린다. 리프트(lift) 8개, 슬로프(slope) 76개, 슬로프(slope)총
길이 100km남짓밖에 안된다. 하지만 베이스(Base)는 해발 2,422m, 정상(선
덱: Sundeck)은 3,417m로서, 정상에서 내려오는 쉬운 route는 없다. 이 산은

가파르고, 물결치듯 굽어있고, 범프(bump)가 많으며 좁다. 따라서 이 산을 몇 번 활주해 보면, "스키어가 되는 데에는, 기술이 아니라, 튼튼한 다리가 중요하다"고 느끼게 된다. 이 산은 세 개의 산등성이(ridge)로 이루어져 있는데, 제일 오른쪽 끝인 루티스(Ruthie's), 제일 왼쪽 끝인 젠틀멘스 릿지(Gentleman's Ridge) 그리고 중간 부분인 벨스 라이드(Bell's Ride)가 그것이다.

이 세 개의 산등성이를 뼈대로 하여 슬로프(slope)들이 펼쳐져 있는데, 지도상으로 거의 모두가 최상급 코스인 더블 블랙 다이아몬드(double black diamond)이다. 결코 편안한 스키장이 아니다. 베이스(Base)의 gondola plaza에서 곤돌라를 타면 단번에 3,417m의 정상으로 올려다 준다. 중급자 정도의 수준이면, 요소요소에 배치되어 있는 중급자 코스인 blue line을 이용하여 끝까지 내려올 수 있다.

위에서 은광에서 출발한 이곳에 아직 두 곳이 가동 중이라 하였는데, 그 중의 한 곳을 찾아가 볼 수 있다. "컴프로마이스 마인(Compromise Mine)"이라는 곳인데, 지도상 오른쪽, 정상에서 3분의 2쯤 떨어진 장소에 있다. 지도상 제일 오른쪽에 있는 리프트(lift), 셰도우 마운틴(Shadow Mountain)을 타고 올라가 내리면 바로 왼쪽에(지도상) 실버 퀸(Silver Queen)과 실버 러쉬(Silver Rush)라는 슬로프(slope)가 있는데 그 바로 부근에서 가동 중에 있다. 이 두 곳 모두 역시 최상급용인 double black이다.

하지만 운이 좋은 가장 멋진 날에는 솜털같고 활석가루 같은 눈 위에서 powder ski를 즐길 수도 있다.

아스펜 하이랜드(Aspen Highlands)

지도상 아스펜 마운틴(Aspen Mtn.)의 바로 오른쪽에 있는 스키장이 아스펜 하이랜드(Aspen Highlands)이다. 이 스키장의 highlight는 제일 정상부분에 펼쳐있는 "하이랜드 볼(Highland Bowl)"이다.

이 스키장은 일단 아스펜 마운틴(Aspen Mtn.)과 비슷해 보인다. 즉, 해발 2,451m의 village에서 출발하는 두 개 리프트(lift) 중의 하나인 엑시비션(Exhibition)을 타고 메리-고-라운드(Merry-Go-Round)에서 내려, 다시 롯지 피크(Lodge Peak)로 갈아타면 정상(3,559m)인 롯지 피크(Lodge Peak)에 내린다. 여기에서 표고차 1,108m를 활강해 내려오는데 중간 부분으로 몰려있는 blue와 green 슬로프(slope)를 이용하면 베이스(Base)까지 어렵지 않게 도달할 수 있다. 물론 특히 상부의 절반부분에는 double black들이 잔뜩 보여있어서 극도의 용기와 체력을 필요로 한다. 그러나 이것으로서는 아스펜 하이랜드(Aspen Highlands)의 진면목을 보기에 너무나 부족하다.

우선, lift-accessed(리프트를 이용하여 접근할 수 있는) 가장 험한 구역은 롯지 피크(Lodge Peak) 바로 아래에 펼쳐져 있는 세 군데, 즉 (지도상)오른쪽의 올림픽 볼(Olympic Bowl), 중간의 스티플체이스(Steeplechase) 그리고 왼쪽의 테메리티(Temerity)이다. 이 구역에 들어가면 모두가 double black인 코스들이 즐비하게 널려져 있다.

하지만 여기에서는 이 정도로는 약과이다. 정상인 롯지 피크(Lodge Peak) (3,559m)에서 오로지 "걸어서만 접근이 가능한(hiking-accessed)" 구역이 그 위로 또다시 넓고도 넓게 전개되고 있기 때문이다. 즉, 표고차 218m(그러니까 거리로는 적어도 7·800m는 될 것이다.)를 스키를 메고 무릎까지 빠지는 다져져 있지 않은 산등성이를 걸어서 올라가면, 이곳의 최고봉인 하이랜드 피크(Highland Peak)(3,777m)에 도달할 수 있다. 그리고 그 산등성이의 지도상으로 왼쪽으로, 내가 지금까지 본 중에서 가장 넓고(spacious) 가장 가파른(steep) 분지(bowl)가 펼쳐져 있다. 세계 어느 스키장에서도 이런 bowl을 본 적이 없다. 어느 자료에서는 이 장면을 "out of this world"라고 표현하였다. 스키지도를 보니 위 정상(Lodge Peak)에서 위쪽으로 시계반대방향으로 올라가면서 아래쪽 bowl로 들어갈 수 있는 Gate가 다섯개 설치되어 있는데, 순서대로, ① 메인 게이트((Main Gate), ② 록 아웃 게이트(Rock out Gate), ③ 펀드 덱 게이트(Fund deck Gate), ④ 피크 게이트(Peak Gate)(이곳이 3,777m이다), 그리고 저 아래쪽으로 ⑤ 노스 우드 게이트(North Woods Gate)가 띄엄띄엄 놓여져 있다. 메인 게이트(Main Gate)에서 정상인 피크 게이트(Peak Gate)까지 구간에는, 휩스 베너레이션(Whip's Veneration)부터 정상 바로 아래의 풀 컬(Full Curl)까지 12개의 이름이 붙은 double black Trail이 펼쳐져 있는데 최고 경사각도가 모두 40°가 넘고 두 군데(Full Curl과 Be One)는 45°나 되었다. 정상(Peak Gate)을 넘어 시계반대방향으로는 내려가면서 G-Zone이 펼쳐지면서(여기의 "G"는 아마도 이 구역 이름인 Go-Go Gully에서 따온 것인 듯하다.) G-0부터 G-8까지 8개의 협곡(gully)이 나오는데(그런데, 이상하게도 지도상 G-7이 없다) 이 곳 역시 최고 경사도가 40°전후이다. 이 숨막힐 듯한 조망을 가진 Bowl을 나는 바라만 보았을 뿐 실제로 스키를 타고 활강해 보지 못하였다. 세계의 여러 스키장을 다니면서 목전에 눈덮힌 trail을 두고서 들어가보지 못한 두세 곳 중의 하나이었다. 우선 표고차 218m, 거리로는 7·800m되는 눈 덮힌 언덕을 스키를 메고 걸어올라가는 것이 크게 부담이 되었으며, 더욱이 아내과 함께 그곳을 올라갈 수는 없었기 때문이었다. 아쉬운 마음을 안고, 롯지(Lodge)에서 약간 올라간 쥴스 캠프벨(Jules Campbell)이라는 곳까지 스노우 모빌(snow mobile)을 얻어타고 가보는 것으로 만족하였다. 그러나 우리 일행 중 몇 명의 젊은 스키어들은 오전 10시경 3,777m 정상에서 내려오기 시작했는데 그곳을 빠져나와 숙소에 오후 4시경에야 도착했다고 했다.

버터밀크(Buttermilk)

아스펜 하이랜드(Aspen Highlands)에서 더 오른쪽으로는 버터밀크(Buttermilk)라는 스키장이 있다. 총면적 420 acre, 최고높이 2,970m, 베이스(Base) 2,361m의 크지 않은, 주로 가족단위의 스키어들을 위한 resort라고 한다. 물론 지도상 왼쪽 끝편으로 black코스들이 몇 개 있기는 하였으나, 우리 일행은 하루라도 더 도전적인 스키를 즐기기 위하여 이곳을 통과하기로 하였다.

○ **스노우메스**Snowmass **스키장**

지도상으로 아스펜(Aspen) 지역의 제일 오른쪽에 스노우메스(Snowmass)라는 스키장이 있다. 이곳은 아스펜 타운(Aspen Town)에서 14.4km 밖에 떨어져 있지 않다. 그래서 두 곳 사이에 수시로 무료 shuttle bus가 다니고 있다. 물론 중간지역(아스펜 마운틴: Aspen Mtn.과 버터밀크: Buttermilk)에도 정차한다.

이 스키장은 아스펜(Aspen)의 다른 세 곳의 스키장을 모두 합친 것보다 넓다. 또한 정상(더 커크: The Cirque)은 표고 3,813m, 베이스(Base)(지도상 제일 왼쪽 끝 부분)는 2,473m로서 미국에서 가장 큰 표고차(1,340m) 및 리프트로 가장 높은 곳까지(3,813m) 올라가는 스키장으로 인정받고 있다. 그리고 여기에는 다른 세 곳을 찾는 사람을 합친 수보다 더 많은 스키어들이 매년 찾아오고 있는데, 이곳 숙박시설의 95%가 ski-in, ski-out 할 수 있게 되어 있어서, 믿을 수 없을 정도로 완벽한 서비스를 제공하고 있다.

스키장의 구조는, 우선 산기슭 베이스(Base)에서 보면 세 군데로 나누어져 있다. 가장 중간에 있는 빌리지 몰(Village Mall)이 중요한 출발점이다. 이곳에서 양쪽으로 가는 리프트(빌리지 익스프레스: Village Express와 엘크 캠프 곤돌

스노우메스 시작

라: Elk Camp gondola)를 타면 산의 중간부분까지 두 갈래로 나누어 올라갈 수 있다. 그곳에서 다시 연결되는 리프트(lift)를 이용하면 정상과 산등성이까지 올라갈 수 있다.

한편 가장 왼쪽에는 투 크릭스(Two Creeks), 가장 오른쪽에는 캠프 그라운드(Camp Ground)가 있어서 여기서도 리프트(lift)를 이용하여 산의 중간부분까지 쉽게 올라갈 수 있다.

이 스키장의 정상인 더 커크(The Cirque)(3,813m) 바로 아랫부분에는 여러 개의 double black 코스들이 입을 벌리고 있다. 그 중에서도 가우디스(Gowdy's)와 AMF가 40°의 경사도를 자랑하며 이곳에서 가장 steep한 것으로 알려져 있다. 지도상에서 보면 오직 이곳에만 "익스트림(Extreme)"이라는 표시가 되어있는데, 두 개의 블랙 다이아몬드(black diamond) 안에 흰색으로 한곳에는 "E", 다른 한곳에는 "X"라는 표시를 하여 스키어들을 긴장시킨다. 더욱이 스키지도의 한쪽구석에 "익스트림 티레인(Extreme Terrain)"이 구체적으로 무엇을 의미하는지 적어놓고 있는데, "적어도 15 피트이상의 run을 가진, 20피트이상 높이의 절벽(cliff)이거나 아니면 최소 50°이상의 경사도를 가진 슬로프가 100피트이상 계속되는 곳"이라고 되어 있다.

Expert들은 행잉 밸리 월(Hanging Valley Wall)(정상에서 왼쪽으로 한참 내려오는 곳에 있다.)의 와이드-오픈 볼(wide-open bowl)에서 환상적인 tree skiing을 즐길 수 있다.

하지만 스노우메스(Snowmass)는 중급자에게도 멋있는 기회를 제공해 주고 있다. 즉, 슬로프(slope)의 65%이상이 중급자용으로 되어있고, 그중에서도 "빅 번(Big Burn)"은 깊고, 넓고, 눈이 많은 "대표적인(signature)", "명함같은(visiting card)", "장사밑천인(stock-in-trade)" 코스로 각광받고 있다. 이 코스를 타려면 새로 설치된 "쉬어 블리스(Sheer Bliss)" 리프트(lift)를 이용하면 된다.

또한 중급자이면서 백컨트리 스키(backcountry ski)의 경험을 해보고 싶은 skier에게는 최고의 슬로프(slope)가 있다. 즉, 지도의 제일 왼쪽끝으로 "롱 숏(Long Shot)"이라는 blue 슬로프(slope)가 길게 펼쳐져 있는데, 인 바운드(in-bounds)에서 backcountry의 재미를 맛볼 수 있다. 다만 이곳에 가기위해서는 지도상 제일 왼쪽중간에 있는 엘크 캠프(Elk Camp) 리프트(lift)를 타고 올라가 와일드라이프 센터(Wildlife Center) 휴게소에서 다시 왼쪽으로 "약간의 거리를 걸어서" 가야만 한다.

식당소개를 하나 함으로써 마무리한다. 멋있고 품위있는 점심식사를 원한다면 산중턱에 있는 고풍스러운 식당 "린 브릿트 케빈(Lynn Britt Cabin)"을 찾아가면 좋다. 이곳은 빌리지 엑스프레스(Village Express)의 중간쯤 부분 및 벌링 AME 리프트(Burling AME lift)가 내리는 곳쯤에 있다.

○ 베일Vail 스키장

고도가 1마일(1,609m) 정도(5,280피트: 1,584m)라 하여 마일 하이 시티(Mile High City)로 불리는 덴버(Denver)에서 록키(Rocky) 산맥 속으로 들어가다 보면 수없이 많은 스키장들이 펼쳐져 있다. 안내지도에 표시되어 있는 곳들을 세어보니 족히 25개는 되어보인다. 그리고 이들 중의 대부분은 국제적으로도 명성이 있는 스키장들이다. 이 중에서 네 곳은 이미 앞에서 살펴보았고, 이제부터는 나머지 중에서 네 곳을 더 살펴보려고 한다. 그 첫 번째가 베일(Vail)이다.

이 지역은 원래 1854년에 고어(Gore)라는 사람이 사냥을 위해서 대규모 사냥팀을 이끌고, 50마리의 사냥개, 100마리의 말, 40마리의 황소와 함께 도착한 곳이다. 그래서 현재 이 지역은 "고어 레인지(Gore Range)"라고 불린다. 버팔로, 고라니, 붉은 사슴 등 발견되는 모든 동물들을 사살하였다. 그러다가 그 지역 인디언들과 갈등이 생겨 모두들 쫓겨나게 되었다.

그렇게 지내오다가, 1960년대에 변화가 일어났다. 즉, 얼 이튼(Earl Eaton)이라는 사람이 이곳에서 우라늄 광맥을 찾아오게 된 것이다. 그런데 산기슭의 길에서부터는 아무것도 보이지 않았기 때문에 그의 친구 피트 사이베르트(Pete Seibert)와 함께 스키를 신고 7시간 동안 깊은 눈을 헤치고 그 산을 올라갔다. 마침내 정상에 도착했을 때, 그 친구 Seibert는 "이 산은 다른 어떤 지역보다도 스키를 타기에 가장 아름다운 곳이로구나"하고 소리쳤다. 이 때로부터 스키장으로 개발되기 시작하였다. 그런데 특이한 것은, 이 스키장을 운영하는 "부유한 나이든 청년들(boys) 조직"은, 이 곳을 찾아오는 skier들을 친절하고 따뜻하게 맞아주는 분위기가 아니다. 그들은 부동산개발과 고급 골프장멤버십 분양에 더 관심이 크다. 스키장 슬로프(slope)를 따라서 화려한 고급 맨션을 지어 파는 데에 더 열성적이다. 요컨대 이 스키장은 비싼 곳이라 부유층들이 많이 이용한다. 하지만 아무리 그러하더라도, 워낙 산이 좋은 만큼 스키어들은 꾸준히 몰려온다. 나도 역시 그 명성에 이끌려 2006년 3월에 이곳을 찾았다. 이 스키장은 스키장의 단일한 산(single ski mountain)으로서는 북미대륙에서 제일 크다.

스키장으로서 특이한 점은, 유럽의 알프스(Alps)나 다른 대부분의 스키장들 같이, 뾰족한 바위들이 마치 빗살처럼 솟아있는 산이 아니다. 산 전체가 높기는 하지만 부드러운 곡선을 그리면서 솟아있는 바위도 없이 넓게 펼쳐져 있는 것이다.

06 미국 스키장 모아보기

이 스키장은 최저 2,475m(라이온스 헤드: Lion's Head), 최고 3,471m(블루 스카이 베이슨: Blue Sky Basin), 표고차 996m이고 총면적은 5,289 acre로서 아주 넓다.

여기에 진입하기 위해서는 산기슭에 있는 네 개의 마운틴 센터(mountain center)에서부터 시작하여야 한다. 지도상 제일 왼쪽부터 골든 피크(Golden Peak), 그 다음이 베일 빌리지(Vail Village: 가장 크고 main이다). 그 오른쪽으로 라이온스 헤드(Lion's Head)가 있으며, 가장 오른쪽에 카스케이드 빌리지(Cascade Village)가 있다. 이 네 곳은 I-70 고속도로 옆으로 있으며, 서로 Shuttle Bus로 연결되어 있다.

또한 이 스키장은 분명하게 세 개의 지역으로 구분할 수 있다. 즉, 우선 "프런트사이드(Front Side: 정면에서 바로 보이는 산의 전반적인 구역)", 다음 그 유명한 "백 볼(Back Bowls)", 그리고 끝으로 지도상 정면의 제일 왼쪽 맨 위에 별도로 독립해 있는 것처럼 보이는 "블루 스카이 베이슨(Blue Sky Basin)"이다. (최고봉 3,471m도 여기에 있다.)

스키장의 구조는 지도상 간단명료해 보인다. 즉, 프런트 사이드(Front Side)에는 세 개의 큰 봉우리 (왼쪽부터 투 엘크 롯지: Two Elk Lodge, 페트롤 헤드쿼터스 버팔로스: Patrol Headquarters Buffalos, 그리고 와일드우드: Wildwoods)가 정상에 자리잡고 있고 그 아래로 수많은 슬로프(slope)들이 뻗어져 내려온다. 이 세 봉우리 중에서도 와일드우드(Wildwoods) 아래쪽으로 슬로프가 가장 많이 설치되어 있다. 이곳에는 single 블랙 다이아몬드(black diamond)가 윗부분에 약간 있을 뿐, 대부분이 중급자용의 blue 슬로프(slope)들이다. 이 중에서도 롯지폴(Lodgepole), 레지스(Ledges) 및 본 프리(Born Free)가 특히 잘 관리되고 있고 길어서 크게 사랑받고 있다.

그러나 뭐니뭐니 해도 베일(Vail)을 특별히 국제적으로 유명하게 만든 것은 그 백 볼(Back Bowls) 때문이다. 많은 유명 스키장들이 정상부근에서 뒤편으로 넘어갈 수가 있고, 그러면 그곳에는 대개 정설되지 않은 파우더 스노우(powder snow)가 펼쳐져 있다. 다만 그 back bowl의 일부 구역이 그렇게 되어있는 것이 보통이다. 그러나 이곳 베일(Vail)의 Back Bowls은 특이하게도 산의 뒷면 전체가, 마치 프런트 사이드(Front Side)와 똑같은 크기와 넓이로, 파우더 스노우(powder snow)로 뒤덮여 있는 것이다. 즉, powder만으로 뒤덮인 스키장이 뒷면에 하나 더 있는 것과도 같다. 그만큼 하나하나가 다 멋진 Bowl의 수도 많다.

지도상 제일 왼쪽부터 본다면, ① 게임 크리크 볼(Game Creek Bowl), ② 썬 다운 볼(Sun Down Bowl), ③ 썬 업 볼(Sun Up Bowl), ④ 티 컵 볼(Tea Cup Bowl), ⑤ 차이나 볼(China Bowl), ⑥ 시베리아 볼(Siberia Bowl), ⑦ 인너 몽골리아 볼(Inner Mongolia Bowl), ⑧ 아우터 몽골리아 볼(Outer Mongolia Bowl)이 그것이다.

모두가 싱글 블랙 다이아몬드(single black diamond)이어서, 쉽지는 않지만 그렇다고 너무 어렵지도 않아서, powder에 목마른 skier들이 정신없이 즐기기에 충분하고도 남는다.

가끔 코스의 이름도 기발하고 영리하게 붙여놓아서 흥미를 돋군다. 예를 들어 차이나 볼(China Bowls)의 아래쪽에는 "징기스 칸(Genghis Khan)"이 있고, 시베리아 볼(Siberia Bowl)의 아래쪽에는 "라스푸틴스 리벤즈(Rasputin's Revenge)"라는 이름도 있다. 만약 특별한 슬로프(slope)를 경험하고 싶다면 와일드우드(Wildwood) 봉우리 아래쪽에 있는 게임 크리크(Game Creek)에서 민턴 마일(Minturn Mile)이라는 곳까지 가 볼 수 있다. 엄청나게 가파른 계곡에서 시작하여 강가의 계곡을 따라 한 시간 반 정도 가면 민턴(Minturn)이라는 작은 마을에 도착한다. 그곳에서 음료를 한잔 마시고 돌아오게 되는데, 시간을 제대로 못 맞추면 버스나 택시를 이용하여 베일(Vail)로 돌아올 수밖에 없다. 다만 한 가지 주의사항은 현지의 local guide와 동행하는 것이 필수적이다.

끝으로 프런트 사이드(Front Side)의 투 엘크 롯지(Two Elk Lodge)와 버팔로스(Buffalos) 사이에 있는 블루 스카이 베이슨(Blue Sky Basin)을 빠뜨릴 수 없다. 이 분지(basin)는 최근에 새로운 천년을 맞이하면서 개장되었다.

이곳은 모든 슬로프(slope)들이 나무들 사이로 나있어서, 정설(grooming)되어 있지 않다. 파우더 스노우(powder snow)를 즐기기 좋은 모험적인 스키지역이다. 당연히 대부분이 상급자 코스인 블랙 다이아몬드(black diamond)이다.

○ 비버 크리크Beaver Creek 스키장

앞서 본 베일(Vail)에서 14km떨어진 곳에 베일(Vail)보다 훨씬 더 배타적이고 돈 많은 상류계급을 대상으로 하는 스키장이 있으니 그것이 비버 크리크(Beaver Creek)이다. 비버 크리크(Beaver Creek)는 베일(Vail)의 "rich sister" 라고 불리운다. 그 우아함이 미국의 부자들을 그곳으로 끌어들였고, 예를 들어 미국의 전 대통령 제너럴 포드(Gerald Ford)는 베일(Vail)의 최고급 주택을 팔고, 1980년에 이곳으로 이사해 왔다. 스키장측은 그에 대한 감사의 표시로 그의 이름을 붙여 "President Ford's"라는 슬로프 하나를 만들어 주었다. 아니면 그 순서가 바뀌었는지도 모른다. (이는 비버 크리크 빌리지: Beaver Creek Village 바로 위에서 오른쪽으로 출발하는 스트로베리 파크 익스프레스 리프트(Strawberry Park Express lift)를 타면 바로 그 아래로 전개되어 있다.) 그러한 연유 등으로 비버 크리크(Beaver Creak)는 1980년에 처음 개장할 때부터 이미 최고급 스키장이라는 상속재산을 가지고 태어났으며, 호텔로 비유하자면 "five star Hotel"의 면모를 갖추고 있다. 이러한 명성에 대적할 수 있는 곳으로는 유타(Utah)주에 있는 "디어 밸리(Deer Valley, 나중에 본다)" 밖에는 없다고 인정받고 있다.

　이 스키장은 정상이 해발 3,488m, 베이스(Base)가 2,255m(에로우 헤드 밸리:
Arrow Head Valley), 표고차 1,233m, 총면적 1,625 acres로서 (베일: Vail은 5,289 acres
이다) 크기로는 별로 대단한 규모가 아니다. 하지만 이곳의 강점은 다른
곳에 있다. 즉, 이 스키장은 그의 모든 열정을 고객에게 최상의 서비스를
제공하는 것, 세심하고 꼼꼼하게 슬로프(slope)를 관리하는 것, 그리고 훌
륭한 식사를 제공하는 것에 쏟아 붓고 있다.

　그 한 가지 예로서, 스키어들이 "프라이빗 로우드(private road)"를 통하
여 스키장에 도착하면, 첫번째 타게되는 "리프트(lift)"가 "실외의(outdoor)
escalator"이다. 이 움직이는 계단은 스키어들이 부츠를 신고, 스키를 메
고 12개정도의 계단을 덜거덕거리며 올라가 첫번째 스키 리프트(lift)에
가야하는 불편함을 대신해 준다. 가끔은 이러한 시설들이 너무 지나치
지 않은가 생각될 때도 있다. (스키를 시작하기 전에 이러한 근육들을 약간 움직여 주
는 것도 필요하지 않을까.) 하지만 어린이를 데리고 간다든가 할 때에는 이것
이 작은 기쁨이 될 수 있고, 이러한 작은 사치가 비버 크리크(Beaver Creek)
의 특별함을 더해 주기도 한다.

　스키장의 지도상 구조는 크게 복잡하지 않다. 제일 아래의 산기슭 세
군데 (왼쪽부터 ① 비버 크리크 빌리지(Beaver Creek Village), ② 비버 크리크 랜딩(Beaver
Creek Landing) 및 오른쪽의 ③ 에로우 헤드 빌리지(Arrow Head Village))에서 출발하는 리
프트(lift)를 타고 중간 부분까지 올라가면 많은 슬로프(slope)와 리프트(lift)
들이 연결된다.

　비버 크리크(Beaver Creek)의 중추적인 뼈대는 비버 크리크 빌리지(Beaver
Creek Village)에서 출발하는 센테니얼 익스프레스 리프트(Centennial Express lift)
이다. 스프루스 새들 롯지(Spruce Saddle Lodge)에서 내려 활강하는 코스는 완

벽하게 grooming 된 4.4km의 길고도 편안한 중급자용 코스이다. 이곳의 슬로프(slope)상태를 표현하면서 가끔 "perfectly pitched(완벽하게 경사조절이 된)"라는 용어가 쓰이고 있는데, 그 진정한 의미를 몸으로 느낄 수 있다. 즉, 이곳에서는 어느곳에서도, 특히 슬로프(slope)사이를 이동하는 짧은 구간에 있어서도, "힘들게 걸어서 올라가야 하는" 구간이 전혀 없다. "조금이라도(1°라도) 내려가는 각도"가 되도록 모든 구간을 설계해 놓았기 때문이다. 스키어들이 스키장에서 가장 싫어하는 것이 오르막 길을 힘들게 폴을 찍어가면서 걸어 올라가는 것이라는 점을 너무나도 잘 알고 이를 해결해 주는 배려를 한 결과이다. 상급자를 위한 훌륭한 코스들도 많다. 특히 지도의 중간 부분 정상인 그라우스 마운틴(Grouse Mountain)에서 시작되는 세 개의 더블 블랙 다이아몬드(double black diamond) 코스 (① 볼드 이글: Bald Eagle, ② 팔콘 파크: Falcon Park, ③ 오스프리: Osprey(물수리))는 이 스키장의 명성을 드높이는 주역들이다. 바로 그 옆에 있는 single black인 스크리치 아울(Screech Owl) 역시 많이 사랑받고 있는 코스이다.

중급자용으로는 약간 오른쪽에 있는 라크스푸르 볼(Larkspur Bowl)이 인기이다. 길고 넓고 완벽한 grooming이 되어 있기 때문이다. 하지만 무엇보다도 비버 크리크(Beaver Creek)를 국제적으로 유명하게 만든 가장 큰 역할은 바로 최상급자 코스인 "버드 오브 프레이(Birds of Prey)"(육식조)가 하였다. 이 코스는 최정상인 Birds of Prey downhill center(3,488m)에서 시작하여 줌 룸(Zoom Room)을 지나 가장 난코스인 골든 이글(Golden Eagle)을 통과하여 종착점인 레드 테일 캠프(Red Tail Camp)(2,697m)까지 쏟아져 내려오는 구간이다. 이 downhill run은 1989년 올림픽 다운힐(downhill) 금메달리스트인 베른하르트 루씨(Bernhard Russi)가 설계하였는데 1997년과 1999년의 World Cup 대회에서 최대의 화제가 되었다. 나도 당연히 이 코스를 경험해 보

다운힐 스타트

았는데, 특히 출발한 지 얼마 안되어 나타나는 골든 이글(Golden Eagle) 구간에서는 슬로프가 눈이 아니라 얼음으로 덮여 있는 데다가, 경사가 급하고, 또한 거의 90°에 가까운 정도의 곡선구간이 전개되어 있어서, 가만히 서있으려고 해도 자꾸 옆으로 미끄러져 내려가는 것을 피할 수 없었다. 우승을 목표로 이곳을 전속력으로 활주해 내려갔을 선수들을 상상해보니, 그것만으로도 오싹함을 느낄 정도였다. 오늘날 많은 스키어들은 이곳이 콜로라도(Colorado)에서 가장 멋진 다운힐(downhill) 코스라고 평가하고 있다.

나는 아직까지 한번도 스키스쿨 특히 초보자를 가르치기 위한 스키스쿨을 이야기한 적이 없다. 하지만 이곳 비버 크리크(Beaver Creek)의 스키스쿨은 많은 사람들이 격찬하고 있기 때문에 한마디 언급해 두고자 한다. 가장 특징적인 말(문장) 한마디로 모든 것을 요약·정리할 수 있다. 즉, 이곳의 ski coach는 "스키를 잘 가르치는 데에 가장 중요한 것은, 가장 적절한 코스(terrain)를 선택하는 것이다"라고 단정하고 있다. 즉, 배우는 스키어의 능력에 맞는 슬로프(slope)를 골라, 마음껏 달리게(활강하게) 하는 것이라고 paraphrase(의역) 할 수 있을 것이다.

마무리를 해 보면, 이 비버 크리크(Beaver Creek)는 5 star 호텔에 버금가는 아주 고급(upscale) 스키장이다. 그리고 이곳에 묵기 위하여는 세 군데의 Village, 즉(지도상 왼쪽에서 오른쪽으로) 비버 크리크 빌리지(Beaver Creek Village), 베철러 걸취 빌리지(Bachelor Gulch Village) 및 에로우헤드 빌리지(Arrowhead Village)가 있다.

만약, 이곳보다 좀더 저렴하고 경제적인 숙소를 찾는다면, 지리적으로 약간(5km정도) 떨어져 있지만, 타운 오브 아본(Town of Avon) 그리고 타운 오브 에드워드(Town of Edwards)를 이용할 수 있다.

○ **키스톤**Keystone **스키장**

키스톤(Keystone) 스키장은 최고 해발 3,782m (더 아웃백: The Outback의 와피티 피크: Wapiti Peak), 베이스(Base) 해발 2,829m (마운틴 하우스: Mountain House), 표고 차 953m, 스키장 넓이 1,861 acres (앞서 본 비버 크리크(Beaver Creek)이 1,625 acres이 다.)의 중간규모 크기이다. 하지만 우선 해발 고도가 다른 곳보다 월등히 높은 것을 알 수 있다. 내가 묵었던 숙소의 고도가 2,700m 정도(백두산만큼의 높이이다)이었는데, 밤에 자려고 누우면 고도로 인해 일시적이었지만, 아주 불편한 상황이 잠시 있었다.

그렇다고 해서 낮에 산에서 ski를 하면서는 별로 어려움을 느끼지는 못했다. 아마도 높은 곳에서 계속 머무르는 것이 아니라 수시로 낮은 곳으로 내려오기 때문이 아닌가 여겨진다.

고소증(altitude sickness)과 관련하여 재미있는 경험을 한 적이 있다.

알다시피 고소증은 산소의 부족으로 인하여 혈액 속의 산소함량이 낮아짐으로써 나타나는 현상이다. 따라서 자연히 인체 중에서 심장과 먼 곳일수록(즉, 말초신경이 다다르는 곳일수록) 산소공급이 덜 될 가능성이 많다. 산소공급량이 떨어지면 (다른 증상들과 함께) 그곳이 간질간질 저려오는 느낌이 든다. 마치 팔을 오래 고이고 있으면 혈액소통이 방해되어 저려오는 것과 같다. 흥미로운 것은 신체 중에서 이상하게도 코끝이 저려옴을 느낀 것이다. 잠시 생각해 보니 이곳이 과연 심장에서 가장 멀리 있는 곳임이 틀림없음을 깨닫게 되었다. 또 한 가지 흥미로운 사실이 있다. 고소증을 예방하기 위하여 의사들은 약을 주기도 하고 (비아그라 등 결국은 혈관확장제이다), 또한 물을 자주 마시라고 권한다. 어디에선가 읽은 기억이 있는데 인체의 위기적응능력은 대단해서, 산소가 부족함을 느끼면, 통상시의 허파를 통해서 산소를 흡입하는 것 이외에도, 비상수단으로, 소화기관인 장기에서도, 물 속의 산소(물은 결국 H_2O 이니까)를 흡수하는 역할을 하기 때문이라고 한다. 하지만 위와 같은 이야기를 어떤 의사분에게 하였더니 이는 지나치게 나아간 이론으로 여겨진다는 반론도 들은 적이 있다.

키스톤(Keystone)의 스키장 구조는 크게 복잡할 것이 없다. 산으로 올라가는 베이스(Base)가 두 군데 있는데, 하나는 지도상 제일 왼쪽의 리버 런(River Run)이고, 다른 하나는 그 약간 오른쪽의 마운틴 하우스(Mountain House)이다. 여기에서 리프트(lift)를 타고 올라가면 첫 번째이며 가장 중심적인 봉우리인 데르쿰 마운틴(Dercum Mountain)(3,492m)에 도착한다. 여기서부터는 주로 중급 · 초급자용의 blue 및 green 슬로프(slope)들이 펼쳐져 있다.

여기에서 리프트를 갈아타고(아웃포스트 곤돌라: Outpost gondola) 다시 이동하면 두 번째 봉우리인 노스 피크(North Peak)(3,398m)가 나타난다. 여기에서는 주로 상급자용의 black 코스들이 많이 펼쳐지는데(base까지 내려가지 않고) 중간지점인 라 본트스 캐빈(La Bonte's Cabin)까지 활주하면서 즐길 수도 있다.

이렇게 하는 대신에 위 노스 피크(North Peak)에서 지도상 오른쪽으로 펼쳐져 있는 세 개의 blue 슬로프(slope)(폭스 트롯: Fox Trot, 엔티시페이션: Anticipation, 및 스필웨이: Spillway)를 타고 내려오면 Outback Express 리프트(lift)가 출발하는 지점으로 도착한다. 이 리프트(lift)를 타고 올라가면 드디어 이곳의 세 번째 봉우리이면서 가장 높은 곳인 더 아웃백(The Outback)(3,594m)에 도달한다.

이곳으로부터는 여러 개의 상급자 코스인 black 코스들이 숲속으로 펼쳐져 있어서, 상급자들이 자연설을 마음껏 즐길수 있다. 물론 초 · 중급자들을 위한 blue course도 리프트 바로 아래쪽으로 네 개가 마련되어 있다(① 오. 밥: Oh. Bob, ② 엘크 런: Elk Run, ③ 빅혼: Bighorn, 및 ④ 포큐핀: Porcupine 등). 여기 더 아웃백(The Outback)에서 더욱더 모험을 즐기고 싶다면, 그 위쪽으로 펼쳐져 있는 사우스 볼(South Bowl)로 들어가 깊고 넓은 파우더 스노우(powder snow)를 만끽할 수 있다. 다만 이곳에는 리프트(lift)가 설치되어 있지 않기 때문에 별도의 비용을 부담하고 CAT를 이용해야만 하는 불편함이 있다.

상급자로서, 붐비는 스키어들을 피해서 wide-open bowl과 숲속의 powder를 즐기고 싶다면, 아침일찍, 제일 왼쪽에서 출발하는 리버 런 곤돌라(River Run gondola)를 탄 후, 데르쿰 마운틴(Dercum Mountain)에서 아웃포스트 곤돌라(Outpost gondola)로 바꾸어 타고, 다시 내려갔다가 최종적으로 아웃백 익스프레스(Outback Express)를 타면 된다.

이와 같이 키스톤(Keystone) 스키장의 가장 큰 특징은 앞서 본 산봉우리 세 개가 (옆으로 나란히 있는 것이 아니라) 산 깊은 쪽으로 연달아 이어져 있다는 점이다. 그래서 이 세 개의 산들이 "back-to-back-to-back"으로 있다고 표현한다. 요컨대 키스톤(Keystone) 스키장은 사치스럽거나 값비싼 스키장이 아니라, 허식을 좋아하지 않는, 현실적인(no-nonsense) 스키장이다. 그래서 다른 것이 아닌, 오로지 스키장 티레인(terrain)의 다양성에 의하여 사랑받고 있으며, 따라서 친구들이나 가족단위의 스키어들이 많이 찾는다고 한다.

끝으로 키스톤(Keystone)에 관련된 에피소드 한 가지를 적는다. 덴버(Denver)공항에서 콜로라도(Colorado) 스키장들 사이의 왕복교통은 많은 사람들이 CME(Colorado Mountain Express)라는 대중교통편을 이용한다. 어떤 skier(사실은 나의 큰아들이다)가 키스톤(Keystone)에서의 스키를 마치고 CME를 이용하여 약 두 시간거리의 덴버(Denver)공항으로 가고 있었다. 다른 승객이 없어 가는 도중 운전자와 가벼운 대화가 오고 갔다. 대화도중 운전자가 승객에게 키스톤(Keystone) 스키장에서 오는 길이냐고 묻고 승객은 그렇다고 대답하였다. 그랬더니 운전자가 그 스키장에서 "사람이름이 붙은 어떤 코스"를 거론하면서 그 코스를 타보았느냐고 묻자 승객은 물론 타보았다고 하였다. 이어서 운전자가 슬로프이름에 나오는 그 사람이 누군지 아느냐고 물었다. 승객은 당연히 모른다고 대답하였다. 그 말을 듣고 운전자는 그 사람이 바로 자기라고 말해 주어 승객은 깜짝 놀라 그 사유를 물었다. 돌아온 대답은 다음과 같다. 운전자는 원래 스키장의 코스 관리인으로 평생을 키스톤(Keystone) 스키장에서 일하였다. 이윽고 정년이 되어 퇴사할 때가 되었는데, 어느날 사장이 불러 가보았더니 다음과 같은 말을 하였다. 그동안의 수고에 감사한다. 당연히 수고의 대가로 퇴직금을 지급하려 하는데 혹시 "그 대신에" 마음에 드는 슬로프(slope) 아무 곳이나 골라 그 슬로프(slope)에 본인의 이름을 붙여주면 어떻겠느냐고 제안하였다. 하루 동안 생각할 여유를 달라고 하고 부인과 심사숙고하였다. 결론은 퇴직금 대신 슬로프의 명명권을 선택하기로 한 것이었다. 사장이나 그 운전자나 누가 더 적절한 선택을 한 것인지 잘 모르겠으나 흥미로운 이야기거리임은 틀림없었다.

○ **코퍼 마운틴**Copper Mountain **스키장**

콜로라도(Colorado) 주의 경치좋고 스키타기에 적합한 곳의 10마일 범위내에 다섯개의 스키장들이 몰려있다. 즉, ① 베일(Vail), ② 비버크리크(BeaverCreek), ③ 키스톤(Keystone), ④ 브렉켄릿지(Breckenridge) 그리고 ⑤ 코퍼 마운틴(Copper Mountain)이 그것이다. 이 중에서 브렉켄릿지(Breckenridge)는 가보지 못하였다.

그런데 이 코퍼 마운틴(Copper Mountain)은 단지 세 시간 정도밖에 머무르지 않았지만, 나에게 각별한 추억거리를 남겨준 스키장이 되었다.

이 곳을 방문한 것은 1995년 4월 말경 겨울은 이미 지났고, 이제 막 봄이 시작될 무렵이었다. 당시 나는 법원에 근무하는 공무원신분이었는데, 미국의 아이젠하워(Eisenhower) 재단의 초청을 받아 3개월의 일정으로 미국 법조를 돌아보고 있던 중이었다. 그 일정중의 일부로 덴버(Denver)에서 며칠 머물렀는데, 주말에 하루 여유가 있어 아내와 함께 차를 빌려 여행할 수가 있었다. 그러던 중 우연히 지인으로부터 덴버(Denver) 주변에 좋은 스키장들이 많이 있다는 이야기를 듣고 그중에서 가장 대중적이라는 이곳 코퍼 마운틴(Copper Mountain)을 찾아가 보기로 한 것이었다. 물론 스키여행을 위한 것이 아니었으므로, 의복 · 장갑 등등 준비된 것이 아무것도 없었으나, 이미 봄날씨로 따뜻한 데다가 그날이 위 스키장이 마지막으로 여는 날이라 하여, 슈퍼마켓에 들러 면장갑과 비니(beanie: 간단한 빵모자)를 구입하고, 청바지를 입은 채로 스키장을 찾아갔다. 당시 나의 스키수준은 스키를 배운지 한 시즌이 겨우 지나, 초보중에서도 왕초보의 실력이었다. 하지만 외국의 큰 스키장을 경험해 보고 싶다는 열망에 불타고 있었다. 이윽고 스키장의 rental shop에 들러, 스키장비(부츠, 플레이트: plate, 폴: pole 등)를 빌렸는데, 스키 플레이트(ski plate)의 품질에 따라 상 · 중 · 하 중 어느 것을 원하느냐고 하여(물론 각각 가격차이가 있다.) 중급을 선택하였다. 과연 개장 마지막 날이어서 눈은 이미 곳곳이 많이 녹아 있었고, 사람들도 별로 눈에 띄지 않았다.

어쨌든, 즐기기 위함이 아니라 첫 경험을 위해 온 것이므로 부담은 없었다.

어찌하여 눈 앞에 밧줄로 끄는 무엇인가를 타고 사람들이 올라가는 것이 보여서 (그것이 T-bar인 줄은 나중에 알았다.) 나도 그것을 타고(잡고) 상당히 올라가고 있었는데, 바닥이 평평하지 못한 곳에 이르자, 균형을 잃고 말았다. 엉덩이 받치는 부분이 빠져버려서, 이제는 손만으로 밧줄을 잡고 버티며 약간을 더 올라갔었는데, 금세 힘이 빠져서 더 이상 버틸 수가 없어 손을 놓고 말았다. 당연히 내 뒤로 약간의 스키어들이 올라오고 있었는데, 가까스로 피하여 충돌은 면하였다. 하는 수 없이 옆으로 어색하게 걸어나와 A자를 유지하면서 밑으로 내려갔다.

이와 비슷한 과정을 반복하면서 약간씩 적응해 나가는 듯 하였으나, 당연히 금세 피로가 찾아와서 세 시간 정도 머무르다가 포기하기로 하였다.

그런데, 초기의 흥분·긴장된 상태를 약간 지나면서 안정을 찾고 보니, 아무래도 내가 타고 있는 스키의 플레이트(plate)가 너무 낡고 후진 것이 아닌가 하는 생각이 들게 되었다. 혹시 내가 너무 초보자로 보이니, rental shop의 직원이 아무것이나 싸구려로 준 것이 아닌가 하는 의심이 자꾸 들었다(앞서 말한대로, 나는 중급의 스키를 빌리는 대금을 지급하였었다.). 하지만 이러한 상황을 영어로 설명하는데 자신도 없고, 혹시 내가 오해를 하고 있는 것은 아닌지 걱정도 되고, 그 차액도 크지 않아 그대로 포기할까 하는 생각이 앞섰다. 하지만 다른 한편으로는 내가 이대로 물러나면, 그 아쉬움이 오랫동안 마음에 남아있을 것임이 틀림없고 나의 손상된 자존심을 달랠 길이 없을 듯 하였다.

고민 끝에, 스키를 반환하면서 이 점을 직원에게 이야기하기로 결심하였다. 이제는 이를 영어로 어떻게 적절히(모양좋게) 표현할 것인가가 걱정거리로 되었다.

미국에서 살아본 적이 없고, 영어는 책으로 읽는 것 위주로 배운 우리 세대의 한국인들에게 구두표현은 항상 큰 골칫거리이다. 고민과 심사숙고 끝에 내가 선택하여 말한 문장은 "Is this the right ski, I had paid for?" 였다. 종업원은 (당연히) 발음 나쁜 나의 위 영어를 듣고 잠시 숙고하더니,

"전혀 다른 질문이나 군말이 없이", 중급품과 하급품 스키대여료의 차액을 돌려 주겠다고 말하였다. 그 순간 안도감과 함께, 내가 이렇게 행동하지 않았으면, 얼마나 오랫동안 허물어진 자존감을 치유하느라 애썼을까를 생각하니 등골이 오싹하였다.

그 이름으로부터 추측하건대, 원래 구리광산에서 시작된 것으로 여겨지는 코퍼 마운틴(Copper Mountain)에 대한 나의 기억과 추억은 이것이 전부이다. 슬로프의 상황이나, 산의 경치 등 아무것도 기억나는 것이 없다. 심지어 흥분상태에서 찾아간 최초의 외국 스키장이라서 그 곳의 "스키지도(trail map)"조차도 없다. 아니, 이를 얻어 구해올 생각도 하지 못하였다. 이 책에 쓴 모든 스키장 중에서 trail map이 없는 유일한 곳이 이곳이다.

유타Utah 주

미국의 50개주 중에서 스키장이 가장 많기로는 콜로라도(Colorado)주가 으뜸이다. 국제적으로 알려진 유명한 스키장만 꼽아도 10개가 넘는다. 수적으로는 이에 약간 못미치지만, 그래도 여러면에서 콜로라도(Colorado)주에 필적할 만한 주가 유타(Utah)주이다. 이외에도 버몬트(Vermont)주에도 큰 스키장이 많이 있지만, 이는 미국의 가장 북동부에 치우쳐 있어서 우리나라의 skier들이 찾아보기에는 어려운 점이 있다.

유타(Utah)주의 스키장들은 모두 록키(Rocky) 산맥 서쪽으로 바로 인접하여있는, 와사치 마운틴 산맥(Wasatch Mountains)에 자리잡고 있다. 유타(Utah)주의 대표도시는 솔트 레이크 시티(Salt Lake City)이다. 몰몬(Mormon)교의 본산이면서, 동계올림픽 개최지로서 세계에 널리 알려져 있다.

이 솔트 레이크 시티(Salt Lake City)에서 서쪽으로 58km 떨어진 곳에 문자그대로 ski의 도시인 파크 시티(Park City)가 있고, 그 바로 인근에 역시 스키도시인 스노우버드(Snowbird)와 알타 시티(Alta City)가 있다.

한편 파크 시티(Park City)에는 유명한 세 개의 스키장이 한곳에 몰려있다. 즉, 디어 밸리(Deer Valley), 더 케넌스(The Canyons) 그리고 파크 시티 마운틴 리조트(Park City Mountain Resort)가 그것이다. 만약 이 세 개의 스키장이 유럽에 있다고 가정한다면, 이 세 곳은 서로 리프트(lift)와 trail로 연결되어 마치 하나의 스키장처럼 운영되었을 것이다. 이미 살펴본 바와같이 프랑스의 트루아 발레(Trois Vallées) 그리고 이탈리아의 돌로미테(Dolomite) 등 그 예들은 아주 많다.

그러나 이 세 곳은 각자 독불장군이다. 통합하기는커녕 서로 강력한 rival로서 힘든 경쟁을 계속하고 있다. 그 뒤에는 파란만장한 역사적 배경이 있기 때문이다. 즉, 이 지역은 원래 은(silver) 채굴을 위한 광산도시에서 발전하였는데 그 시절부터 더 케넌스(The Canyons)는 서자취급을 당하였고, 나머지 두 곳은 광산도시로서 서로 격렬한 경쟁을 할 수밖에 없었다. 나는 이 유타(Utah)주의 스키장들을 2010년 2월 말에 찾아볼 기회가 있었다.

○ **디어 밸리**Deer Valley **스키장**

디어 밸리(Deer Valley)를 한 문장으로 가장 적절하게 표현한다면, "비용은 걱정하지 말고(돈은 얼마든지 투입할 테니까), skier들에게 최대한의 편안함을 제공하여 그 욕망을 끝까지 만족시켜(pamper) 보아라"하는 것이다. 이 디어 밸리(Deer Valley)는 현지의 열정적인 local skier들이 "밤비 베이슨(Bambi Basin)"(어린사슴 분지)이라고 부르고 있었는데, 그곳에 있던 본느빌 솔트(Bonnevill Salt) 호수(물이 줄어들어 현재의 솔트 레이크: Salt Lake가 되었다) 바닥이 워낙 편편하여 다음과 같은 두 개의 우스갯소리가 전해져 오고 있었다. 하나는, 그 분지의 경사가 너무나도 완만하여 "부자들의 보석이 바람에 불려 날아가지 않을 것이다"라는 것이었고, 다른 하나는, "사람이 아무리 늙거나 허약해도, 여기의 부드러운(완만한) 슬로프에서 넘어지는 것은 거의 불가능하다"라는 것이었다.

이 농담 중 첫번째 것은 그대로 실현되었고(즉, 이곳에 거부(巨富)가 오게 되었고), 두 번째 것은 이를 극복하기 위하여 슬로프를 대폭 개발하여 상급자용 슬로프를 많이 만들었다. 더욱이 세 군데의 최상급자 코스에는(온타리오 볼: Ontario Bowl, 선셋 글레이드: Sunset Glade 그리고 더 블랙 포레스트: the Black Forest) "최상급자 전용 슬로프 지도(expert-only trail map)"까지도 만들었다. (이러한 특별한 지도는 세계 어느 다른 스키장에서도 본 적이 없다.)

아무튼 1981년에 이르러서는, 이 스키장이 1970년대에 처음 open하였을 당시에 스키장 개발에 공헌하였던 스키 재력가들의 생각이 너무나도 시대에 뒤떨어진 것으로 드러났다. 즉, 미국의 최상급 스키장들이 필요로 하고 있는 것은 "뛰어난 운동능력을 가진 선수들"이 아니라, "돈이 많은 스키어들"을 불러모으는 것이었다.

그리하여 그들은 "노르웨이(Norway)스키의 신(神)"이자 "우아한 스키의 화신"이라고 불리던 슈타인 에릭슨(Stein Eriksen)을 불러들였다. 그는 1952년 오슬로 동계 올림픽의 금메달리스트(slalom 부분)였고, 1954년 스웨덴의 Åre(오레) 세계선수권 대회에서는 세 개의 금메달을 획득하였었다. 그는 이 제안을 기꺼이 받아들여서 이 스키장의 manager가 되었고, 나아가 북미에서 가장 훌륭한 부티끄 호텔(boutique hotel)인 슈타인 에릭슨 롯지(Stein Eriksen Lodge)를 지어 운영하였다. 그리하여 디어 밸리(Deer Valley)는 매력적이고, 옷잘입고, 두 다리를 꼭 붙이고 우아하게 스키를 타는 sportsman이자 hotelier를 보유하게 된 것이다. 그는 2015년 88세에 이곳 파크 시티(Park City)에서 사망하였다. 그러나 디어 밸리(Deer Valley)가 세계 최고의 스키장으로 발전하는 데에는 올림픽 금메달리스트만으로는 부족하였다. 즉, 1981년에는 "진정한 재력가"이자 "분명한 비전(vision)을 가진 오우너(owner)"인 에드거 스턴(Edgar Stern)을 새로운 주인 겸 창립자로 모신 것이다. 그는 미국의 유명한 유통 그룹인 시어스 엔드 로우벅(Sears and Roebuck)의 창립자의 손자인데, 스키장 발전에 크게 기여한 후 2008년에 타계하였다. 그의 ski장에 대한 비전은 세 가지 점에서 분명하다. 즉, "우아함"이 궁극의 목표이다. 즉, 첫째로 스키장의 슬로프 자체를 최고급으로 만들고 유지하는 것이다. 둘째는 스키장에 오는 부유한 skier들을 위하여 숙박 및 운영에 있어서 편리한 모든 시설과 서비스를 제공하는 것이다. 셋째는 스키장 내에서나(on-mountain dining), 숙박시설에서 최고급의 식사를 할 수 있게 하는 것이다.

이러한 목표달성을 위하여 그는 우선 유타(Utah) 주를 관통하는 와사치 마운틴스 레인지(Wasatch Mountains Range) 중에서 눈으로 뒤덮인 부분을 매입하여 개인의 소유로 만들었다. 그리하여 그곳에 있던 상록수들을 필요에 따라 세심하게 선별하여 뽑아내어, 새로운 슬로프(slope)를 만들거나, 그곳에 최고급의 콘도미니엄(condominium)이나 개인 거주시설을 지어 분양 또는 대여하였다. 특히 베이스(Base) 지역인 스노우 파크 롯지(Snow Park Lodge)에서 1.6km 정도 올라간, 볼드 이글 마운틴(Bald Eagle Mt.) 바로 아래에 있는 실버 레이크 롯지(Silver Lake Lodge)에는 앞서본 최고급 숙소인 슈타인 에릭슨 롯지(Stein Eriksen Lodge)를 비롯한 오스트리아 잘스부르크(Salzburg)에 있는 숙소를 닮은 우아한 숙소들을 많이 건설하였다. 토지를 사비로 구입한 이유는, 미국서부 스키지역은 대부분 미국산림청(U.S. Forest Service)에서 대여받은 것이어서, 마음대로 나무를 훼손하거나 집을 지을 수 없었기 때문이었다.

스키를 타는 구역은 뒤에서 보는 바와 같이 초·중·상급자 모두를 위하여 세심하게 마련되었고, 슬로프(slope)의 정설(grooming)도 skier의 통행이 많은 곳 등 필요한 구간에서는 하루에도 두 번씩, 즉 아침에 open하기 전 및 12시경 다시 한 번, 행해졌으며, 제설기도 비용에 관계없이 충분히 설치되었다. 그리하여 마치 실크 카펫(silk carpet)에서 스키를 타는 것과 같은 느낌을 준다. 스키어에 대한 서비스도 각별하다. 우선 스키장에 도착하면 바로 무료의 주차서비스부터 시작하여, 차에서 내리자마자 현장의 요원들이 짐과 스키장비를 들어 옮겨주는 등 서비스가 시작된다. 숙박시설은 최고급 호텔의 수준으로서, ski-in ski-out이 가능하며, 스키어의 스키를 들어 옮겨주는 발레 서비스(valet service)도 가능하다. 심지어는 skier들을 위한 배려에서, 하루의 리프트권(lift ticket) 판매량, 따라서 하루에 받아들이는 skier의 수를 5,000명으로 제한한다. skier가 입구를 통과할 때마다 계수기로 체크(check)하며 5,000명이 넘으면, 입장이 허용되지 않는다. 물론 스키장의 넓이나 리프트(lift)의 수용가능인원은 이보다 훨씬 많다. 스키장측의 설명은, 만일 갑자기 날씨가 추워지거나 점심식사를 위하여, 스키어들이 일시에 레스토랑(restaurant)에 들어가게 되면, 인파가 몰려 불편함을 초래할 수 있기 때문에 레스토랑의 적정한 수용가능인원을 고려했기 때문이라고 한다. 질문뒤에 돌아온 이러한 대답을 듣고, 어리둥절하지 않을 수 없었다.

미식에 대한 탐닉(집착)도 대단하여, 이곳에서의 식사경험이 스키경험과 마찬가지로 중요하다고 여긴다.

이제 비로소 스키장 자체를 살펴보자 이 스키장은 최고 해발 2,871m(엠파이어: Empire 정상), 최저 해발 1,971m(죠르다넬 티켓 오피스: Jordanelle Ticket Office), 표고차 900m, 스키장 총면적 1,750 acre(참고로, rival 인 비버 크리크: Beaver creek는 1,625 acre 이다)인 아주 초대형의 스키장은 아니다.

이곳의 슬로프는 네 개의 산으로부터 시작된다. 즉, 가장 낮은 곳으로부터 ① 볼드이글 마운틴(Bald Eagle Mt.)(8,400ft), ② 플래그스테프 마운틴(Flagstaff Mt.)(9,100 ft), ③ 볼드 마운틴(Bald Mt.)(9,400ft) 그리고 ④ 엠파이어(Empire) (9,570ft)이다.

이중 볼드 이글 마운틴(Bald Eagle Mt.)에는 주로 초급자 및 중급자를 위한 슬로프(slope)가 많다. 다음 플래그스테프 마운틴(Flagstaff Mt.)에는 주로 중급자용의 슬로프(slope)들이며, 볼드 마운틴(Bald Mt.)에는 중급자 및 상급자용의 슬로프들이 겹쳐져 있다. 엠파이어 캐년(Empire canyon)에는 가파른 계곡, 파우더 스노우(powder snow)의 bowl 그리고 중급자용의 숲속의 넓은 공터(glade)들이 있다. 이 스키장만의 특이한 점은, 앞서 말한 "expert-only trail map"이 따로 있다는 것이다. 이 지도의 도움을 받으면, 세 개의 숨겨진 숲속의 급사면을 찾아갈 수 있다. 하나는 온타리오 볼(Ontario Bowl)이고 다른 하나는 선셋 글레이드(Sunset Glade)인데 이들은 모두 두 개 산의 중간

부분, 즉 플래그스테프 마운틴(Flagstaff Mt.)과 볼드 마운틴(Bald Mt.) 사이에 펼쳐져 있다. 마지막 하나는 자료상으로 더 블랙 포레스트(the Black Forest)라고 하는데(아무리 꼼꼼히 살펴보아도) 이를 발견할 수가 없다. 추측컨대, 볼드 마운틴(Bald Mt.) 왼쪽으로 더블 블랙 다이아몬드(double black diamond)인 메이플라워 볼(Mayflower Bowl)이 있고 그곳에 메이플라워 슈트(Mayflower Chutes, 최상급자용)가 있는데, 이곳이 그곳이 아닌가 여겨진다. 이 스키장은 skier의 편의를 위해서는 모든 장애물을 없애버렸다. 모든 리프트(lift)는 최신형의 고속으로 설치되었고, 가장 기본적인 슬로프(classic fall lines)는 마치 "흰색의 sand trap"(골프장의 bunker에 비유해서)같이 느껴질 정도로 꼼꼼하게 관리되고 있다.

스키장의 대부분은 tree line 아래에 있고 스키어들은 대부분 잘 정설된 슬로프(slope)들을 많이 이용하기 때문에, 숲속의 길이나 공지에서는 눈이 오고나서 며칠 뒤까지도 아무 발자국이 없는(untracked) 파우더 스노우(powder snow)를 즐길 수 있다.

한 가지 유의할 점이 있다. 이곳 디어 밸리(Deer Valley)는 미국 내에서 스노우보드(snowboard)가 허용되지 않는 세 곳 중의 한 곳이다(나머지 두 곳은 알타: Alta와 메드 리버 글랜: Mad River Glen이다). snowboard는 우아하지 않다는 의미인지 밝히지 않고 있으나, 미국헌법 위반이라는 비평을 받으면서까지 아직도 그 원칙을 유지하고 있다. 그러나 모노 스키(mono ski: 하나의 plate에 두발을 앞쪽으로 향하게 올리고 탄다)나 텔레마크(telemark: 뒤꿈치가 들리는 스키, 발상지인 노르웨이 지명에서 유래)는 허용된다.

디어 밸리(Deer Valley)의 우아한 라이프스타일(elegance lifestyle)은 다음과 같은 오래된 문장으로 요약될 수 있다. "나는 부유해 보기도 하였고, 또한 가난해 보기도 하였다. 그런데 부유한 것이 더 좋다. (I've been rich and I've been poor, and rich is better.)"

디어 밸리(Deer Valley)는 이 스키장의 발전에 크게 기여한 이 두사람을 기념하여, 볼드 마운틴(Bald Mt.)에서 내려오는 중급자코스 두 곳에 에드거스 엘리(Edgar's Alley) 및 슈타인스 웨이(Stein's Way)라는 이름을 붙여 주었다.

○ **더 캐년스**The Canyons **스키장**

이 스키장의 원래 이름은 파크 시티 웨스트(Park City West)였다가 후에 울프 마운틴(Wolf Mt.)으로 바뀐 다음 1997년에 최종적으로 지금의 이름에 이르렀다.

하지만 이 스키장은 파크 시티(Park City)에 있는 세 개의 스키장 중에서 서자취급을 받아 왔으며, 그 지역의 검소한(가난한) skier들을 위한 피난처의 역할만을 하였다. 그리하여 2001년 여름까지는 주차장이 포장도 되어 있지 않아, 스키어들은 진흙이 잔뜩 묻은 boots를 신고 다녀야 했다. (참고로, 2002년에 솔트 레이크 시티: Salt Lake City에서 동계올림픽이 열렸다.)

그러다가 1997년에 아메리칸 스킹 컴패니(American Skiing Company: 미국의 초대형 리조트 소유자)가 이곳을 인수하면서 이름도 지금의 더 캐년스(The Can-yons)로 바꾸고 대규모의 성형수술을 하였는데, 그 기본방향은 스키장의 규모를 확장하는 것이었다. 2002년의 올림픽준비를 위하여, 슬로프도 넓히고 리프트(lift)도 최신형으로 바꾸고, 숙박시설을 위하여 고급호텔 및 콘도도 짓고, 상점가와 식당들도 들어섰다.

작은 것이지만, 그 전에는 대부분의 슬로프(slope) 이름들이 동물의 이름 특히 멸종위기의 동물들 이름(예를 들어 Gepard-치타, Luchs-스라소니, Ozelot-표범고양이 등)을 본따서 지어졌으나, 1997년 인수후에는 몇 개의 리프트(lift)

이름 이외에는(예를 들어 Golden Eagle, Condor 및 Raptor 등) 모두 없어졌다. 이 스키장은 최고높이 2,997m(9,990ft), 베이스(Base) 2,040m, 표고차 957m, 스키장면적 3,500acres로서 상당히 규모가 크다. (디어 밸리: Deer Valley의 면적이 1,750 acres로서 정확히 그곳의 두배이다.)

이 스키장은 8개의 봉우리에서 시작되는 슬로프(slope)들로 이루어져 있다.

이중에서 (스키지도상 가장 왼쪽에서 오른쪽으로 보면서) ① 드림 피크(Dream Peak)는 주로 가족단위 스키어들 용도이고, ② 피크 5(Peak 5) 및 ③ 나인티-나인 90(Ninety-Nine 90)(이는 해발표고가 9,990피트라는 의미이다)는 이 스키장의 가장 난이도가 높은 구역이며, ④ 툼스톤((Tombstone)은 가장 다양한 티레인(terrain)을 자랑하고, ⑤ 레드 파인 롯지(Red Pine Lodge) 및 ⑥ 미드 마운틴(Mid Mountain)은 이 스키장의 중심지(hub)이다. 훌륭한 숙박시설과 함께 멋진 식당들도 여기에 있다. 다음으로 ⑦ 티레인 파크(Terrain Parks)와 선 피크(Sun Peak)에는 Boarder를 위한 시설 등이 있고, 끝으로 ⑧ 슈퍼 콘도르(Super Condor) 구역(머독 피크: Murdock Peak 구역이다)은 이 스키장에서 가장 오래되고 역사적이고 또한 가장 날씨의 변화가 무쌍한 구역이다. 이곳에는 더블 블랙 다이아몬드(double black diamond)의 chute들이 즐비하게 펼쳐져 있다.

이 스키장에는 세계의 다른 스키장에서는 볼 수 없는 명물이 하나 있다. 즉, "지붕이 없는(open-air)" 곤돌라(gondola)인데 이를 "카브리오렛(cabrio-let)"이라고 부른다. 주차장에서 출발하여 베이스(Base) village까지 3분만에 데려다 준다. 최대 5·6명 정도가 서서 타고 올라가는데, 날씨가 추운날에는, 3분동안이라도 금세 추위를 느끼게 되니 모자 등 방한조치를 소홀히 해서는 안된다.

끝으로 재미있는 이야기 한마디 적는다. 나는 이곳 유타(Utah)의 스키

오픈 곤돌라

장여행을 다른 일행들 10여 명과 함께 하였다. 단체활동인만큼 시간약속
도 지키고 다른 사람에게 폐를 끼치는 행동은 해서 안될 일이다. 어느날
여느 때와 같이 아침 식사 후 스키를 위한 모든 준비를 마치고 정해진 시
각에 정해진 장소에서 모이기로 하였다. 그런데 어떤 일행이 장갑을 가
져오지 않은 것을 뒤늦게 알게되어, 죄송하다면서 잠시만 기다려 주면
숙소에 다녀오겠다고 양해를 구하였다. 일부 가까운 친구들은 그냥 가서
스키장의 매점에서 새로 장갑을 사는 것이 어떠냐고 제안했지만, 쓸데없
는 낭비는 싫다고 숙소로 돌아갔다. 서둘러 장갑을 가지고 다시 왔는데,
그때에 보니 이번에는 스키용 안경(고글)을 방에 두고 왔다. 다시 숙소에
가야할 형편이었으나, 다른 일행에게 미안하여 그대로 출발하고 스키장
의 매점에서 새 안경을 사기로 하고 출발하였다. 차라리 전에 그대로 출
발하였더라면, 안경보다 훨씬 저렴한 장갑을 새로 구입하면 되었을 텐
데, 시간도 금전도 더 많이 소비된 결과로 되었다.

○ **파크 시티 마운틴 리조트**Park City Mountain Resort

파크 시티 마운틴 리조트(Park City Mountain Resort) (다음부터는 간단히 "Park City
스키장"이라고 하겠다.)가 있는 도시 Park City는 원래 미국에서 가장 큰 은광
의 도시였으며 한창 전성기인 1880년대에는 백만장자가 23명이나 있었
다 한다. 그런데 1930년대와 1940년대에 은의 가격이 하락하게 되자, 이
마을은 거의 유령도시가 되어버렸다. 그러다가 1963년에 이 도시에 스키
장이 처음 만들어 졌는데 이 스키장의 몇몇 슬로프에는 아직 몇개의 오
래된 목조의 광산건물이 남아있으며, 역사의 흔적을 제공하고 있다. 그
리고 실제로 채굴을 해볼 수 있는 장소도 표시되어 있다.

그 후 2002년의 동계올림픽이 유타(Utah)에서 개최되는 것을 계기로 해서 (이곳에서는 남·녀 자이언트 슬라롬: giant slalom 및 스노우보드: snowboard 경기가 열렸다) 발전이 되었다. 그리고 매년 1월의 일주일 동안은 로버트 레드포드 (Robert Redford)의 선댄스 필름 페스티벌(Sundance Film Festival)이 열림으로써 독립영화제작자, 스튜디오 간부 및 대행업자들이 그 수행원들과 함께 대거 찾아온다.

그런데 위 광산시절의 기구한 과거에서 비롯된 경쟁의식 때문인지 이 파크 시티(Park City)와 인근의 디어 밸리(Deer Valley)와는 서로 사이가 좋지 않다.

이 스키장은 최고높이가 해발 3,056m(쥬피터 볼: Jupiter Bowl 정상), 베이스 (Base)가 2,070m, 표고차 986m, 스키장 넓이 3,300 acres(더 캐년스: The Canyons 보다 약간 작다)로서 상당히 큰 규모이다.

스키장의 구조는 스키지도상으로 보면 7개의 구역으로 나누어 질 수 있다. 즉, 지도상 왼쪽으로부터 차례로 ① 페이 데이/ 타운 마운틴 존(Pay Day/ Town Mtn. Zone)(Park City 중심가와 연결되며 초·중급자용), ② 크레센트 마운틴 존(Crescent Mtn. Zone)(산으로 올라가는 관문으로서 주로 중급자용), ③ 킹 콘 마운틴 존(King Con Mtn. Zone)(모두가 중급자에 적합한 슬로프(slope)들임), ④ 실버로드/ 보난자 마운틴 존(Silverlode / Bonanza Mtn. Zone)(중·상급자용이 섞여 있으며 이 스키장에서 가장 긴 코스인 홈런(Homerun)이 여기에서 시작한다.), ⑤ 테이네스/마터로드 마운틴 존(Thaynes/Motherlode Mtn. Zone)(상급자를 위한 최적의 코스이며 환상적인 tree ski가 가능하다.), ⑥ 멕콘키스/ 파이오니어 마운틴 존(Meconkey's / Pioneer Mtn. Zone)(더블 블랙 다이아몬드로 가득차 있고, 도전적인 스키어에 적합하다) 그리고 ⑦ 쥬피터 마운틴 존(Jupiter Mtn. Zone)(걸어서 접근할 수 있는 backcountry style의 코스이다.)이 펼쳐져 있다.

그런데 여기 파크 시티(Park City) 스키장에는 적어도 "strong intermedi-ate 이상"의 스키어들을 위한 특별한 tour가 일주일에 네 번 마련되어 있다. "유타 인터콘넥트(The Utah Interconnect)"라고 불리는 backcountry tour인데 두 명의 guide가 인도하여 인근의 다섯 곳의 유명 스키장을 하루에 주파하는 것이다. 우선, 파크 시티(Park City) 스키장의 가장 높은 곳 쥬피터 피크(Jupiter Peak)에서 뒷면으로 넘어가는 것으로 시작된다.

그 후 아름다운 산림이 우거진 계곡을 활주하여 솔리튜드 마운틴 리조트(Solitude Mtn. Resort)에 도착하고 이어서 브라이튼 스키 리조트(Brighton Ski Resort)까지 멋진 powder run을 몇 차례 즐긴다. 그곳에서 점심식사를 한 후 솔리튜드(Solitude) 스키장의 정상을 넘어 30분간의 사활강(traverse)을 하다가 이어서 직활강(downhill)을 하면 알타 스키 에리어(Alta Ski Area)에 도착한다. 그곳에서 리프트(lift)를 타고 올라가면 스노우버드 스키 리조트(Snowbird Ski Resort)에 도착함으로써, 다섯 개 스키장을 하루에 주파하는 여정이 마무리 되는 것이다.

마치 프랑스의 트루아 발레(Trois Vallées) 스키장을 하루에 왕복하는 것이나, 스위스의 체르마트(Zermatt) 스키장에서 스키 사파리(ski safari)를 하는 것과 비슷한 tour라고 생각된다.

○ **스노우버드 스키 엔 섬머 리조트**Snowbird Ski and Summer Resort **(Snowbird 스키장)**

유타(Utah) 주에는 파크 시티(Park City)에 속하는 세 개의 스키장(즉, 디어 밸리: Deer Valley, 더 캐년스: The Canyons 및 파크 시티 마운틴 리조트: Park City Mountain Resort) 이외에도, 세 개의 도시에 유명한 세 개의 스키장이 더 있다. 즉,

스노우버드 시티(Snowbird City)에 있는 "스노우버드 스키 엔 섬머 리조트 (Snowbird Ski and Summer Resort: 이하 단순히 Snowbird 스키장이라고 부른다)", 그리고 알 파 시티(Alta City)에 있는 "알파 스키 에리어(Alta Ski Area)", 및 솔리튜드 시터 (Solitude City)에 있는 "솔리튜드 마운틴 리조트(Solitude Mountain Resort)"가 그것 이다. 그런데 나는 위 세 곳 중에서 스노우버드(Snowbird) 스키장만을 찾아 볼 기회가 있었기 때문에 이 스키장에 대해서만 언급한다.

스노우버드(Snowbird) 스키장은 바로 인접한 알타 스키 에리어(Alta Ski Area)의 일부이고, 또한 이 지역은 바로 인근의 리틀 코튼우드 케니언(Little Cottonwood Canyon)에 속해 있다. 그런데 이 지역은 예전부터, 깍아지른 듯한 가파른 슬로프(slope)와 하늘이 주신 선물인 뛰어난 파우더 스노우(powder snow)로 이름나 있었기 때문에, hardcore skier들은 1971년에 정식개장하 기전에도 30여년 동안 이곳을 찾아 왔었다. 이 스키장의 중심적인 산은 해발 3,300m의 "히든 피크(Hidden Peak)"인데, 이 산은 알타(Alta) 지역에 들 어오면서부터 눈에 확실하게 들어온다.

이러한 천혜의 조건에도 불구하고 이곳에 불어닥치는 혹독한 폭풍설 (blizzard)때문에 크게 발전해 오지 못하다가 1971년에 제대로 된 임자를 만 났다. 즉, 사업가이면서 또한 산악인인 딕 베스(Dick Bass)(그는 에베레스트산을 오른 기록도 가지고 있다.)의 눈에 들어 본격적인 개발을 시작한 것이다. 그는 우선 베이스(Base) (해발 2,430m의 스노우버드 센터: Snowbird Center)에서 출발하여 3,300m정상인 히든 피크(Hidden Peak)까지 수직고도 900m를 단지 8분만에 올라갈 수 있는 최대 125인승의 에어리얼 트램(Aerial Tram)을 설치하였다. 그리고 이와 함께 베이스(Base)지역에 최고급의 10층짜리 숙박시설(lodge) 을 건설하고, 그 이름을 스노우버드(Snowbird)라고 붙였다. 이 구역은 세차 게 불어오는 블리자드(blizzard)로 유명하다. 그 때문에 2002년의 솔트 레이크 시티(Salt Lake City) 동계올림픽 당시에도, 이곳에서는 경기가 열리지 못했다. 반면에 그 폭풍설 때문에 "세계에서 최고의 파우더 스노우(powder snow)"를 가진 스키장으로 인정받게 되었다.

이 스키장은 최고높이 해발 3,300m(히든 피크: Hidden Peak), 최저는 2,328m(스키지도상 제일 오른쪽 제일 하단의 베이비 선더 리프트: Baby Thunder lift 출발지), 표고차 972m, 스키장면적 2,500acre (참고로 비버 크리크(Beaver Creek)은 1,625 acre, 디어 밸리: Deer Valley는 1,750 acre 이다.) 로서 상당히 큰 규모에 속한다. 그러나 뭐니뭐니 해도 이 스키장의 가장 큰 특징은 "리프트(lift)로 접근가능한 세계의 스키장 중에서 가장 험한 (도전적인, challenging한) 스키장"이라고 인정받고 있다는 데에 있다.

나는 2010년 2월 말에 이 스키장을 경험하였는데, 과연 그 날도 역시 심한 눈보라가 쏟아지는 데다가, 슬로프(slope)마저도 무릎까지 빠지는 눈으로 뒤덮인 더블 블랙 다이아몬드(double black diamond)로 가득차 있어서 정신을 차리지 못한 기억이 생생하다.

이 스키장은 그 유명한 에어리알 트램(Aerial Tram)을 타고 정상에 내리면 양쪽으로 가파른 슬로프(slope)들이 펼쳐져 있는데 거의 모두가 double black이고 가끔 single black이 보인다. 세계 여러 곳의 스키장의 지도를 보면서 이와 같이 검정색 다이아몬드(black diamond)으로 가득찬 지도를 본 적이 없다. 안전을 위해서인지 양쪽으로 한 가닥씩 (왼쪽으로는 칩스 런: Chip's Run, 오른쪽으로는 로드 투 프로보: Road To Provo)의 blue를 만들어 두었다. 하지만 주의할 점은 이 스키장의 blue(중급자)표시는 한 단계 낮추어 평가된 것으로서, 다른 스키장이라면 모두 black 표시하기에 충분한 것들이다.

powder와 steep한 슬로프(slope)를 즐기려는 상급자와 expert 스키어들에게 이곳은 천국이다. 앞에서 본 위 유명한 tram을 타고 올라가면서 아

대형곤돌라

래를 보면 미국 내에서 가장 길면서 가장 가파른 블랙 다이아몬드(black diamond) 코스를 볼 수 있다. 이 지역의 local 스키어로서 hardcore들은, 정상에서 내린 후, 표고차 900m아래의 베이스(Base)까지 누가 먼저 내려가느냐를, (다른 skier가 아닌) 위 'tram과 경쟁'을 한다. 위 tram은 표고차 900m 구간을 8분만에 주파한다고 함은 앞에서 보았다. 따라서 거의 전부가 double black이고 가끔 single black이 나오는, 그리고 자주 숲속으로 들어가야 하는 가파른 코스를 8분 안에 활주해 내야하는 것이다.

하지만 중급자에게도 이 스키장을 잊지 못하게 하는 훌륭한 코스가 있다. 즉, 정상(Hidden Peak)에서 내려 바로 왼쪽으로 스타트하여 페루비안 걸취(Peruvian Gulch) 구역을 통과하여 베이스(Base)까지 내려오는 칩스 런(Chip's Run)이라는 blue코스를 활주하는 것이다.

초급자들을 위한 배려도 당연히 있다. 지도상 중간의 상단 부분에 있는 가드 밸리(Gad Valley)의 맨 아래쪽에는 초보자를 위한 green 코스들이 여러 개 설치되어 있다.

다른 대부분의 큰 스키장들과 마찬가지로 이 스키장에도 back country가 있다. 정상에서 왼쪽으로 칩스 런(Chip's Run)을 타고 약간 내려오다 보면 이곳의 back country인 "미네랄 베이슨(Mineral Basin)"으로 들어가게 된다. 그런데 약간 특이하게도 이곳의 back country는 다른 곳들과 달리, front side보다 덜 도전적이다. 즉, 대부분이 싱글 블랙 다이아몬드(single black diamond)이고 한편으로는 blue 또는 심지어는 green 슬로프(slope)까지도 있다. 그리하여 이 스키장은 back side를 개발하면서 스키장의 면적이 4분의 1정도 늘어나게 되었지만, 다른 한편으로 스키장의 (악명높은)난이도를 약간 낮추어 주었다는 평가도 받고 있다.

이 back side를 통하면 바로 인접해 있는 또다른 스키장인 알타(Alta) 스키장으로 연결해서 들어갈 수가 있다.

ski joke를 하나 인용하면서 마무리한다. 스키실력이 어느 정도 향상되면, (예를 들어 strong intermediate 이상이 되면), 그루밍(grooming)된 슬로프(slope)보다는 자연설로 뒤덮힌 언트랙트(untracked) 코스에 점점 더 열광하게 된다. 이러한 파우더 스노우(powder snow)를 찾아 험지에도 찾아다니고, 큰 비용을 들여 heli ski도 꿈꾸게 된다. 그러나 좀처럼 이러한 욕망을 만족시키는 스키장은 세계적으로 흔치 않다. 아니면 이런 조건을 갖춘 스키장이라도 skier가 방문할 당시에 적설량이 부족하거나 눈의 상태가 좋지 않으면 어쩔 수가 없다.

이러한 파우더 스노우(powder snow) ski에 푹 빠진 어떤 스키어가 있다. 그는 중간규모 이상의 회사에 다니고 있는 착실한 회사원인데, ski가 좋아서 일 년의 휴가를 몽땅 겨울로 몰아서 해외의 여러 스키장을 찾아가는 데에 사용하고 있다. 그러나 사람의 욕망은 끝이 없어서 이 정도로는 계속 부족함을 느낀다. 어떤 다른 좋은 방안이 없나 궁리끝에 병가를 내면 좀더 많은 시간을 스키에 쓸 수 있겠다고 생각하였다. 그런데 스키를 타러 가는 사람이 몸이 아파서 병가를 낸다는 것이 도무지 이치에 닿지 않음에 생각이 미치자 다시 고민에 빠지게 되었다. 궁리끝에 또 다른 아이디어를 떠올렸다. "그렇다, 나는 정신병을 앓고 있음을 병가의 사유로 적어내면 되겠다." 그가 실제로 이를 행동에 옮겼는지는 모르겠다.

숲길을 찾아서

몬타나Montana 주

해외스키경력이 15년을 넘어가게 되자, 이제는 지금까지와는 다른 경험을 해보고싶은 생각이 들었다. 즉, 스키장 한곳을 정하여 그곳에서 계속 머무르는 방식이 아니라, 인근에 있는 스키장 여러 곳을 차례로 순방하면서 스키를 즐기는 방식이다. 이렇게 되면 가장 큰 장점이, 유명스키장뿐만 아니라, 국제적으로는 별로 알려져 있지 않더라도, 그 지역의 skier들이 즐기는 local 스키장들은 어떤지를 보고, 경험할 수 있는 것이다. 그리하여 2015년 3월초에 그 목적지로 미국의 몬타나(Montana)주와 와이오밍(Wyoming)주를 선정하고 시애틀(Seattle) 공항에 내린 후 SUV 차량을 rent하여 15일간의 예정으로, 너무 오지여서 보통은 이곳까지 ski하러 가지는 않는 위 두 개의 주에 있는 스키장들을 돌아보기로 하였다. 이와 같은 스키장 순례여행은 다음 해에도 계속되어 2016년에 프랑스 피레네 관광청의 초청으로 피레네 지역 스키장을 돌아보게까지 되었다.

그런데 이번 스키여행에서는 아주 드문 일이 벌어졌다. 즉, 위 두 개 주는 록키산맥의 중간에 있는 눈이 많이 내리는 전형적인 산악지형으로서 보통 11월부터 다음해 4월까지 스키가 가능한 지역이다. 이 점을 고려하여 나도 여행기간을 3월 초부터 15일정도 잡은 것이었다. 하지만, 예상은 예상일 뿐 (여행에서의 돌발사태는 피할 수 없다.), 위 15일의 기간동안 "눈이라고는 한 조각도 내리지 않았고" 심지어는 흐린 날도 없이, 모두가 햇빛이 쨍쨍 내리쬐는 화창한 날들이었던 것이다. 아쉬움이 컸으나, 어쩔 수 없는 일이어서 이미 내려 딱딱하게 굳어져 쌓여 있는 눈으로 만족하고 15일간의 특이한 스키여행을 강행하였다. 과연 "세상에 가장 좋은 스키장은 없다. 다만 가장 좋은 날만이 있을 뿐이다." 라는 유명한 스키격언을 실감하였다.

○ **스노우볼**Snowbowl **스키장**

이 스키장은 몬타나(Montana)주의 미소라(Missola) 시로부터 북서쪽으로 19km정도 떨어져 있는 local 스키장이다. 미국의 local 스키장으로는 처음 경험하는 곳이다. 최고봉은 해발 2,320m, 베이스(Base)는 1500m, 표고차 820m, 스키장면적 950 acre로서 규모로는 국제적인 스키장(예를 들어 비버 크리크: Beaver Creek 등)의 절반 정도 된다. 스키장의 구조 역시 단순하여 리프트(lift)는 두 개밖에 없다. 하지만 이를 이용하여 2,320m의 정상까지 쉽게 올라갈 수 있도록 설계되어 있다. 일단 정상에서 리프트(lift)를 내리면 좌우 양쪽 끝으로 초중급자를 배려한 green 및 blue 슬로프(slope)가 펼쳐져 있다. 그 중간부분은 대부분이 black course이다. 이 스키장의 특징은 "long expert run"이 다양하게 펼쳐져 있다는 점이다. 가운데 부분의 웨스트 볼스(West Bowls)를 비롯하여 이와 비슷한 슬로프(slope)들이 베이스(Base)에 이르기까지 다양하게 전개된다. 리프트가 두 개밖에 안되고 하나의 정상만을 사용하고 있지만, 우리나라의 어느 스키장보다도 웅대하고 진정한 expert를 위한 장소가 한적한 시골에 있다는 것 자체가 우리를 부럽게 한다. 앞서 말한 대로 신설이 내린 지 이미 오래되었지만, 그동안 쌓인 눈만으로도 충분히 즐길 수 있었다.

○ **브릿저 볼**Bridger Bowl **스키장**

이 스키장은 몬타나(Montana)주 보즈먼(Bozeman)이라는 작은 마을에 인접해 있으며 그 지역의 주민들 특히 몬타나(Montana) 주립대학을 위해서 그 지방자치단체가 소유하고 있는 비영리의 스키장이다. 따라서 지역주민은 저렴한 가격으로 이를 이용할 수 있다. 이 스키장의 이름 "브릿저(Bridger)"는 전설적으로 유명한 산악인이자 탐험가로서 현지어에도 능통했던 짐 브릿저(Jim Bridger)에서 따온 것이다. 이 스키장은 베이스(Base)가 해발 1,859m, 정상이 2,652m, 표고차 792m, 넓이는 2,000 acre, 리프트의 수 8개의 비교적 중간규모에 속한다. 이 스키장은 그 고도에 따라서 난이도가 간단히 구별될 수 있다. 즉, 하단부분은 초보자에 적합하고 중간부분은 중급자 그리고 상단의 3분의 1정도는 상급자, 끝으로 정상에서부터 내려오는 구역(이를 지도에는 "릿지 티레인(Ridge Terrain)" 이라고 표시하고 있다.)은 주로 expert를 위한 것이다.

그리고 이 보즈먼(Bozeman) 지역부근에는 강설량이 많아 눈사태(avalanche)가 자주 일어나고 이로 인한 인명피해도 매년 발생하고 있다. 그리하여 이에 대한 특별한 장치를 해 두었다. 그것은 이 마을에서 가장 높은 건물로서 중심지에 있는 백스터 호텔(Baxter Hotel)의 꼭대기에 번쩍거리는 푸른색의 등불을 달아놓고, 지난 24시간 이내에 2인치(약 5cm)이상의 신설이 내리면 위 등불이 번쩍거리도록 장치해 놓은 것이다. 이는 1988년에 설치되었는데 제대로 잘 작동되어 왔다. 다만 지난 20년동안 딱 한 번 2일동안 작동하지 않은 적이 있었다고 한다.

그러나 뭐니뭐니해도 이 스키장의 최대명물은 지도상 맨 왼쪽 상단에 있는 릿지 티레인(Ridge Terrain)지역의 "먼디스 볼(Mundy's Bowl)" 구역과 여기에 이르기 위해 타야하는 "슈라스먼 리프트(Schlasman lift)"이다. 우선 이 릿지 티레인(Ridge Terrain) 지역에는 아무런 위험표지도 없고, trail 구간 을 나타내는 표지판도 없으며, 또한 전혀 정설(grooming)이 되어있지 않다. 나아가 이 구역에는 많은 수의 가파른 낭떠러지(chute)가 있고, 바위 절벽 이 있으며, 눈 위를 활주하다 보면 갑자기 절벽이 나타나는 구역이 많다. 따라서 이 구역에 들어가기 위해서는 반드시 아바란치(avalanche)용의 트 랜시버(transceiver)(무전기)가 있어야 하고, 동반자가 있어야 하며, 비상시에 대비한 삽을 갖추어야 하고, 상급자수준의 스키실력을 갖추어야 하며, 이 지형(terrain)에 대한 상세지식을 구비해야 한다고, 누누히 강조·경고 하고 있다. 그리하여 이 구간에 가기 위한 리프트(lift)를 타기 위하여 승차 구역(Station)에 들어가면 자동으로 트랜시버(transceiver)의 장착여부를 check 하여, 없을 경우에는 "삐-" 소리와 함께 막고있는 바(bar)가 열리지 않는 다. 나는 이 구간에 흥미를 느끼고, 반드시 경험해 볼 생각으로 약간의 비 용을 들여 트랜시버(transceiver)를 rent하여 장착하고 이 슈라스먼 리프트 (Schlasman lift)를 타고 올라갔다. 이는 이곳에서 광부로 일하다가 1885년에 눈사태로 죽은 네 명을 추모하여 그 이름을 따서 지은 것인데, 원래는 유 타(Utah)주에 있는 스노우버드(Snowbird) 스키장에 있던 것을 구입하여 가 져와 설치한 것이라 한다. 그런데 앞서 이야기한 바와 같이 우리가 이곳 으로 스키여행을 오기 전후로 눈이 전혀 내리지 않았기 때문에 이곳 먼 디스 볼(Mundy's Bowl) 지역에도 신설은 하나도 없고 오로지 오래전에 내린 눈이 낮에는 녹았다가 밤에는 얼기를 반복하여 거의 딱딱한 얼음과 같 은 상태였다. 그럼에도 불구하고 규정이 그러할 뿐만 아니라, 트랜시버 (transceiver)가 없으면 입구의 바(bar)가 열리지 않으니, 어쩔 수 없이 아바란 치(avalanche)에 대비하는 장비를 장착할 수밖에 없는 것이 irony였다. 아무

Bridger Bowl 입구

위험지역 감시자

SCHLAS

Ski Area Boundary

Mundy's Bowl

Schlasman's Lift

Slushman's Ravine

Ski Area Boundary

LOCATION MAP
used by the ski patrol for locating injured guests.
You are currently standing at B-11
Ski Patrol and Avalanche Dogs at K-9

RIDGE TERRAIN
Restricted Access • Expert Only
····· Required • Partner and Shovel Strongly Re···mended

SKI ARE··· ···ND
Ski Area Boundaries are Closed Except··· ···esignated Fores···
----- Forest Service Backcountry Access Z···
----- Closed Boundary   DANGE···

Avalanche Danger and Other Life Threatening Hazard···
If You Choose to Leave the Ski Area Boundary You are Sole···
No Ski Patrol Services at Avalanche···
·· Gallatin County Search and Rescue - Call 911   ···

AN'S

The Schlasman Story

On February 10, 1885, sometime between 3:00 a.m. and 5:00 a.m., a tremendous avalanche ripped down from the top of the Bridger Mountains just north of Saddle Peak. At the base of the steep slope, four German coal miners, who had a small claim nearby, were still asleep in their log cabin. The powerful slide destroyed their dwelling, killing all four men.

According to the March 19, 1885 Avant Courier, their names were P.J. Schultz, Frank Hassert, James Hassert and P.B. Schlasman. Reports from witnesses said that three of the men appeared to have been killed instantly while they slept, but the body of James Hassert was never found. The recovered bodies were taken away in coffins, but the fourth coffin was left to weather and deteriorate in the bushes along the slide path. All men were bachelors except for P.B. Schlasman, who had a wife and three step-children. The tributary nearby where they mined, was named after him.

As had often occurred, names were often mispronounced and spelled accordingly. Hence name "Slushman" began appearing on U.S. Geological Survey Maps years ago. Although th ravine will still be indentified with it's current d spelling, it seemed appropriate to recount the s behind Slushman Ravine and restore its origina "Schlasman" spelling in naming the new lift ... serving as a cautious reminder as well.

튼 리프트를 타고 정상에 내리니 과연 앞길이 막막하였다. 스타트 지점
부터 급경사인데다가, 완전 얼음판이 되어 있어서, 이것은 스키가 아니라
스케이트(skate)를 타는 느낌이었다. 조심스럽게 사활강도 하고, 사이드 슬
립(side slip)도 하며, 킥 턴(kick turn)도 여러 번 하면서 조금씩 베이스(Base)를
향해 내려갔다. 중간쯤 내려가서 땀도 식힐 겸 잠시 서서 쉬고 있는데, 나
의 뒤쪽 약 10m쯤 위에서 어떤 스키어 한 사람이 서서 있었다. 처음에는
다른 skier인가보다 하고 말았는데, 밑으로 내려가는 도중 내내 나와 일정
거리를 유지하면서 내려오는 것을 보니, 그제서야, 혹시라도 있을지 모
를 사고에 대비하여 따라붙은 위 스키장의 페트롤(patrol)이라는 것을 알게
되었다. 힘든 코스였으나, 비용을 들여 rent한 트랜시버(transceiver)가 아까
워서 네 번은 더 활주함으로써 본전가까이를 만회하였다. 나중에 자료를
보니 산 가장 높은 곳에 길게 멀리 퍼져있는 위 릿지 티레인(Ridge Terrain) 구
역은 6개의 구간으로 나뉘어서, A.B.C.D. Route 및 노스웨스트(Northwest)와
히든 굴리(Hidden Gully)로 구분되어 있음을 알게 되었다.

　아무튼 이 브릿저 볼(Bridger Bowl) 스키장은, 파우더 스노우(powder snow)
는 하나도 없이 모두가 얼음바닥인데, 그곳을, 눈사태(avalanche)에 대비한
트랜시버(transceiver)를 장착하고, 내 뒤에는 만약의 사태에 대비한 페트롤
(patrol)을 대동한 채 네 번씩이나 내려오는 진기한 경험을 한 곳으로 나의
기억에 오래 남게 되었다.

○ **빅 스카이**Big Sky **스키장**

　이 빅 스카이(Big Sky) 스키장은 몬타나(Montana) 주 남서쪽의 메디슨 카
운티(Madison County)에 속해 있고, 앞서 본 브릿저 볼(Bridger Bowl) 스키장이

있는 보즈먼(Bozeman)시에서 자동차로 한 시간 거리(80km)에 있다.

이 스키장은 1973년에 개장되었는데, 그 연유는 이 지방출신으로서 NBC 방송의 유명한 뉴스 진행자였던 쳇 헌틀리(Chet Huntley)가 가지고 있었던 신념, 즉 "삶을 즐기기에 좋은 장소를 찾는 것은, 좋은 삶을 사는 것만큼 중요하다"라는 생각에서 실현된 것이었다.

이 스키장은 최고봉이 해발 3,403m(로운 마운틴: Lone Mountain), 베이스(Base)가 2,073m, 표고차 1,330m, 스키장 넓이 5,750 acre로서 국제적으로 이름이 나 있는 곳이다. 이곳은 개장이래 확장을 계속해 왔는데 특히, 2013년에는 지도상 제일 왼쪽의 스피릿 마운틴(Spirit Mountain)도 흡수하고 역시 인접한 스키장인 문라이트 베이슨(Moonlight Basin)까지 합치면서 (그 자신의 주장으로) 미국최대의 스키장이 되었다. 위 5,750 acre의 스키장 넓이는 다른 곳 예를 들어 비버 크리크(Beaver Creek) 스키장의 세 배정도 넓이이다.

이 스키장의 최고봉인 로운 마운틴(Lone Mountain)(3,403m)은 워낙 높고 웅대하여 멀리서 스키장으로 자동차로 접근해 오는 도중에서부터 시야에 크게 들어와서, 스키어의 마음을 설레게 한다. 베이스(Base)인 마운틴 빌리지(Mountain Village)도 넓게 형성되어 있어서, 수시로 관내를 운행하는 미니 기차같은 shuttle을 타고 리프트(lift)의 출발지점으로 가는 것이 보통이다.

이 스키장의 highligt는 단연, 최고봉인 로운 마운틴(Lone Mountain)에서 가파르게 시작하는 수많은 double 및 single black diamond의 직벽들이다. 우선 15인승의 tram을 타고 정상에 올라가면서부터 발아래 보이는 광대한 장면에 마음이 숙연해진다. 정상 바로 아래의 위 구역은 당연히 트리라인(tree line) 위에 있으므로 흰 눈으로 덮인 계곡들과 사이사이로 삐져 나와있는 시커먼 바위들만이 보일 뿐이다.

더욱이 지도상 정상에서 왼쪽으로 형성되어 있는 사우스 페이스(South

Big Sky tram

Big Sky 정상행 tram

Face)와, 정상의 오른쪽 뒷면에 형성되어 있는 문라이트 베이슨(Moonlight Basin)은 이들만을 위한 지도가 별도로 준비되어 있을 정도로 넓다. 사실상 두 개의 최상급자용 스키장이 따로 있는 것과 같다.

그런데 이 광활한 최상급자 코스의 어느 곳에도, 일본이나 다른 나라들에서와 같이, 위험지역이니 들어가지 말라는 취지로 밧줄을 걸어 막아놓거나 한 곳이 없다. "자유와 책임"을 동시에 요구하는 미국인들의 정신에 걸맞게, 모두 스키어 자신의 판단에 맡겨져 있다. 다만 주의사항으로, 스키장의 티레인(terrain)에 대한 충분한 연구와 사전지식을 구비하고, 또한 "당신의 머리를 최대한 이용하라"는 점을 강조하고 있을 뿐이다.

도전을 즐기는 미국의 젊은 스키어들과 함께, 나도 억지로 용기를 짜내어 비록 우아함과는 거리가 먼 서투른 모습이지만 가능한 한 모든 코스에 도전해 본다. 몇 차례 시도하고 나면 온몸이 땀으로 범벅이 되지만, 그 쾌감과 함께, "엉뚱하게도" 나의 직업이 절실히 요구하는 "정의를 실현하는 데에 필수적인 용기"를 갖추기 위해서라고 자위하고 자부하기도 한다.

물론 큰 스키장인 만큼 중급자와 초급자를 위한 배려도 적지 않다.

우선 최정상인 로운 마운틴(Lone Mountain)의 아래쪽으로 절반쯤 되는 곳에는 울창한 삼림 사이로 black line 못지않게 blue line도 많다. 더욱이 이 스키장의 지도상 왼쪽 부분에는 정상의 표고가 2,640m정도 되는 나즈막한 안더사이트 마운틴(Andesite Mountain)이 있고 그 아래로는 충분할 정도로 많은 blue line이 수풀사이로 수없이 많이 펼쳐져 있다. 여러 날을 즐기기에 충분하다고 생각된다.

오랜시간 동안 신설이 내리지 아니하여 powder를 즐기지 못한 것이 크게 아쉬웠지만, 그래도 끝없이 펼쳐진 백색의 계곡 위에서 "책임을 수반하는 자유" 그리고 "난관에 도전하는 용기"를 느끼게 해 준 시간에 크게 감사하는 마음이다.

와이오밍Wyoming 주

2015년 3월 초순까지 1주일 동안의 몬타나(Montana)주 세 곳의 스키여
행을 마치고 3월 중순부터 와이오밍(Wyoming) 주로 옮겨왔다. 이곳에도
세 곳의 스키장이 있지만 그 중 스노우 킹(Snow King)은 규모도 약간 작고
일정이 충분치 아니하여 이는 생략하고 local들이 많이 이용하는 그랜
드 타기(Grand Targhee) 스키장과, 국제적으로도 명성이 높은 잭슨 홀(Jackson
Hole) 스키장을 찾아보기로 하였다. 사실 잭슨 홀(Jackson Hole) 스키장은
2010년 2월말 유타(Utah)주의 스키장을 둘러보면서 억지로 시간을 내어
하루동안 스키를 해 본 적이 있었다. 하지만 웅장하고 광활한 인상적인
스키장을 더 경험하지 못한 것이 못내 아쉬웠기 때문에 다시 한번 제대
로 경험해 보기로 한 것이었다.

○ 그랜드 타기Grand Targhee 스키장

이 스키장은 와이오밍(Wyoming) 주와 아이다호(Idaho) 주의 경계선에 있
다. 행정적인 위치는 와이오밍(Wyoming) 주의 알타(Alta) 시에 있는 카리부-
타기 내셔널 포레스트(Caribou-Targhee National Forest)에 있지만, 가장 가까운

도시는 아이다호(Idaho)주의 드릭스(Driggs)이다. 반면 부근의 유명한 도시는 와이오밍(Wyoming) 주의 잭슨(Jackson)이고 여기에서 북서쪽으로 68km 떨어져 있다.

이 스키장은 유명한 "티톤 레인지(Teton Range) 산맥"의 서쪽면에 자리 잡고 있으며, 티톤(Teton) 산맥의 최고봉인 그랜드 티톤(Grand Teton)(4,131m)으로부터 13km거리에 있다. 이곳에서 스키하는 동안 내내 위 웅장한 티톤(Teton) 산맥이 시야에 들어와 있다.

이 지역의 원주민은 원래 네 개의 부족이었다. 즉, ① 바노크(Bannock), ② 쇼쇼운(Shoshone), ③ 블랙풋(Blackfoot) 및 ④ 크로우(Crow)이다. 그리고 티톤(Teton) 산맥의 최고봉인 그랜드 티톤(Grand Teton)은 원래 이곳 인디언 쇼쇼운(Shoshone) 부족들이 "Tee-Win-At(high pinnacles: 높은 정상이라는 뜻)"라고 불러왔었다.

그런데 1867년 위 네 개 부족들 중 바노크(Bannock)족의 추장인 "타기(Targhee)"는 그 강한 성격과 성실함으로 인하여 절대적인 존경을 받아 왔었다. 그러나 미국정부와 아이다호(Idaho)주 정부에 의하여 인디안 보호구역(Reservation)에 갇히는 불행을 겪게 되었다. 그럼에도 참아내면서 평화를 유지해 왔으나, 1871년 겨울 식량을 얻기 위해 사냥을 하던 중, 반대부족인 크로우(Crow)족에 의하여 살해당했고, 그 결과 바노크(Bannock) 부족은 멸망하게 되었다.

이러한 위대한 추장을 기념하기 위하여 이 스키장에 그의 이름을 붙이게 된 것이다.

이 스키장은 지역경제의 발전을 도모하기 위하여 1966년에 처음 세워졌다가 그 후 아이다호(Idaho) 주정부, 및 개인 사업가들에게 수차례에 걸쳐 소유권이 이전되는 과정을 거쳐 최종적으로 2000년에 길레트(Gillet)가문이

이를 인수하여 시설도 개선하고 구역도 넓혀가는 노력을 계속 해 왔다.

이 스키장은 최고봉(프레드스 마운틴: Fred's Mountain)이 해발 3,006m, 베이스(Base)가 해발 2,258m, 표고차 748m, 스키장 면적 2,000 acre(여기에 별도로 cat skiing을 위한 1,000 acre가 인접하여 따로 있다.)의 결코 작지 않은 규모이다. 하지만 스키장의 구조는 비교적 간단하여, 네 개의 리프트(lift)가 설치되어 있고, 가운데의 드림케쳐(Dreamcatcher)라는 리프트(lift)를 타면 정상까지 한번에 올라갈 수 있다.

흥미로운 점은 스키지도상으로 가장 왼쪽의 리프트(lift)이름은 블랙풋(Blackfoot), 그 다음 리프트(lift) 이름은 쇼쇼운(Shoshone)인데 이들 모두 앞에서 본 이 지역 네 개 원주민 부족들 이름 중 두 개다. 그리고 제일 오른쪽의 리프트(lift)이름은 자카자위아(Sacajawea)인데 이는 역시 쇼쇼운(Shoshone)족 추장의 딸 이름이다. 그녀는 12살 때인 1800년에 납치되어 서양인에게 팔려갔으나 서양인과 결혼하여 서양의 탐험단이 서부지역을 탐험할 때 통역과 길안내를 하여 서부개척에 크게 공헌하였다. 그리고 이 스키장의 이름을 바노크(Bannock) 족의 추장인 타기(Targhee)에서 따온 것을 생각하면 이 스키장은 이곳의 원주민 네 부족들 중 세 부족을 기리고 있는 셈이다. 다만 네 부족 중 크로우(Crow)족의 이름은 없는데, 이는 이 부족이 위대한 타기(Targhee) 추장을 살해하였기 때문에 일부러 제외한 것이 아닌가 추측해 본다.

이 스키장은 세 개의 인접한 봉우리로 이루어져 있다. 왼쪽이 프레드스 마운틴(Fred's Mtn.), 중간이 메리스 니플(Mary's Nipple), 오른쪽이 피크드 마운틴(Peaked Mtn.)인데 피크드 마운틴(Peaked Mtn.) 아랫부분은 CAT skiing을 위한 구역으로 따로 분리되어 있다.

이 스키장이 특히 local skier들에 의하여 가장 사랑받는 이유는, 연평균 12.7m의 풍부한 강설량으로 인하여 powder 스키를 즐기기에는 최적의 조건을 갖추고 있기 때문이다. 더욱이 슬로프(slope)의 대부분이 blue로 되어있어 경사가 그렇게 심하지 않을 뿐 아니라, 스키장의 정책이 스키어들에게 최대한의 자유를 부여하는 "open-boundary" policy를 취하고 있기 때문이다. 따라서 "untouched glory"를 찾아나서거나, "untracked snow"에 열광하는 스키어들은 "지정된(designated) gate"를 통하지 않고도 자유롭게 아무 곳이나 들어가 즐길 수 있다. 다만 "책임있는 자유"를 당연시 하기 때문에 "know-before-you-go"는 철저히 지켜야 한다. 충분한 경험, 스키 기술, 필요한 장비 등을 스스로 갖추어야 하고, 그렇지 못하면 guide를 고용할 것을 강력하게 권하고 있다.

눈에 관한 한 현지인들의 최대의 자부심은 "눈은 하늘에서 내리는 것이지, 인간이 만든 것이 아니다"(snow from heaven, not hoses.) 라는 것이다.

그러나 여기에서 또다시 동일한 스키 명언을 인용하지 않을 수 없다. 즉, "세상에 가장 좋은 스키장이라는 것은 없다. 다만 가장 좋은 날만이 있을 뿐이다." 내가 이곳을 찾아간 3월 중순은, 보통 4월 중순까지 개장하는 이곳 스키장의 일정을 고려하면, 스키타기에 최적의 기간이어야만 했었다. 그런데 앞에서도 이미 본 바와 같이 내가 이곳을 여행하는 15일 내내 눈이라고는 한 조각도 내리지 않고, 청명한 날씨만이 계속되었었다. 이미 굳어 딱딱해진 눈 위에서 아쉬움을 달래며 스키장 곳곳을 헤매고 다닐 수밖에는 없었다. 3일동안을 파우더 스노우(powder snow)를 그리워하면서 그렇게 지내었다.

○ **잭슨 홀**Jackson Hole **스키장**

잭슨 홀(Jackson Hole) 스키장에 대한 이야기를 시작함에 앞서서 몇 가지 먼저 알아두어야 할 것들이 있다.

먼저 카우보이 타운(Cowboy Town)으로 유명한 잭슨 시티(Jackson City)와 잭슨 홀(Jackson Hole)과의 구별이다. 잭슨 시티(Jackson City)는 2010년 기준 인구 9,577명의 작은 도시이다. 반면에 잭슨 홀(Jackson Hole)은 와이오밍(Wyoming) 주에 있는 티톤(Teton)산맥과 그로스 벤트르(Gros Ventre) 산맥의 사이에 있는 계곡을 말하는 것이다. 이 계곡은 옐로스톤(Yellowstone) 국립공원의 남쪽 입구에서 시작하여 장장 100km를 흘러 그랜드 티톤(Grand Teton) 국립공원을 관통하여 잭슨(Jackson)까지 도착한다. 그런데 이러한 계곡(valley)을 구태여 "Hole"이라고 표현하는 이유는, 위 계곡이 워낙 크고 깊어서 모피장사(fur trapper)나 산악인들이 이 계곡을 내려가다보면 "마치 구멍 속으로 들어가는 듯한 느낌"을 주었기 때문이다.

나아가 잭슨(Jackson)이라는 이름이 붙은 연유도 흥미롭다. 이 계곡은 앞서 본 두 개의 큰 산맥으로 둘러싸여 있어서 그 바닥부분에는 자연히 강이나 작은 개천이 흐르고 있고, 따라서 이 물 때문에 비버(beaver)나 다른 털이 많은 동물들이 서식하고 있었다. 그러다 보니 이러한 모피 동물들을 잡아서 (주로 함정: trap을 파서 잡았다.) 그 모피를 비싼 값에 파는 트랩퍼(trapper)들이 모여들게 되었다. 그들 중에서도 유독 데이비 잭슨(Davy Jackson)이라는 사람만이 "한겨울 내내 이곳 추운 계곡에서 지낸 최초의 유럽인"이 되었고, 이를 계기로 위 계곡이름을 "잭슨 홀(Jackson Hole)"이라고 부르게 된 것이다. 참고로 여기 잭슨 홀(Jackson Hole)에서는 1982년 이래로 매년 미국 연방준비은행(Federal Reserve Bank)의 경제정책 심포지엄이 열린다. 이러한 크고 중요한 심포지엄이 이곳에서 열리는 이유는 송어낚시 (trout fishing)로 유명하기 때문이다. 즉, 1982년 당시 FRB의 회장이 fly낚시의 광이었는데 그를 이곳으로 초청하여 이곳에서 회의를 열었고 그 후 이것이 관행으로 굳어졌다고 한다.

이 스키장은 1961년 이전에는 걸 스카우트 랜치(Girl Scout Ranch)(목장)로 사용되고 있었다. 그러다가 멕콜리스터(McCollister)가 이를 매입하여 스키장으로 만들고 리프트(lift)와 52인승의 tram을 설치하여 1966년에 정식으로 개장하였다. 그와 동시에 1964년 동계올림픽 금메달리스트인 "페피 슈티글러(Pepi Stiegler: 오스트리아인)"를 스키학교의 director로 채용하여 발전을 거듭하였다. 현재는 1992년에 이를 인수한 존 케머러 3세(John Kemmerer Ⅲ)의 소유이다.

이 스키장은 최고정상(랑데뷰 마운틴: Rendezvous Mountain)이 해발 3,185m, 베이스(Base)는 1,924m, 표고차 1,261m, inbounds의 넓이는 2,500 acre(이와 별도로 3,000 acre 넓이의 backcountry가 있다.)인 최대규모의 국제적 스키장이다.

이곳의 구조는 스키지도상으로는 비교적 간단하다. 즉, 이는 두 개의 큰 봉우리로 이루어져 있는데, 지도상 왼쪽 최상단에 이곳의 최고봉인 랑데뷰 마운틴(Rendezvous Mtn.)이 있다. 그리고 반대쪽으로 오른쪽 끝 상단에는 또다른 봉우리인 아프레 부 마운틴(Apres Vous Mountain)(해발 2,585m)이 있다.

그리고 지도상 중간부분 상부에는 곤돌라 서밋(gondola Summit)(2,772m)이 있는데, 이 곤돌라 서밋(gondola Summit)과 아프레 부 마운틴(Apres Vous Mtn.) 아래쪽은 거의 모두가 중급자(intermediate)용으로서 스키장 전체면적의 40%정도를 차지한다.

그 하단부분인 10% 정도는 초급자용이다. 따라서 나머지 50% 정도는 상급자 및 expert 용으로서 그 비율이 다른 보통의 스키장에 비하여 월등하게 높다. 그리하여 이곳은 주로 상급자용의 스키장이라고 일반적으로 알려져 있다. 이러한 평판은 타당하다. 즉, 이 스키장의 최대 명물은, 베이스(Base)에서 출발하여 150명의 승객을 태우고 12분만에 1,261m의 수직 고도를 올라 정상에 내려주는 tram이다. 정상에 내리면 코르베스 캐빈(Corbet's Cabin)이라는 자그마한 식당 겸 음료를 마실 수 있는 장소가 있는데 여기에서 잠시 마음을 가다듬고 하강을 준비한다. 멀리 보이는 그랜드 티톤(Grand Teton) 국립공원의 경치를 편안하게 감상할 여유도 없이 내려갈 준비를 하니, 두 갈래 길이 있어 선택을 강요당한다. 지도상 왼쪽으로는 크고 넓은 광활한 Bowl (랑데부 볼: Rendezvous Bowl이다)이 펼쳐져 있는데, 눈이 온통 망가져있고 (특히 내가 머무는 기간 동안에는 전혀 신설이 내리지 않았다.) 경사도가 만만치 않다.

반면에 지도상 오른쪽으로는 텐스리프(Tensleep)라는 black course가 있는데 그 바로 위, 즉 tram이 내리는 곳 바로 밑으로는 무시무시한 협곡(couloir)이 눈에 들어온다. 이 스키장에서 최대로 악명높은 코르베스 쿨루아르(Corbet's Couloir)이다. 쿨루아르(couloir)란 "거대한 바위절벽 사이에 좁게 나있는 가파른 좁은 길"을 말한다. 어느 자료에서 확인해 보니, 경사각도 50도를 넘는 이 협곡을 통과하기 위해서는 먼저 적어도 3m정도를 점프해야 하고 그리고 앞에 있는 바위 벽을 피해서 착지하기 위해서는 바로 몸을 뒤틀어 방향을 바꾸어야 한다. 만약 이것을 하지 않으려면 그 대신 약 6m정도의 점프가 다시 필요하다고 한다. 그 이후의 단계는 별로 어려움없이 돌출된 바위들을 피해서 내려가면 된다. 나는 모든 코스를 적어도 한번씩은 가보는 것을 원칙으로 삼고 있기에 그 입구까지 조심스럽게 접근하여 가야 할 아랫부분의 상황을 살펴보았다. 보는 순간, 즉석에서 해답이 나왔다. 이곳은 내가 아무리 용기를 내어도 갈 수가 없는 곳

Jackson Hole 전경

Jackson Hole 입구

Jackson Hole 정상

Jackson Hole tram

이었다. 미련없이 뒷걸음쳐서 다른 길로 후퇴하였다. 나의 스키경력에서 겁을 먹고 후퇴한 두 번째 상황이었다. 첫 번째는 캘리포니아(California)의 헤븐리(Heavenly) 스키장에서 였는데, 그곳은 숲속으로 난 길이어서 가야 할 앞길을 살펴볼 수 없었기 때문에 포기한 경우이었다.

사실, 앞에서 말한 바와 같이 2010년에도 잠시 하루동안 이 잭슨 홀 (Jackson Hole)을 경험한 적이 있었는데, 도저히 만족할 수가 없어서 다시 찾아오기로 결심한 것은 바로 이 구간을 시도해 보고 싶은 생각이었다.

이 구간을 피했다하여도 활강해 내려오는 길이 결코 평이하지 않다. 곳곳이 black표시된 가파른 슬로프(slope)들로 꽉 차있다.

또 하나 이 스키장의 명물은 backcountry로 들어가 off-piste를 즐기는 것이다. 이를 위하여는 당연히 풍부한 적설량을 필요로 하는데, 이곳의 연간 강설량이 12.7m라고 자랑하니 보통은 이러한 염려를 할 필요가 없다. 더욱이 2014년도 시즌에는 1월의 마지막 주부터 시작하여 매일 평균 13cm씩의 눈이 40일동안 내려 역대 두 번째로 눈많은 2월을 지냈다고 자랑하고 있었다. 이보다 더 많은 눈은 1986년에 한 번 있었다 한다.

눈이 이렇게 많은 곳이라서 2008년에는 스키장 관리구역내(in-bounds)에서 두 번의 눈사태가 있어서 skier 한 명이 죽은 적이 있고, 2010년 1월에는 또다시 in-bounds 눈사태가 일어나, 오랫동안 ski-patrol로 근무한 빅 월리(Big Wally)가 절벽에서 떨어져 사망한 사고가 있었다고 한다. 이 사망한 patrol을 추모하여 스키지도 제일 왼쪽의 윗부분 셰이엔 볼(Cheyenne Bowl)에 있는 슬로프(slope) 하나에 "월리스 월드(Wally's World)"라는 이름을 붙여 주고 있다.

이러한 잠재적인 위험에도 불구하고 이 스키장은, 위험지역에 들어가지 못하도록 밧줄로 막아 두지 않는 방법인 "not roping off policy"를 고수하고 있다. 물론 책임이 따르는 자유이다. 그리고 이 경계를 넘어서는 장소에는 다음과 같은 주의표시가 걸려있을 따름이다. "CAUTION. YOU ARE LEAVING THE JACKSON HOLE SKI AREA BOUNDARY. THIS IS YOUR DECISION POINT."

그리고 모험을 좋아하는 skier들이 올바른 결정을 할 수 있도록 이 스키장은 미국 스키장으로서는 독특하게 guide를 이용할 수 있도록 배려하고 있다. 반면에 유럽에서는 필요한 경우 guide를 이용하는 것이 보편화되어 있다.

잭슨 홀(Jackson Hole)을 3일동안 경험하면서 운이 나쁘게도 좋은 눈을 즐기지 못하였다. 하지만 평소에 하던대로, 스키장의 바운더리(boundary)의 끝에서 끝까지 적어도 한 번은 다녀 보았다. 그리고 마지막 날에는 3,185m의 정상에서 출발하여 수직거리 1,261m 아래의 베이스(Base)까지 한 번에 내려오는(물론 중간에 쉬어가면서) 시도를 해 보았다. 표고차는 앞서 본 빅 스카이(Big Sky) 스키장이 1,330m로서 더 크지만, 이 곳은 계속되는 (continuous) 활강이 이어지는 것이므로 단순히 숫자로만 비교할 수는 없다. 딱딱한 눈위를 내려오는 것이라 땀에 흠뻑 젖을 정도로 힘들었는데, 베이스(Base)까지 45분 걸려서 내려옴으로써, 나의 욕구를 어느 정도 충족시켰다.

힘든 하루를 마치고 shower를 한 후 숙소의 창을 통하여, 국가지정 동물보호를 위하여 숙소앞의 넓은 공지에 마련된 "엘크(elk)를 위한 자유방목지"에서 한가롭게 풀을 뜯고 있는 수많은 엘크(elk)를 바라보며 나머지 시간을 보내었다.

"벅킹 브롱코(Bucking Bronco: 날뛰는 야생마)"를 emblem으로 채택한 와이오밍(Wyoming)은 진정, "자유의 땅"이고 "야성의 땅"이라고 생각되었다.

숙소 앞의 Elk Refuge

휴게실 ③

해외 스키를 위한 more tips
("장비", "건강", "안전"을 위하여)

해외로 스키여행을 갈 장소와 방법이 정해졌으면, 이제 본격적으로 이를 위한 장비를 준비하고, 건강 및 안전을 지킬 방안을 생각해 두어야 한다.

우선 장비에 관한 문제인데, 스키 초보자가 아니고 어느정도 스키를 즐겨온 스키어라면 스키 플레이트(ski plate), 폴(pole), 고글(goggle), 장갑, 부츠(boots) 같은 기본적인 장비는 이미 갖추고 있을 것이다. 여기에서는 몇 가지 추가할 사항들만 적어 둔다.

우선 의복이 가장 중요하다. 유명 brand의 스키복도 좋지만, 기본적으로 스키장은 추운 곳이므로 이에 대한 대비가 최우선이다. 위도가 높거나, 고도가 높은 지역은 생각보다 훨씬 추울 수 있다. 경우에 따라 영하 30도에 가까울 정도이다. 스키의 명언 중에 "추운 날씨는 없다. 단지 적절하게 옷을 입지 않은 스키어가 있을 따름이다"라는 말이 있듯이 보온은 최우선이다. 보온 관련하여 가장 중요한 것은 두꺼운 옷으로 한벌 입는 것보다는 얇더라도 옷을 여러겹 껴입는 것이 좋다. 이는 두 가지 점에서 중요하다. 날씨의 변화, 춥고 더워짐에, 적절히 적응하여 더 껴입거나 벗을 수가 있으며, 나아가 과학적으로 "가장 강한 단열재는 공기"이기 때문이다.

나아가 속옷은 면종류보다 합성섬유가 좋다. 습기(땀)의 흡수와 발산의 면에서 합성섬유가 월등하기 때문이다. 특히 근래에는 우수한 제품이 많이 개발되고 있다. 사소한 점들이지만 목이 긴 turtle neck, 팔과 다리가 긴 under wear 그리고 목이 긴 ski socks는 보온에 유리하다. 그리고 경험에 비추어 보면 얼굴 앞면을 보호하기 위하여는 바라클라바(안면마스크, 줄여서 바라카바라고도 함: 지명에서 유래한 이름임) 또는 버프(buff)같은 mask보다도, ("스포츠 멀티 스카프"라고 불리는) 탄력성 있는 천으로 된, 넓은 공간이 있어 머리에서부터 뒤집어 쓴 다음, 눈부분만 노출시킬 수 있는 간단한 장비가 매우 유용하다.

어느 정도 avid skier가 되면 자기가 쓰던 모든 스키장비는 가지고 가는 것이 보통이다. 즉, 플레이트(plate)나 부츠(boots) 등을 현지에서 rent하여 쓰지 않는다. 운송에 약간의 불편함이 따르겠지만, 평소 몸에 익은 장비를 사용한다는 것이 훨씬 중요하다. 그리고 개인적인 취향에 따라 다를 수 있겠지만, 나의 경우는 back pack(배낭)의 사용을 적극 권한다. 클 필요도 없고, 물, 초콜릿 등 비상식, extra goggle, 여벌의 간단한 옷가지 등을 넣을 수 있을 정도면 충분하다. 많은 경우에 지극히 유용한 역할을 한다.

다음은 건강 및 안전을 위한 조치들이다. 이 점에서 가장 중요한 것은 헬멧(helmet)이다. 단지 추위를 막기위한 것이 아니라, 외부충격으로부터 보호하기 위해서이다. 따라서 비니(beanie: 방모자)로서는 부족하다. 나의 경험상 대부분의 경우에는 문제없이 지나가지만, "2년이나 3년정도에 한번"은 그 역할을 톡톡히 할 상황이 발생하였다.

다음 고소증(altitude sickness) 관련해서이다. 이 고소증은 고도 2,700m 내지 3,300m 정도에서는 도착 후 보통 6시간 내지 72시간 사이에 발생하는데, 특히 고지대에서 숙박할 때에 더 잘 발생한다. 특이한 점은, 연령, 건강상태 등과 "아무런 관련이 없이" 나타날 수 있다는 것이다. 즉, 아무리 젊고 튼튼한 사람도 이를 피할 수 없고 예측할 수도 없다. 일반적인 증상으로는, 어지러움, 숨차기, 두통, 불면증이지만, 낮은 곳으로 내려가는 것 이외에는 특효약이 없다. 대개는 잠시 안정을 취하면 증상이 개선되지만, 필요하다면 산소호흡기의 사용 및 혈액순환개선제의 복용이 권장된다. 다행스럽게도 대부분의 스키장은 고도가 이와 같이 높은 경우가 많지 않고, 숙소가 저지대에 있어서 큰 문제가 되지 않는다.
sun protection cream의 사용은 일반화되었다.

스키의 주행과 관련하여 지켜야 할 안전수칙이 몇 가지 있다.
우선, 스키장 내에서의 우선권(right of way)은 항상 "아래쪽의 skier"에게 있다. 따라서 충돌등 방지의무는 윗쪽의 skier에 있음을 잊지 말아야 한다.

다음, 스키장에서의 많은 사고나 부상은 흔히 "하루의 늦은 시간", 즉 스키를 마무리할 시간에 일어난다. 몸이 많이 피곤해진 상태이어서, 긴장감이나 주의력이 떨어지기 때문이다. 따라서 "이번 한번만 더 타자"라든가 "마지막 리프트(lift)까지 타자"는 생각은 양보함이 좋다.

슬로프(slope)에서만 타는 스키어들과는 달리, backcountry ski를 즐기거나, 눈사태(아바란치: avalanche)의 위험이 있는 곳에서 ski를 즐기는 분들을 위해서는, 첫째, 혼자서 스키를 하지 말 것(즉, 반드시 2인 이상이 함께 갈 것), 둘째 현재의 눈상태를 미리 파악해 둘 것, 셋째, 눈사태에 대비할 장비(트랜시버: transceiver와 삽 등)를 갖출 것, 넷째, 현장을 잘 아는 local guide를 동반할 것 등이 준수되어야 할 사항이다. 끝으로 앞에서 back pack의 사용을 권장하였는데, 중요한 점은 리프트(lift)에 탈 때에는 반드시 back pack을 벗어서, 앞에 안거나 무릎 위에 두고 타야한다는 것이다. 이렇게 하지 않으면, 드물지만, 리프트(lift)에서 내려야 할 상황에서 back pack의 끈이나 고리 등이 리프트(lift)의 어느곳에 걸려서 자칫 큰 사고로 연결될 수 있기 때문이다. 스키장에 따라서는 이 원칙을 엄격하게 준수하지 않고, 편하게 내버려 두는 곳도 있으나, skier 본인의 안전을 위하여 스스로 실천함이 필요하다.

마지막 tip 한 가지를 더 적어둔다.

스키장비를 비행기에 싣는 단계(check in)에서, 가능하다면 부츠(boots), 고글(goggle), 글러브(glove), 마스크 등 부피가 크지 않으면서 중요한 장비(따라서 스키플레이트: ski plate와 폴: pole은 제외된다)는 항공기내에 가지고 들어가는 carry-on baggage에 넣어가지고 가는 것이 안전하다. 왜냐하면, 간혹, 특히 목적지까지 가는 도중에 항공기를 환승해야 하는 경우, 스키어는 목적지에 도착했는데, 짐이 따라오지 못하여 짐을 기다리느라 며칠을 그냥 보내는 경우가 있기 때문이다. 이러한 경우 필수장비를 따로 가지고 갔다면 ski plate와 pole만 rent하여 바로 스키를 즐길 수 있을 것이다.

이러한 돌발상황이 드물지 않게 발생함은 경험상 보아서 알고 있다.

설면에 비친 스키

07

캐나다 스키장 모아보기

~~~~~~~~~~~~~~~~~~~~~~~~~~~~~~~~

밴프Banff 국립공원/ 휘슬러 블랙콤Whistler – Blackcomb 스키장

밴프(Banff) 국립공원
: 레이크 루이스Lake Louise와 선샤인 빌리지Sunshine Village

– 생애 최초의 "초대형 스키장 방문" –

○ **레이크 루이스**Lake Louise

1999년 3월 공직에서 퇴임할 때까지 나는 외국의 스키장을 경험해 볼 기회가 없었다. 더욱이 일본같이 가까운 나라의 비교적 작은 규모의 스키장이 아니라, 유럽이나 아메리카대륙의 초대형 스키장은 감히 엄두도 내지 못할 상황이었다.

그러다가 공직의 굴레에서 해방되고 자유로운 몸이 되니, 소위 mega 스키장에 대한 소망이 점점 커져가고 있었다. 이윽고 퇴임 후 1년쯤이 지나 나와 아내 둘이서 2000년 4월 용단을 내려 큰 원정을 가보기로 결심하였다. 선택된 곳은 캐나다의 밴프(Banff) 국립공원에 있는 스키장(레이크 루이스(Lake Louise)와 선샤인 빌리지(Sunshine Village))이었다. 해외 대형스키장에 대한 지식과 정보가 크게 부족한 상태에서 밴프(Banff) 국립공원에 대한 이야기는 이런저런 경로로 자주 들어보았기 때문이었다.

스키 전문 여행사의 도움을 받아 밴쿠버(Vancouver)에서 환승한 후 캘거리(Calgary)에 도착, 차량편으로 한 시간 반 정도 달려 밴프(Banff)에 도착하였다. 캘거리(Calgary)에서 밴프(Banff)까지는 서울에서 대전까지의 거리만

큼인데, 도중에 산이나 언덕조차 없는 평지로 되어 있어서 목적지를 눈 앞에 빤히 보면서 한 시간 반을 달려간 것이다. 규모의 차이를 실감하면서 부러움과 열등감이 섞인 묘한 느낌을 가졌다. 숙소에 여장을 풀고 다음날부터 각오를 다지며 스키를 시작하였다.

그 생애 첫 번째 경험하는 초대형 스키장이 레이크 루이스(Lake Louise)이었다. 잘 알고 있는 바와 같이 이 호수는 당시 캐나디언 록키스(Canadian Rockies)를 뚫고 건설 중이던 캐나다 횡단철도(Canadian Pacific Railway: CPR)를 건설 중 측량사인 톰 윌슨(Tom Wilson)이 백인으로서는 처음으로 1883년에 발견하였다. 초기발견자들은 이곳에서 나오는 온천을 개발하여 사유화하려 하였으나, 이러한 환상적인 경치는 관광객을 위해서 남겨져야 한다는 주장이 받아들여져서 정부의 소유로 되고 후에 국립공원으로 지정되었다. 그러면서 이 호수의 이름도 퀸 빅토리아(Queen Victoria)의 넷째 딸로서 이곳의 주지사와 결혼한 루이스 카롤라인 알버타(Louise Caroline Alberta)의 이름을 따서 레이크 루이스(Lake Louise)라고 불리게 되었다.

이 레이크 루이스(Lake Louise)의 바로 위쪽에는 또 하나의 명물(하지만 이번에는 '인공적인')이 있다. 바로 샤토 레이크 루이스(Chateau Lake Louise)라는 숙박시설인데, 캐나다 횡단철도 회사인 CPR이 그 횡단철도 구간에 걸쳐 호화호텔을 건설하려는 계획에 따라 1924년에 건설한 487개의 객실을 보유한 마치 성과 같은 호텔이다. 오로지 귀족 계급이나 외국의 국가수반급의 손님만을 받고, 영국식의 매우 엄격한(formal) 격식을 요구하는 것으로 유명하다. 그러나 다만 겨울시즌동안의 스키어 손님들에게는 보다 자유로운(casual) 행동을 허용한다고 한다. 겨울은 low season이다.

이제 막상 스키장의 구조와 슬로프(slope)의 상황 등 스키어들에게 실질적 도움을 줄 수 있는 정보를 적어야 할 단계가 되었는데 유용한 정보가 부족하여 고민스럽다. 레이크 루이스(Lake Louise)가 캐나디언 록키스 (Canadian Rockies)에서는 가장 큰 스키장이고, 캐나다(Canada) 전체에서는 두 번째로 큰 스키장이며(첫번째로 큰 곳은 빅 화이트('Big White')라고 한다.), base area 의 해발고도는 1,646m, 최고지점인 몽 화이트혼(Mont Whitehorn)은 2,672m, 표고차는 1,026m, 전체 trail의 수는 113개라는 공식적인 자료 이외에는 더 이상 실질적으로 몸에 와 닿는 자료가 별로 없다. 그 이유는 간단하다. 이번 스키여행이 나로서는 생애최초의 세계적으로 대규모 스키장을 체험하는 것이기 때문이다. 그때까지 나의 스키경력은 약 4년 동안 국내의 용평스키장에서 스키에 입문하고, 전문적인 지도자로부터의 강습도 없이 나 혼자 또는 동호인들의 연구와 경험에만 의존하여 성장해 온 것이 전부이었다. 다행스럽게도, 개인적으로는 스피드에 겁먹지 않고, 활강에 재미를 느끼며 어려움과 새로운 상황에 도전하는 것이 부담스럽지 않아, 성장속도가 비교적 빠르다는 긍정적인(?) 평가를 받고 있었다. 그러나 아무리 그렇다 하더라도 국내경력 겨우 4년의 우물안 개구리를 면하지 못한 상황에서, 이와 같은 시도는 상당히 무모하였음에 틀림없었다. 하지만 '모르면 용감하다'는 말이 바로 나에게 적용되고 있었다.

아무튼 나와 아내는 함께 (당시는 다른 일행이 없이 우리 둘만의 여행이었다.) 레이크 루이스(Lake Louise) 스키장의 베이스(Base)에 도착하여 스키를 시작하였다. 나의 스키실력은 beginner를 겨우 넘었거나, 관대하게 평가하여도 'weak intermediate' 수준이었고, 아내는 이제 막 스키에 입문한 초급 수준이었다.

스키장의 구조는 다행스럽게도, 적어도 베이스(Base)에서 출발하는 단계에서는, 복잡하지 않고 간단명료하였다. 즉, 어디로 가든지 간에 일단 단일한 베이스(Base)에서 출발하는 리프트(lift)를 타야만 하도록 되어있었기 때문이다. 리프트(lift)가 중간쯤 올라가자 나무숲이 사라지고 순백의 눈 덮인 경사면이 나타나는데, 그 경사와 크기에 눈이 휘둥그레졌다. 시야와 함께 마음이 확 풀리는 통쾌함이 느껴져 황홀하였으나, 다른 한편으로는 저런 곳을 내가 어떻게 무사히 내려갈 수 있을지 걱정도 엄습해 왔다. 하지만 2,500m 이상의 산정상에서 리프트를 내리지 않을 수 없고, 뒤이어 아무리 어려운 슬로프(slope)라도 내려가지 않을 수 없다. 처음에는 당연히 blue표시가 되어 있는 슬로프(slope)를 찾아 'A'자를 유지하며 소위 생존 스키를 해 나갔다. 그러다가 시간이 지나자 분위기에 점점 익숙해 지면서 내면에 잠자고 있던 용기와 배짱이 고개를 내밀기 시작하여, 조심스럽게 black 코스도 내려가 보았다. 당연히 보기 좋은 모습은 아니었겠지만 아무튼 생애 처음의 새로운 경지를 경험해 보는 쾌감도 맛보았다. 몇 시간의 시간이 지나면서 이제는 용기를 넘어선 무모함이 작동하여, 다져놓은 슬로프(slope)가 아닌, 무릎 높이까지 차는 파우더 스노우(powder snow)로 뒤덮인 off-piste도 슬금슬금 들어가 보기도 하였다. 어느곳에선가는 (아마도 백 볼: Back Bowl 중의 보우 밸리: 'Bow Valley'가 아닌가 현재로서 추정된다.) 자연설로 뒤덮인 넓디 넓은 모굴(mogul)지역이 나타났는데, 그 폭이 (길이가 아니다) 1km가 넘는 곳도 있었다. (물론 'A'자로 힘들게 내려왔다.)

이제와서 돌이켜 스키장의 지도를 펼쳐놓고 살펴보니 레이크 루이스 (Lake Louise)스키장의 구조는 크게 두 부분으로 나누어 볼 수 있다. 하나는 base area에서 정면으로 보이는 프런트 사이드(front side) 부분이고 다른 하나는 이 정면을 끝까지 정상부분까지 올라가서 산등성이를 반대편으로 넘어가서 산의 뒷부분(back side)에서 펼쳐지는 백 볼(back bowl) 부분(여기서는 파우더 볼스: powder bowls라고 표시하고 있다)이다. 프런트 사이드(front side)에서는 다시 세 개의 리프트(lift)가 정상을 향해 올라간다. 제일 오른쪽이 그릿지 익스프레스 곤돌라(Grizzy Express gondola)이고 (이는 끝까지 non-stop이다) 가운
데 부분이 글레시어 익스프레스(Glacier Express)이며 (이는 산의 중간쯤까지 올라가
며, 여기에서 다시 탑 오브 더 월드(Top of the World) 리프트를 갈아타면 정상부분까지 간다.),
맨 왼쪽 부분에서는 올림픽 체어(Olympic Chair)가 출발한다(이는 거의 산정상
까지 올라가며, 밑으로 약간 활강하면 서밋 플래터(Summit Platter)를 만나 다시 이를 타고 해발
2,637m의 정상까지 올라갈 수 있다.). 이 front side에만 해도 green, blue, black의 각
종 슬로프(slope)들이 펼쳐져 있어 즐기기에 충분하다. 특히 지도상 제일
왼쪽부분에 있는 남녀 월드컵(World Cup) 스키대회의 다운힐(downhill) 코스
가 위압적이다. 스키장 정상의 긴 산등성이를 따라서는 네 군데에서 산
의 뒤쪽(즉, powder bowls쪽)으로 넘어가는 길이 열려있다. 많은 스키장의 경
우 대개 back bowl 쪽이 더 험하고 가파르며 파우더 스노우(powder snow)로
뒤덮인 off-piste를 즐길 수 있는 경우가 많다. 그런데 이곳 레이크 루이스
(Lake Louise)는 back bowl이 그 정도가 아니라, 오히려 front side보다 훨씬
더 장엄하고 가파르며 off-piste에서 모험을 즐기기에 적합한 double 블랙
다이아몬드(black diamond) 코스가 널려져 있다. 이 back bowl을 위하여 타미
건 쿼드(Ptarmigan Quad)와 파라다이스 트리플(Paradise Triple) 리프트가 설치되
어 있어 상급자들의 놀이터가 되기에 충분하다. 물론 중간중간에 초·중
급자들이 내려올 수 있도록 green, blue 코스들이 설치되어 있다. 타미건
(Ptarmigan) 리프트가 시작하는 곳에서 오솔길을 따라 끝까지 가면 다시 원
래의 출발점인 base area에 도착하며, back bowl의 가장 아래쪽으로는 중
급자용의 라취 에리어(Larch area)가 있다.

　아마도 내가 경험했던 back bowl 중에서는 레이크 루이스(Lake Louise)의
back bowl이 가장 훌륭했던 것으로 생각된다. 참고로 지도상 front side의
가장 왼쪽에 있는 웨스트 볼(West Bowl)을 타고 활주해 내려오면 아래쪽에

버진 스노우 위에서

레이크 루이스 호수와 호텔

있는 레이크(Lake)와 함께 그 밑에 세워진 동화속의 성과 같은 호텔 (샤토 레이크 루이스: Chateau Lake Louise)을 가장 잘 감상할 수 있다.

○ **선샤인 빌리지**Sunshine Village

레이크 루이스(Lake Louise)를 하루동안 주마간산으로 경험한 후, 다음 날 역시 밴프(Banff)국립공원 안에 있는 선샤인(Sunshine) 스키장을 찾아 나섰다. 이 스키장은 규모가 엄청나게 크기는 하였지만 기본 구조는 간단하였다. 즉, 여기에는 세 개의 산이 버티고 있고 각각 이 산을 기반으로 하여 세 개의 구역으로 구분되어 있다. 먼저 가장 가운데에 자리잡은 선샤인 빌리지(Sunshine Village)(해발 2,160m)에 도착하면 정상방향으로 올라가는 유일한 리프트(lift)인 엔젤 익스프레스(Angel Express)가 움직인다. 그 정상이 룩아웃 마운틴(Lookout Mountain)으로서 해발 2,730m이다. 종점에서 내려 오른쪽으로 중급자용 슬로프(slope)를 끝까지 내려오면 컨티넨탈 디바이드 익스프레스(Continental Divide Express)의 출발점에 다다른다. 이 리프트를 타고 끝까지 올라가면 해발 2,730m의 룩아웃 마운틴(Lookout Mtn.) 정상에 다다르는데, 이곳이 캐나다(Canada)에서 가장 높은 스키구역이다. 이 리프트(lift)를 타고 올라가다보면 캐나다(Canada)의 두 개의 주, 즉 브리티시 콜럼비아(British Columbia)주와 알버타(Alberta)주의 경계선을 지나게 된다. 이 룩아웃(Lookout)의 front side는 tree line 위에서 광활하게 펼쳐져 있어서, 상급자 및 중급자들이 이러한 슬로프(slope)를 마음껏 즐길 수 있다. 이 Continental Divide가 내리는 곳에서 산의 뒷편, 즉 Lookout의 back side로 넘어가면 "악명높은" 디리리움 다이브("Delirium Dive")라는 off-piste가 나타난다고 한다(나는 당시 능력도 안되었지만, 사실 그러한 곳이 있다는 것도 몰랐기 때문에 그곳에 들어갈 수도 없었다). 이곳은 폭이 1,600m나 되고 표고차가 550m정도 되는 험한 구역인데, 이곳에 들어가려면 컨트롤 게이트(control gate)를 통과하여야 하고, 최상급자라도 반드시 경험 많은 동료와 함께 그리고 삽, 트랜시버(transceiver) 등 아바란치(avalanche) 대비 장비를 갖추어야만 들어갈 수 있다. 특히 활강의 시작지점까지 가는 데에도 경사 50도 짜리의 위험한 길을 계단을 따라 내려가야 한다고 한다. 이와 같은 극단적인 난코스를 제외하고는 이 룩아웃 마운틴(Lookout Mtn.) 코스는 대체로 중급자들이 즐기기에 좋다고 평판이 나있다.

다음으로 중간 부분의 빌리지(Village)에서 가장 왼쪽으로는 고우트스 아이 마운틴(Goat's Eye Mountain)(해발 2,806m)을 정상으로 하는 스키구역이 펼쳐져 있다. 아래의 베이스(Base)에서 출발하는 유일한 리프트(lift)인 고우트스 아이 익스프레스(Goat's Eye Express)를 타면 역시 tree line위의 광활한 구역으로 데려다 준다. 앞에서 이미 이야기 하였듯이, 이번 밴프(Banff)의 방문은 나로서는 생애 처음으로 세계적인 초대형 스키장 방문이었다. 그러한 나에게 이 리프트(lift)를 타고 올라가면서 눈에 들어오는 풍광은 놀랍기 그지없는 것들이었다. 게다가 당시가 4월 중순이었음에도 불구하고 날씨는 얼마나 추운지, 아마도 영하 20도는 훨씬 넘어보였다. 리프트(lift)를 탈때에 땀에 젖은 얼굴가리개(mask)를 하였는데, 중간쯤에 다다르니, 그 mask가 얼어서 딱딱하게 나무판자 같이 변해있었다. 아무튼 정상에서 내려 double black diamond 표시가 되어있는 부분들을 피해서 가급적 쉬운 부분을 찾아 조심스럽게 베이스(Base)까지 하강하였다. 그렇게 몇 번을 지내다 보니 온몸은 땀으로 흠뻑 젖어있었고, 시간도 오래 걸려 오후 늦은 시간이 되어 버렸다. 그리하여 지도상 맨 오른쪽에 있는 또 하나의 세번째 산인 마운트 스탠디쉬(Mt. Standish) 구역에는 가보지도 못한 채로 그날의 스키를 끝낼 수밖에 없게 되었다. 이 산은 해발 2,398m로서 지도상으로 확인하니 아주 넓은 스키구역을 가지고 있지는 않았지만, 대부분이 블랙 다이아몬드(black diamond)표시가 되어 있어서 역시 만만한 곳은 아닐 것 같은 생각이 들었다.

종합적인 판단으로는, 역시 '큰 산맥(Canadian Rockies)에는 큰 스키장이 있다'는 원리가 여기에도 지켜지고 있었다. 사후에 자료를 좀더 찾아보니, 이곳에서 ski하기 가장 좋은 기간은 2월 말에서 4월 중순까지라고 한다. 한겨울에는 극지와 같은 추위가 몰려오기 때문이다.

나아가, 우물 안 개구리가 처음으로 세상 밖으로 나오면서, 이른바 "화이트 아웃"("white-out")이라는 현상을 처음으로 체험하였다. 어느 정도 해외 스키 경험이 쌓인 스키어라면 낯설지 않을 이러한 현상에 막상 부딪히자 적지 않게 당황하였다. 잘 알다시피 이는 회색으로 잔뜩 흐린 하늘에 흰 눈이 펑펑 내리면서, 흰 눈이 잔뜩 쌓인 지면(설면)과의 사이에 경계선이 없어져 버리는 현상이다. 하늘과 땅이 모두 같은 흰색으로 덮혀 버리니, 원근감이 없어지므로 높낮이의 구별이 불가능해져서 균형감각을 상실하게 되고, 심하면 어지러움과 함께 구토증상을 느끼게 된다. 이때 침착성을 잃으면 균형을 잃고 넘어져 큰 사고로 이어질 수도 있으니 주의해야 한다.

아무튼, 이곳 밴프(Banff) 국립공원에서의 스키는 나에게 최초이자 깊은 경험과 인상을 심어 주었다. 이 광대한 세 군데의 스키장을 찾아오는데, 3일간의 일정밖에 할애하지 못하였다는 것 자체가 나의 무경험과 무지함을 드러내는 것이었다. 언젠가 기회가 있으면 10일 이상의 여유를 가지고 다시 한번 찾아오고 싶은 심정이다.

휘슬러 블랙콤Whistler – Blackcomb 스키장

- 생애 최초의 "초대형 스키장 본격체험" –

2000년 4월 백설로 뒤덮인 새로운 세계가 있다는 것을 처음으로 체험한 후, 마음 깊숙히 자리잡고 있던 '활강본성'이 꿈틀대기 시작하였다. 그리하여 2001년 다음 스키시즌이 시작되면서 갈 곳을 물색하여 우선 접근성이 좋은 일본의 '시가고겐'을 찾아 갔다. 이로써 앞으로 이어지는 수많은 일본 스키여행의 시발점이 되었다. 그리고 그해 (2001년) 8월, 남반구로 가면 우리의 여름에도 스키를 할 수 있다는 "당연한 진리"를 새삼스레 깨닫고 뉴질랜드 퀸스타운(Queenstown)으로까지 활동범위를 넓혀 나갔다. 그러던 중, '관심을 가지고 두리번거리면 기회가 생기는 법', 평소 잘 알고 지내던 법조 선배님으로부터, 캐나다 휘슬러(Canada Whistler)에 콘도를 사용할 수 있는데, 함께 가지 않겠느냐는 제안을 받았다. 그분은 인품도 훌륭할 뿐 아니라, 스키 실력도 expert에 가까운 분이라서 감사히 제안을 받아들여 2002년 2월 초 두 쌍의 부부가 말로만 듣던 휘슬러(Whistler)로 향하였다. 이번에는 기간도 10일 가까이 충분히 할애하였다. 그리하여 나의 생애 처음 세계적인 초대형 스키장을 "제대로 체험하는" 기회를 가졌다.

캐나다(Canada)의 브리티쉬 콜럼비아(British Columbia) 주에 있는 휘슬러-블랙콤 리조트(Whistler-Blackcomb Resort)는 동명의 두 개의 산이름을 합쳐 놓은 것이다. 이 두 산은 벤쿠버(Vancouver)에서 110km 정도 떨어진 해안가 산맥에 마주보면서 위치하고 있는데, 오랫동안 서로 자기가 잘났다고 다투어(?) 오는 사이였다. 두 산 중에서 우선 나이로 보아 형님은 휘슬러 마운틴(Whistler Mtn.)이다. 즉, 이 산은 원래 런던 마운틴(London Mountain)으로 불렸는데, 계곡으로 불어 닥치는 폭풍설(blizzard) 속에서 몇몇 스키어들만이 구닥다리 장비로 밧줄을 잡거나 끈을 걸어서 비탈길을 올라가 스키를 즐기던 곳이었다. 그러다가 1965년에 그 이름이 휘슬러 마운틴(Whistler Mountain)으로 바뀌면서 (이는 그 곳에 흔하게 살고 있는 "마못트"가 내는 "휘파람소리"를 본따서 지은 것이다.) 개발이 이루어지기 시작하여 세계적인 스키장으로 발전해 나갔다. 반면에 블랙콤 마운틴(Blackcomb Mountain)은 (이는, 산 정상의 뾰족뾰족한 검은 바위들의 모습이 마치 빗같이 생겼다고 하여 지어진 이름이다.) 1980년에 이르러서 숲속의 나무들을 베어 내면서 생긴 길과 공간을 활용해 만들어진 스키장이다. 그러면서 이 두 스키장은 서로 강력한 rival 의식을 가지고 경쟁해 왔었는데, 당시 이미 블랙콤(Blackcomb)을 소유하고 있던 인트라웨스트(Intrawest)라는 캐나다의 회사가 1997년에 휘슬러(Whistler)를 마저 구입하여 통합함으로써, 모든 문제가 해소되었다. 다만 한 가지 문제만은 계속 남아 있었다. 즉, 나란히 마주 보고 서 있는 두 산 사이에는 수백미터의 깊은 계곡이 자리 잡고 있어서 스키를 타고서는 서로 건너다닐 수 없었다. 오로지 제일 아래의 베이스(Base)까지 내려와서 다시 서로 상대방의 리프트(lift)를 이용할 수밖에 없는 상황이었다. 이러한 불편함을 해소하기 위한 노력이 오랫동안 있어 왔는데, 숱한 우여곡절을 겪은 후 드디어 2008년 12월 12일에 이 두 산의 정상을 연결하는 케이블카(Cable Car)가 완공되어 개통하게 되었다. 이 케이블카(Cable Car)는 "Peak 2 Peak"로 명명되었는데, 11분이 걸려 양쪽을 연결한다. 여러 가지의 세계기록을 가지고 있는 명물로 탄생하였다.

이제 두 스키장의 면면을 살펴보자면, 첫눈으로 보기에는 두 곳이 서로 비슷해 보인다. 즉, 각각 제일 아래의 베이스(Base)에서 출발하여 (스키지도상으로는, 휘슬러: Whistler는 베이스(Base)의 오른쪽으로, 블랙콤: Blackcomb은 베이스(Base)의 왼쪽으로 출발한다.) 최초 정류장에서 내리면, 그곳으로부터 산정상으로 향하는 여러 개의 리프트(lift) 중에서 원하는 것을 타고 tree-line을 벗어난 백색의 세계로 들어가면 된다. 두 산 모두 워낙 넓은 스키구역을 가지고 있으므로, 우선은 가파른 곳을 피하여 초중급자용의 슬로프(slope)를 타면서 길을 익히고 적응해 나가는 것이 필요하다. 휘슬러 마운틴(Whistler Mtn.)의 정상은 피크 룩아웃(Peak Lookout)으로 해발 2,182m이고, 블랙콤 마운틴(Blackcomb Mtn.)의 최고점은 호스트만 헛(Horstman Hut)으로 해발 2,284m이다. 3,000m가 쉽게 넘는 정상이 흔한 북미의 다른 스키장들에 비교하면 고도가 비교적 낮은 편으로서, 다른 곳(콜로라도: Colorado 등)에 비하여 호흡이 어려운 경우는 별로 없다. 일반적으로 말하여, 휘슬러 마운틴(Whistler Mtn.)은 슬로프가 높고 낮게 rolling하면서, 다양한 경사도를 가지고, 또한 적절히 회전(turning)하는 구간이 많아 다양성을 즐길 수 있다고 한다. 반면에, 블랙콤 마운틴(Blackcomb Mtn.)은 도전적인 fall line을 가지고 있고 야성적인 호스트만 글래시어(Horstman Glacier)가 있어 야생적인 풍광을 자랑한다. 특히 호스트만 글래시어(Horstman Glacier) 구역은 빙하구역이어서 여름스키를 위하여 개방되기도 한다. 하지만 움푹한 분지와 가파른 절벽을 가진 볼(Bowl) 지역은 휘슬러 마운틴(Whistler Mtn.) 구역에 더 많이 있다. 예를 들어 (지도의 상단 오른쪽으로부터 보면) 웨스트 볼(West Bowl), 휘슬러 볼(Whistler Bowl), 글래시어 볼(Glacier Bowl), 하모니(Harmony) 및 심포니 볼(Symphony Bowl) 등이 대표적이다. 이 중에서 심포니 볼(Symphony Bowl) 만은 blue 표시(중급자)

이고, 나머지는 모두 black 표시(상급자)로 되어 있다. 특히 두 산의 중간부분에 있는 (스키지도 상으로는 휘슬러 마운틴: Whistler Mtn.의 상단 왼쪽으로 backcountry 구역이다.) 가리발디 프로빈시얼 파크(Garibaldi Provincial Park)는 최상급자(expert)용으로서, 스키장의 patrol에 의해서 관리되지 않으며, 경사가 급해서 눈사태의 위험성이 크고, 갑작스러운 절벽이 나타날 수 있는 구역이다. 이를 위한 완벽한 장비를 갖추어야만 들어갈 수 있는데, 이를 어기고 들어갔다가 만약 구조해야 할 사태가 발생하면, 그 모든 비용이 청구될 수 있다는 경고가 붙어있다. 나는 다른 곳들은 거의 모두 한번씩은 경험삼아 도전해 보았으나, 이곳에 들어가는 모험은 하지 않았다. 이에 못지않게, 블랙콤 마운틴(Blackcomb Mtn.) 지역에도 도전적인 구역이 있다. 즉, 호스트만 글래시어(Horstman Glacier) 빙하구역에 있는 쿨루아르 익스트림("Couloir Extreme")과 포카롤로("Pokalolo") 계곡인데, 난이도가 아주 높은 만큼 (특히 Pokalolo는 더블 블랙 다이아몬드(double black diamond)이다) 잔뜩 긴장하게 만들지만, 그만큼 짜릿한 쾌감을 주기도 한다. 또한 위 "쿨루아르 익스트림(Couloir Extreme)"의 바로 아랫부분에는 "골든 트라이앵글(Golden Triangle)"이라고 불리는 구역이 있는데 이곳에서는 숲속을 달리는 임간스키(tree ski)와 평소 도랑(배수구)으로 사용되는 구간을 달리는 쾌감을 맛볼 수 있다. 물론 이는 상당히 고난도의 기술을 필요로 할 것이다. 이곳에는 "글래시어 익스프레스(Glacier Express)", "저시 크림(Jersey Cream)" 리프트를 이용하여 접근할 수 있다. 두 산 모두 중간부분 이하에는 소나무 숲으로 뒤덮여 있어서 훌륭한 tree ski를 즐기거나 연습할 수 있다. 물론 상당히 능숙한 스키기술이 필요하다. 얼마 전 언론보도에서 미국의 유명인사의 아들이 친구와 함께 football 공을 주고 받고 하면서 숲 사이를 내려오다가 나무에 부딪쳐 사망하였다는 기사를 읽은 적이 있다.

공정성을 위하여, 옥의 티 하나를 적어둔다. 이 스키장은 고도가 비교적 낮고 또한 해안에 가까운 지역이어서, 기온이 높아지면 특히 베이스(Base) 부분에는 비가 내리는 경우가 있고, 그리고 눈의 질이 파우더 스노우(powder snow)이기 보다는 습한 wet snow인 경향이 있다고 한다.

나는 이번 스키여행에서 운이 좋게도 expert급의 능력을 가진 선배와 줄곧 함께 스키를 하면서 여러 가지를 경험하고 배울 수 있는 기회를 가졌다. 물론 부족한 실력에, 앞서 가는 상급자를 쫓아가야만 하니 힘도 들고 어려운 상황에도 수시로 부딪쳤다. 하지만 그 모든 것들이 나의 스키능력을 급격하게 향상시키는 데에 크게 도움이 되었다. 그야말로 처음으로, 우물 안 개구리에서 벗어나, 세계적인 초대형 스키장을 제대로 체험할 수가 있었다. 매일 저녁 스키를 마치고 숙소로 돌아와 스키복을 벗으면, 문자 그대로 팬티와 런닝셔츠가 땀으로 흥건하게 젖어 있어서, 욕탕에서 이를 손으로 쥐어 짜면 물이 뚝뚝 떨어질 정도였다. (이는 과장이 아닌 진실이다.) 이렇게 일주일을 지나면서 마지막날이 가까워지니, 나도 모르게 몸에서 힘을 빼고 전향자세를 취하며, 스키를 억지로 control 하려고 들지 않는 것이 얼마나 중요한지를 저절로 깨닫게 되는 큰 진전을 이루었다.

일주일째의 마지막날 스키가 끝난 후, 나는 유명 restaurant들이 많이 몰려있는 휘슬러 빌리지(Whistler Village)에서 가장 fancy한 restaurant을 현지인에게서 소개받아 선배님 부부를 저녁식사에 초대하였다. 나아가 그 restaurant에서 가장 훌륭한 샴페인(champagne), 와인(wine) 및 디쉬(dish)로 대접함으로써 그 동안의 은혜에 보답하였다. 더욱이 우리 부부는 그 선배님의 숙소를 함께 이용하는 덕분에 숙박비를 전액 절약하는 혜택까지도 받았던 것이다.

08

프랑스 스키장 모아보기

르 그랑 마시프 Le Grand Massif / 트루아 발레 Trois Vallées
포르테 듀 솔레이유 Portes du Soleil / 파라디스키 Paradiski
레 시벨 Les Sybells / 피레네 Pyrénnés

르 그랑 마시프Le Grand Massif
(거대한 산군(山群))

- 플레인(Flaine)에서 치른 '방심의 대가' -

국토의 일부로서 알프스(Alps) 산맥을 끼고 있는 나라들은 적어도 스키어의 입장에서 보면 축복을 받고 있다고 생각된다. 그 중에서, 독일은 남쪽의 일부(추크슈피체: Zugspitze)만이 알프스(Alps)에 접하고 있어 가르미슈-파르텐기르헨(Garmisch-Partenkirchen)이 유일하지만, 이탈리아, 스위스, 오스트리아, 프랑스 등은 상당히 광범위하게 Alps에 걸쳐있다. 그 결과 천혜의 조건을 갖춘 스키장들을 많이 보유하고 있다.

예를 들어 프랑스의 경우에는 몽 블랑(Mont Blanc)을 중심으로 하여 끝없이 이어지는 커다란 산들이 거의 끊김이 없이 스키장으로 개발되어 있어서, 훌륭한 스키장들이 바로 인접해 있는 경우가 많다. 이는 오랜 역사와 함께, 개발에 투자할 경제적 여력이 튼튼하기 때문일 것이다.

그래서, 프랑스에서는 인접한 스키장들끼리 한묶음으로 모아서 별도의 이름(별명)을 붙여, 식별하기 쉽게 하는 경우가 많다.

여기에서 이야기하는 르 그랑 마시프(Le Grand Massif)도 그러한 경우이다. 즉, 르 그랑 마시프(Le Grand Massif)는 뒷편으로 몽 블랑(Mont Blanc)이 자리잡고 있으며, 가장 중심적인 마을은 플레인(Flaine)이다. 그리고 이 마을을 가운데에 두고 지도상으로 오른쪽 아래로부터 카로즈(Carroz), 모리용

(Morillon), 사모엥(Samoëns), 시(Sixt)의 네 개 스키장 마을이 이어져 있다.

이 중 가장 크고 핵심적인 마을인 플레인(Flaine)은 몇 가지 특징적인 사항을 가지고 있다. 즉, 가장 중요한 것으로는, 처음부터 스키장으로 사용할 목적으로 (purpose-built) 건설된 리조트라는 점이다. 따라서 많은 건축물들이 거대한 콘크리트로 되어 있고, 이용자들의 편의성을 최대한 고려해서 지어진 1960년대의 바우하우스(Bauhaus) 스타일이다. 소위 "ski-in, ski-out" 리조트로서, 옛 샬레(chalet) 스타일 보다는 스스로 취사가 가능한 아파트 형태의 건물이 주류이고, 호텔은 두 군데만 있다.

그 밖에 프랑스 최초의 제설기 도입, 자동차 없는 거리, 오염방지 난방시설, 편리한 주차시설, 특히 어린이를 동반한 가족의 편의성 고려, 리프트나 곤돌라 승차장까지 오르막길을 걷지 않도록 설계하는 등등 리조트설계자 2인(실비: Sylvie와 에리 보아소나: Eric Boissonnas)의 생각이 곳곳에 드러나 있다. 또한 예술적인 감각을 더하기 위하여 아파트 단지 사이에 듀뷰페(Dubuffet), 피카소(Picasso), 바살리(Vasarely) 등 현대 조각가의 조각품들이 진열되어 있다.

물론 여기에는 반대의견도 만만치 않아서, 최근에는 전통적인 샬레스타일(chalet style) 건물들이 들어서고 있으며, 고전적인 분위기를 맛보기 위해서는 플레인(Flaine)에 인접한 사모엥(Samoëns)이나 시(Sixt) 마을에 머무를 것을 권유하기도 한다.

가장 중심마을인 플레인(Flaine) 스키장의 최고봉은 해발 2,480m의 레그랑 플라티에(Les Grandes Platieres)이다. 저 멀리 뒤편으로 몽 블랑(Mont Blanc)이 보이고, 초 · 중 · 상급자용의 다양한 슬로프들이 1,600m의 플레인 베이스(Flaine Base)구역을 향해 펼쳐져 있다. 지도상 가장 오른쪽으로는 상급자용의 "메피스토 슈페리외(Méphisto Supérieure)" 슬로프가, 가장 왼쪽으로는 중급자용의 "카스카드(Cascades)" 슬로프가 감싸고 있고 그 중간에 여러 슬로프가 있어, 구조를 한눈에 파악하기는 용이하다.

이 중 가장 명물은 맨 왼쪽의 "카스카드(Cascades)"로서 총길이가 14.4㎞에 달하는 이곳 최장의 코스이며 중간에 아름다운 숲속을 통과하면서 최종적으로는 인근 고풍스러운 마을인 시(Sixt)에 이르게 된다. 여기서부터는 스키버스를 타고 플레인(Flaine)으로 돌아와야 한다.

이 "카스카드(Cascades)" 슬로프와 특히 시(Sixt) 마을의 베이스(Base) 지역은 반드시 둘러보아야 할 'must'이다. 마을의 중심거리는 천천히 걸어도 10분이면 둘러볼 수 있을 정도로 작지만, 길에 인접한 귀엽고도 품위있게 꾸며진 가게들, 진열되어있는 앙증스러운 소품들, 한쪽 귀퉁이에 자리잡고 있는 고풍스러운 작은 교회는 마치 동화속의 풍경을 보는 듯하다. 나는 스키일정 중 반나절을 할애하여 (이를 위하여 배낭에 거리를 걸을 수 있는 운동화를 따로 챙겨 가지고 갔다.) 산책과 구경을 즐겼는데 그 분위기가 오랫동안 마음속에 남아있다.

그런데 플레인(Flaine)에서의 잊지못할 끔찍한 경험은 이곳 시(Sixt)를 찾아간 2014년 1월 어느날에 일어났다.

앞서 잠깐 언급한 대로, 스키 일정을 진행하던 어느날 시(Sixt) 마을에 내려가 마을 구경을 할 계획을 세우고, 배낭에 따로 운동화를 두 켤레(나와 아내의 것)를 넣고 아침에 호텔을 나섰다 (따라서 그 배낭은 평소에 매던 작은 것이 아니라, 등산용의 큰 배낭이었다). 스키도중에 한적한 한쪽 구석에 스키와 부츠를 벗어 놓고, 운동화차림으로 두 시간 정도 구경을 잘 하고 돌아왔다. 다시 부츠와 스키를 신고 운동화는 배낭에 넣고, 하루의 나머지 스키를 즐기고 있었다. 그런데 어느 지점에서 피곤하고 다리도 아파와서 카페나 쉬어갈 곳을 찾았는데, 쉽게 눈에 띄지 않았다. 그 순간 저 앞에서 '2인승' 리프트가 '완만한' 지면에 닿을듯 말듯 아주 '낮게' '천천히' 움직이고 있는 것을 발견하였다. 스키어도 거의 없는 데다가 그 '리프트의 앉는 부분이 판자 세쪽으로 중간에 틈이 보일 정도로 엉성하게 맞추어져' 있어서, 그동안의 스키경험상 이는 '조금만 가면 내리는' '초보자용' 리프트임에 틀림없어 보였다. 나는 이 리프트를 타면 잠시 휴식을 취할 수 있을 것으로 판단하고, 여기에 탑승하였다. 리프트 탑승의 규칙상, 당연히 탑승후 즉시 머리 뒤편에 있는 손잡이를 잡아당겨 철제의 발받침(바: bar)이 앞으로 내려오면 발은 여기에 걸치고, 가슴부분은 가로막대로 막아 추락을 방지하게 된다. 또한 원칙적으로는 배낭은 반드시 벗어서 앞가슴에 안고 리프트를 타도록 되어 있다(혹시라도 배낭의 끈 등이 리프트에 걸려 생길 수 있는 사고를 예방하기 위해서). 나는, 잠시만 가면 내릴 것으로 예상하고 배낭을 벗어 앞으로 안고가는 조치를 취하지 아니하였다. 하지만 가장 중요한 조치인 머리뒤편에 있는 손잡이를 잡아당겨 발받침과 가슴받침의 바(bar)를 내리기 위하여 손을 뒤로 뻗었다. 그 동안에 리프트는 서서히 출발하여 움직이고 있다. 그런데 웬일인지 팔을 뒤로 아무리 길게 뻗어도 바(bar)의 손잡이가 잡히지 않는 것이다. 제대로 했으려면 어떻게 해서든지 몸을 뒤로 훨씬 더 젖혀서 손잡이를 찾아 바(bar)를 앞으로 끌어내려야 했을 것이었다. 그러나 어차피 초보자용의 리프트이니 조금만 가면 내릴 것이라고 오판하고 그대로 가기로 작정하였다. 리프트 위에서의 나의 자세는 불안정하기 짝이 없었다. 우선 발받침대와 가슴받침이 없는 데다가, 등에 등산용의 커다란 배낭을 메고 있으니 자연히 몸이 뒤로 길게 기대어 편안하게 앉지 못하여 엉덩이가 리프트 바닥의 중간쯤에 어설프게 걸쳐져 있는 상태로 되어 있었다. 살다보면, 조그마한 방심(부주의)이 너무나도 큰 대가를 요구하는 경우가 있음을 우리는 알고 있다. 나의 이 경우가 바로 그러하였다. 조금만 가면 내릴 것으로 예상했던 이 리프트는, 처음에는 지면에 낮게 붙어서 움직이더니 점점 더 지면과의 높이가 커져가고 있었다. 더욱이 가까운 거리에서 멈출 것 같지도 않아 보인다. 불안한 마음은 점점 더 커져가는데, 급기야는 저 앞으로 높은 산봉우리가 보이고(아마도 최고봉인듯 여겨졌다.) 발아래로는 천길 깊이의 계곡이 펼쳐져 있다(아마도 높이가 수백미터는 충분히 되었을 것이다). 엉덩이는 반쯤밖에 걸쳐져 있지 않고 받침대나 손잡이는 아무것도 없이 수백 미터 허공에 달랑 매달려 있는 형상이 되었다. 달리 해결 방법이 없으니 급한 마음에 두 가지 기도가 마음에 떠오른다. 하나는 제발 도중에 돌풍이 불거나 하여 리프트가 흔들리지 말아 달라는 것이고, 다른 하나는 리프트가 중간에 멈추어서지 말고 끝까지 계속 움직여 달라는 것이었다.

나보다 더 불안스러웠을 아내를 위하여, 되지도 않는 농담을 몇 마디 던졌으나 아내는 계속 기도에 열중하는 모습이었다. 어쨌든 우리 부부의 기도가 통했는지 천만다행으로 무사히 리프트의 종착지에 도착하였다.

아직도 누워서 잠들기 전 위 기억이 떠오르면, 공포심에 나도 모르게 몸을 웅크리고 옆으로 돌아눕게 된다. "방심은 금물"이고, 규정을 지키는 것은 결국 "나를 위한 것"이라는 평범한 진리를 새삼 느끼게 한다.

플레인(Flaine)에 가실 분을 위한 Tip 두 가지다.

첫째는, 앞서 본 바와 같이 이곳 리조트는 가족단위의 스키어를 위해 설계되어 있어서 경우에 따라서는 너무 많은 아이들로 인해 불편이 있을 수 있다.

둘째는, 이곳 리조트는 5세 이하의 어린이와 75세 이상의 시니어들에게는 리프트가 무료로 개방되어 있다는 점이다.

위 두 가지는 빛과 그림자로서 서로 상존해 있다.

플레인(Flaine)에서 스키를 즐기다가 가끔은 인접한 다른 네 개 마을의 베이스(Base)까지 내려가서 다른 분위기를 즐겨보는 것도 바람직한 방법이다.

트루아 발레Trois Vallées
(3개의 계곡)

- 세 개의 계곡을 종주하는 데에 하루 -

"트루아 발레(Trois Vallées)"라는 별명이 붙은 이곳은 그 의미가 "three valleys"라는 뜻인 만큼 거대한 세 개의 계곡을 따라 스키장이 만들어져 있다. 지도를 놓고 보면, 제일 왼쪽의 계곡에 쿠슈벨(Courchevel) 마을이 있고, 중간의 계곡에 메리벨(Méribel) 마을이 있으며, 제일 오른쪽의 계곡에 발 토랑스(Val Thorens) 마을이 있다. 좀더 세분해서 보면, 발 토랑스(Val Thorens) 밑에 다시 레 므니르(Les Menuires) 마을이 있고, 쿠슈벨(Courchevel) 마을은 다시 제일 아래쪽부터 Courchevel 1300, Courchevel 1550, Courchevel 1650, Courchevel 1850 (뒤의 각 숫자는 해발고도를 미터로 표시한 것이다.)의 네 마을로 되어 있다. 하지만 보통 트루아 발레(Trois Vallées)라고 하면 쿠슈벨(Courchevel), 메리벨(Méribel)(1,450m), 발 토랑스(Val Thorens)(2,300m)를 가리킨다.

이 세 곳의 스키장은 모두 합치면 슬로프의 총 길이가 600㎞에 달하여, 미국의 대형 스키 리조트 (예를 들어, 잭슨 홀: Jackson Hole)의 6배의 크기로서 세계최대라고 자랑한다. 그러나 세계최대라는 평가는 그 기준을 어디에 두느냐(슬로프의 총연장 길이이냐 또는 'skiable area'의 넓이이냐 등등)에 따라 다를 수 있으며, 서로 자기가 세계최대라고 주장하기도 한다. 예를 들어, 이탈리아의 돌로미테(Dolomite) 스키장도 세계최대라고 주장한다. 하지만 이 논쟁을 떠나 이 스키장이 엄청나게 광대한 것임은 틀림없다. 슬로프의 총연장이 600㎞로서 서울~부산 거리보다 훨씬 길고, 리프트의 수가 200개를 넘으며, 슬로프의 개수는 아마도 수백 개에 달할 것이다(이러한 사정을 고려한다면, 우리나라 어느 재벌의 총수가 스키를 좋아해서, 알프스 어느 스키장 -아마도 뒤에 보는 아보리아(Avoriaz)인 것으로 기억한다-의 슬로프 하나를 통째로 빌려 사용하기로 계약하였다는 것이 국내 언론에 알려지게되자, 위화감조성을 우려하여 이를 취소한 일이 있었으나, 이러한 비판은 현지 사정을 모르는 '우물 안 개구리'의 시각이었다고 말하지 않을 수 없다).

나는 2005년 2월 초에 이곳을 방문하였었는데, 위 세 계곡 중 가장 오른쪽의 발 토랑스(Val Thorens)에 머물렀다. 겨우 일주일 동안의 일정이었기 때문에 발 토랑스(Val Thorens) 한 곳만을 다니기에도 벅찰 정도이었다.

발 토랑스(Val Thorens)는 베이스(Base)가 2,300m이고, 최고봉이 3,266m의 푸앙 드 토랑스(Pointe de Thorens)로서 유럽에서는 가장 높은 곳에 있으며 주변의 자연경관이 wild한 스키장이다. 스키장이 워낙 넓고, 슬로프와 리프트의 수가 많아서, 지도를 들고 열심히 찾아다녀도 길을 잃기 일쑤였다. 처음가는 스키어, 더욱이 단기간 머무르는 스키어로서는 편안하게 즐기기에는 너무 크고 넓었다.

하지만 위 세 개의 계곡을 하루 만에 모두 주파할 수 있는 방법이 있다하여, 현지의 local guide를 하루 동안 고용함으로써, 이를 경험하였다. 아침 일찍, 리프트(lift)가 운행을 시작하는 시간에 맞추어 발 토랑스(Val Thorens)를 출발하여 계속해서 왼쪽으로 스키를 타면서 진행하였다. 실수 없이 계속 진행해야 하므로 길을 잘 아는 guide가 필수적이다. 계속 서너 시간을 달려 중간의 메리벨(Méribel)을 거쳐 맨 왼쪽의 쿠슈벨(Courchevel)에 도착한 후 점심식사를 즐긴 다음, 곧바로 귀환길에 올랐다. 차질없이 약 40km를 하루에 달려 다시 발 토랑스(Val Thorens)로 돌아왔는데, 커다란 숙제 하나를 마친 기분이었다.

짧은 일정탓으로 인접한 메리벨(Méribel)과 쿠슈벨(Courchevel) 스키장을 차분히 즐겨 볼 기회가 없었으나(앞서 본 바와 같이 세 계곡을 종주하기 위하여 통과하였을 뿐이었다.) 아쉬운 마음에 다른 책에서 읽은 위 두 스키장의 모습과 특색을 옮겨 적어본다. (이 책에서는 내가 직접 경험했던 것만을 쓰기로 하기 때문에, 이것은 예외적인 일이다.)

먼저 메리벨(Méribel) 스키장은 그 분위기가 매우 영국적(English)이라고 한다. 이 리조트는 1938년에 만들어 졌는데, 당시 피터 린드세이(Peter Lindsay)라는 스코틀랜드 사람이 개발을 시작한 탓에 그렇게 되었다고 한다. 그러나 프랑스의 음식과 와인을 즐기기에는 충분하므로 걱정할 필요가 없다고 유머러스하게 적혀있다.

다음 쿠슈벨(Courchevel) 스키장은 그 해발고도에 따른 네 개의 마을이 약간씩 다른 특색을 보이고 있다. 즉, 가장 아래의 쿠슈벨(Courchevel) 1300은 상급자용의 임간스키를 즐기면서 마을까지 활주해 갈 수 있다. 다음 높이의 쿠슈벨(Courchevel) 1550은 가족이 즐길 수 있는 편안한 슬로프로 이루어져 있고, 비교적 저렴한 가격대의 경제적인 숙박시설이 있어서 가족단위의 편안한 휴가를 즐길 수 있는 곳이라 한다.

그 위의 쿠슈벨(Courchevel) 1850은 이 지역의 펜트하우스(penthouse)이다. 이곳은 가장 높아서 가장 좋은 전망을 가지고 있으며, 따라서 방값도 가장 비싸다. 훌륭한 레스토랑, 명품을 취급하는 상점들, 화려한 night life를 즐길 수 있는 장소들이 밀집해 있다. 상류층의 파리지앙(Parisians)들이 갈

망해 마지않는 곳이라 한다.

달리 비유하자면, 미국의 최상급 스키장인 디어 밸리(Deer Valley)나 비버 크리크(Beaver Creek)에 해당되는 곳이고, 오스트리아의 레히(Lech)에 버금가는 곳이라 할 수 있다.

다시 기회가 있다면 적어도 20일 이상의 여유를 가지고 차분히 이곳저곳을 유람할 수 있기를 바라는 스키장이다.

그런데 발 토랑스(Val Thorens)에서 한 가지 불상사가 일어났다. 스키를 하면서 항상 조심해 마지않던 부상사고가 발생한 것이다. 우리 부부의 20여 년 스키여정에서 처음 일어난 사고이다. 그날은 하루종일의 스키를 마치면서 숙소로 귀환하는 길이었는데, 아내가 설면이 불규칙하고 빙판이 드러난 곳에서 넘어지면서 한쪽 무릎의 인대가 파열되었다. 아마도 체력이 소진한 상태에서 무리한 탓으로 여겨진다. 현지에서 응급조치를 받고 귀국하여 철저한 치료와 재활을 잘한 덕택에 한 해만 거르고 다시 같이 스키를 할 수 있게 되어 다행이었고 이를 계기로, 소중한 교훈을 다시 되새긴다. 스키부상의 많은 부분이, 마지막 한 런(run)을 더 하자든가, 리프트 운행이 끝나는 때까지 한번만 더 하자든가 할 때에 일어난다. 약간의 미련을 남겨두는 것이 스키에서도 삶의 지혜이다.

포르테 듀 솔레이유Portes du Soleil (태양의 관문)
(아보리아: Avoriaz, 모르진: Morzine)

- 모르진(Morzine)에서 겪은 '추락의 체험' -

"태양의 관문(Portes du Soleil)"이라고 이름 붙은 이 스키지역은 프랑스의 몽 블랑(Mont Blanc)에서부터 스위스의 쥬네브(Geneve)호수에 이르기까지의 13개 계곡에 펼쳐있는 구역을 가리킨다. 이 구역 내에는 프랑스 쪽에 8개의 리조트, 스위스 쪽에 6개의 리조트가 있는데, 그 중에서도 프랑스 쪽의 아보리아(Avoriaz)와 모르진(Morzine) 두 지역이 가장 크다. 참고로 이 스키장들의 이름을 적어둔다. 프랑스 쪽에는 (위에서 아래쪽으로) ① 아보리아(Avoriaz), ② 모르진(Morzine), ③ 레 제(Les Gets), ④ 몽트리옹(Montriond), ⑤ 생 장 돌프(St. Jean d'Aulps), ⑥ 샤텔(Châtel), ⑦ 라 샤펠 다봉당스(La Chapelle d' Abondance), ⑧ 아봉당스(Abondance)가 있다.

스위스 쪽에는 (역시 위에서부터) ① 샹페리(Champéry), ② 레 크로세(Les Crosets), ③ 발 딜리에(Val d'Illiez), ④ 샹푸생(Champoussin), ⑤ 모르진(Morgins), ⑥ 토르공(Torgon)이 있다.

우리 일행은 가장 크고 중심지라 할 수 있는 아보리아 베이스(Avoriaz Base) 근처에 있는 네즈-로크(Neige-Roc)라는 분위기 좋은 작은 호텔에 묵었다.

이를 강조해 적은 이유는 사연이 있어서 이다. 우선 하나는, 약간 아래에 있는 베이스(Base)에서 리프트(lift)를 타고 올라가면 얼마 지나지 않아 리프트(lift)가 이 호텔의 지붕 위로 통과하게 되어있다. 좁은 공간을 활용하기 위해서였겠지만 특이한 광경이었다. 다른 하나는 우리 일행이 저지른 실수 때문이다. 이 호텔의 주인은 40세정도의 우아한 부인이었는데, 우리 일행들의 태도를 못마땅하게 여겨 불친절하게 대해왔다. 공항에 비행기 도착시간이 늦어 새벽 1시경에야 호텔에 들어가게 되었는데, 우리 일행들이 상기된 기분에 크게 떠드는 바람에 아담한 호텔의 투숙객들이 불만을 토로했기 때문이다.

더욱이 아침식사시간에도 우리일행은 큰소리로 이야기하는 등 예의 바르지 못한 행동을 하였다. 처음 며칠 동안 분위기가 냉랭하여 불편하였었는데, 어쩔 수 없이 가장 연장자인 내가 중재자로 나서서 사과하고 설득하여 다행스럽게 나머지 며칠을 잘 지낸 사연이 있기 때문이다.

이 아보리아-모르진(Avoriaz-Morzine) 스키장도 역시 규모가 엄청나게 크다. 멀리 몽 블랑(Mont Blanc)을 배경으로 하면서, 최저 해발 900m부터 최고 해발 2,466m까지에 걸쳐 리프트 수 212개, 슬로프(slope)수 286개, 슬로프 총연장길이 650km를 자랑한다.

51%의 초급자, 40% 중급자, 9%의 상급자 코스로 되어있어 편안한 곳이기는 하지만, 아보리아(Avoriaz)의 레 오트 포르(Les Hauts Forts)(2,466m)에서 시작하여 레 프로뎅(Les Prodains)으로 떨어지는 표고차 600m의 코스는 가장 멋있는 black course라 할 수 있다.

일반적으로 말하여 아보리아(Avoriaz) 리조트는 스키장을 목적으로 건설된(purpose-built) 현대적인 마을이다. 따라서 기능적이기는 하지만 덜 매력적인 대형 아파트 건물들이 많고, 자동차의 운행이 금지되고 있으며, 그 대신 말이 끄는 마차가 딸까닥 소리를 내며 다니고 있다.

이에 반하여 아보리아(Avoriaz)와 마주보고 있는 모르진(Morzine) 리조트는 정반대로 전형적인 Haute Savoie의 분위기와 소위 Alpine Charm을 가지고 있으며 chalets 스타일 건물들이 많이 있다.

이 스키장에서는 리프트의 정상에 내려서면 어느곳에서나 몽 블랑(Mont Blanc)의 거대한 산군(山群: Massif)을 볼 수 있다. 에기유 뒤 미디(Aiguille du Midi), 드루(Dru), 그랑 조라스(Grandes Jorasses) 등 잘 알려진 준봉들이 하늘을 찌를 듯 솟아 있다.

그런데 이토록 웅장하고 아름다운 곳에서 나는 "추락"을 경험하였다. 아보리아(Avoriaz)와 모르진(Morzine)의 스키장을 며칠 경험하고 난 후, 이제 주변상황과 슬로프에도 많이 익숙해져 있었다. 그러던 어느 날(2007년 2월 중순이다) 오후 모르진(Morzine)으로 넘어가서 샤모시에(Chamossiere)(2,002m) 정상에서 리프트를 내려 몽 블랑(Mont Blanc)을 포함한 알프스(Alps)의 준봉들을 감상하였다. 얼마 후 슬로프를 따라 활강해 내려오니 중간 지점인 테트(Têtes)리프트가 내리는 곳에 도달하였다. 통상은 이곳에서 다시 다른 슬로프를 타고 더 아래 지점까지 활강해 가는 것이 보통이었다. 그런데 시야를 옆으로 돌려보니, 스키가 지나간 흔적이 하나도 없는 버진 스노우(virgin snow)로 깊게 덮인 경사면이 넓게 펼쳐져 있는 것이 눈에 들어왔다. avid skier이면서 solid intermediate 정도의 수준이 되는 skier는 누구나 이러한 설면을 발견하면, 들어가 활주하고픈 충동을 참기 어려운 법이다. 나도 역시 예외일 수 없어서 망설임 끝에 들어가 보기로 작정하였다. 한 가지 마음에 걸리는 것은 그렇게 황홀한 설면이 펼쳐있는데, 왜 아무도 들어가지 않았을까 하는 점과, 들어가는 입구 부분에 가는 밧줄이 한가닥 걸쳐져 있어 출입을 금지하는 표시가 되어 있었다는 점이었다. 하지만 욕망이 앞서면 이성은 잠자는 법이다. 출입을 통제하는 사람도 없고, 걸쳐진 밧줄도 허술하게 한가닥뿐이어서 강력하게 출입을 금지하는 것으로 느껴지지 않았다. 더욱이 바로 앞에 광활한 자연설이 아무도 지나간 흔적이 없는 채로 남아 있는데, 도저히 들어가지않고는 견딜 수 없었다.

주위에 가로막는 사람이 없음을 확인하고, 살며시 줄 밑을 통과하여 들어갔다. 활강을 위하여는 언덕을 따라 직선으로 (수평으로 가로질러서) 약 100m이상을 트래버스(traverse)(횡단)해 가야했었다. 보기보다는 얼음 섞인 딱딱한 눈도 많고, 쌓인 눈이 충분치 않아 곳곳에 나뭇가지의 끝부분이 눈위로 솟아난 부분도 많아 조심스럽게 전진해 나갔다. 20분쯤 지나 계곡 상단의 중간지점에 이르러 이제는 몸의 방향을 아래 계곡 쪽으로 돌려 활강을 시작할 수 있는 단계에까지 이르렀다. 계곡의 경사면은 약 30° 가까이 되었으나, 그 정도 경사는 내 능력으로 걱정할 필요는 없었다. 잠시 숨을 돌린 후, 드디어 몸을 틀어 계곡쪽으로 중심을 옮기고 활강을 시작하였다. 그러나 그 순간, 내 몸이 완전히 활강자세를 갖추기 전에, 한쪽 스키의 옆면이 눈위로 약 10cm정도 솟아나온 작은 나뭇가지에 걸리면서 중심을 잃었다. 보통의 경사면 같았으면 잠시 넘어졌다가 다시 일어나면 되었겠지만, 이곳의 경사도는 그 정도가 아니었다. 잠시 균형을 잡아보려고 버텨보았으나, 결국은 실패하고 급경사면으로 넘어졌다. 급경사면에서는 한 번 넘어지면, 쉽사리 멈추어 설 수가 없다. 어떤 사정으로 (몸이 바위에 걸린다거나, 스키가 엉켜서 제동역할을 하게 되는 경우 등) 정지되지 않는 한, 계곡 끝까지 미끄러져 내려가는 경우가 흔히 있음을 잘 알고있다. 더욱이 나의 이번 경우는 계곡밑으로 미끄러지면서 "몸이 구르는 형태"로 변하게 되었다. 몸이 데굴데굴 굴러가는데, 속수무책 방법이 없었다. 그런데 이상한 것은, 몸은 계속 굴러 밑으로 떨어져 가는데, 정신이 갑자기 맑아지면서, 두 가지 생각이 떠오르는 것이었다. 하나는, "아, 이렇게 나는 죽어가게 되는구나"하는 것이고, 다른 하나는, "나의 일생 중에서 중요했던 장면들이 마치 파노라마 영상이 흘러 지나가는 것처럼 순식간에 눈앞으로 나타나 흘러 가는 것이다". 어릴 때 중학교 입학하던 장면, 사법시험 합격 소식을 듣던 장면, 결혼식의 장면, 두 아들의 출생 장면, 아버님의 임종 장면 등등 상당히 많은 장면들이 나타났다가 사라져 갔다.

얼마나 시간이 지났을까 (뒤에 돌이켜 생각해 보면 기껏해야 몇십 초 정도이었을 것이다.) 어찌되었는지 몸이 멈추어 섰다. 눈 위에 쓰러져 누워있는 상태에서 눈을 감고 몸의 어느 부분이 잘못되지는 않았나하고 점검(?)해 보니 다행스럽게 다치거나 아픈 부분은 없어 보였다. 다음 단계로 신고 있던 스키는 어떻게 되었나 확인해 보니 역시 다행스럽게, 벗겨지지 않고 그대로 신겨있었다. 희한하게도 스키pole 역시 양손에 꼭 쥐어진 상태로 남아 있었다. 정신을 차리고 산위쪽 계곡을 올려다 보니 족히 100m는 굴러내려 온 듯하였다. 계곡 밑을 내려다 보니 저 아래에 스키어들이 활주하는 모습이 보였다.

천만다행이라고 여기고 잠시 쓰러져 누운 상태로 휴식을 취한 후, 몸을 추스려 조심스럽게 계곡의 마지막 남은 부분을 천천히 활주해 내려갔다. 다치지 않은 것이 천운이라고 생각되었다.

우연히도 이번 스키여행은 아내가 함께하지 못하여 아쉬움이 있었는데 이러한 일을 당하였다. 더 남은 며칠 동안은 정말 조심스럽게 스키를 하였고, 규칙을 지키는 것은 결코 남을 위함이 아니라 나 자신을 위한 것이라고 다짐하였다. 어느 날은 숙소에서 30분 정도 떨어진 마을쪽으로 산책을 다녀왔다. 그 중간에 자그마한 공동묘지가 있어, 들어가 낯모르는 사람들의 묘비명, 얼굴사진 등을 보면서 여러가지 상념에 잠겨보기도 하였다. 삶과 죽음에 대한 경계를 경험한 나로서는 더욱 마음에 와 닿았다.

그런데 귀국 후 얼마 지나서 우연히 특별한 발견을 하게 되었다. 즉, 이탈리아의 유명한 등산가인 라인홀트 메스너(인류 최초로 히말라야 8,000m급 14봉을 모두 무산소 등정에 성공한 사람이다.)가 쓴 책을 읽다가 그가 등반 중 추락한 경험을 적은 부분을 발견한 것이었다. 그런데 희한하게도 그 역시 추락의 순간 "지나간 날들이 주마등 같이 눈앞에 흘러 지나가는 것을 보았다"고 회상하였다는 점이다.

묘한 경험을 공유한 것에 대하여 외경심과 함께 신비스러운 생각을 오랫동안 떨칠 수 없게 되었다.

그런데, 전해들은 바에 의하면, 특수부대 대원들이 낙하산 점프를 하는 경우에도 비슷한 현상을 경험한다고 한다.

파라디스키Paradiski (스키의 천국)
(레 자크: Les Arcs, 라 플라뉴: La Plagne)

- 레 자크(LES ARCS)와 라 플라뉴(LA PLAGNE)가 합쳐 만든 천국 -

Les Arcs는 1968년에, La Plagnes는 1961년에 각 개장되었으나 2003년에 이 두 곳을 잇는 200인승의 대형 tram(바누아 엑스프레스: Vanoise Express라고 부른다.)이 개통되면서 두 지역을 합하여 파라디스키(Paradiski)라고 부르게 되었다.

어디로 갈까

○ **레 자크**LES ARCS

레 자크(Les Arcs)의 스키장 역사는 1968년으로 거슬러 올라간다. 그 해 에는 프랑스의 그르노블(Grenoble)에서 제10회 동계올림픽이 열렸는데, 프 랑스의 장-클로드 킬리(Jean-Claude Killy)가 알파인(alpine) 세 종목(활강, 대회전, 회전)을 싹쓸이 하여 프랑스 국민이 열광하고 있었다.

이러한 쾌거를 계기로 하여 프랑스는 사부아(Savoie)지역에 새로운 스 키장을 건설하려는 boom을 맞게 되었다. 다행히 그르노블(Grenoble) 인근 의 레 자크(Les Arcs) 지역이 스키장의 슬로프(slope)건설에 적지로 판단되어 종래의 고풍스러운 모습과는 다른 초현대식 (아방-가르드: avant-garde) 스키장 을 짓기로 결정하였다.

구체적인 작업은 60대 초반의 나이인 건설업자 로저 고디노(Roger Godino)와 스키 강사 겸 가이드인 로베르 블랑(Robert Blanc)에게 맡겨졌는데, 두 사람의 성공적인 협업에 의하여 창조적인 스키장이 만들어졌다.

이 레 자크(Les Arcs) 스키장의 콘셉트(concept)를 본받아 나중에 아르헨티 나의 라스 레냐스(Las Leñas) 스키장이 만들어졌다. 스키장 건설에 있어서 핵심 개념은, 당시의 관광산업 개발이라는 시대조류에 맞추어, 가족단위 로 편안하게 스키를 즐길 수 있도록 최대한 "기능적으로" 설계하는 것이 었다. 이를 위하여는 과거의 알파인 참(Alpine Charm)이라는 멋진 분위기가 희생되는 것을 감수하였다. 숙식의 편리함과 슬로프(slope)에의 접근성이 용이하여야 했다. 그 결과 대규모 아파트 형태의 저렴한 숙박시설이 선 호되었다. 더욱이 레 자크(Les Arcs) 스키장에서 가장 가까운 도시는 부르 생 모리스(Bourg Saint Maurice)인데 파리(Paris)에서 초고속열차 TGV가 두 시 간이내로 도착할 수 있으며, 그 역에서 출발하는 후니쿨라(funicular)("아르크

앙 시엘": "Arc en Ciel"이라고 불리는 지상철도이다.)를 이용하면 6분만에 스키장의
제일 아랫마을인 아르크(Arc) 1600(이 숫자는 해발고도를 미터로 표시한 것이다)에
도착한다.

계획적으로 만들어진 스키장인 만큼 스키장의 큰 그림은 복잡하지 않
다. 즉, 최고봉인 에기유 루즈(Aiguille Rouge)(red needle이라는 뜻: 해발 3,226m)를 중
심으로 하여 중앙부분에 밑에서부터 차례로 네 개의 마을이 조성되어 있
다. 각 마을에는 Arc 뒤에 해발고도(미터 단위)인 숫자를 붙여 구별을 편리하
게 하였다. 맨 아래의 Arc 1600은 앞서 본 파리(Paris)에서 출발한 TGV의 도
착 역으로부터 후니쿨라(funicular)로 6분 거리에 있는, 스키장의 관문이다.
"아르크 피에르 블량슈(Arc Pierre Blanche)"라는 애칭으로 불리며 최초로 건설
이 시작된 곳으로, 약간 저렴한 가격대의 호텔 등이 자리잡고 있다.

그보다 조금 위의 아르크(Arc) 1800은 지도상으로 약간 오른쪽에 위치
하고 있으며, 중간 가격대의 숙소들이 모여있고, 레 자크(Les Arcs) 중에서
가장 큰 규모의 중심단지이다. 이 구역은 다시 네 개의 보다 작은 마을(샤
르베: Charvet, 빌라르: Villards, 샤르메토제: Charmettoger, 샨텔: Chantel)로 구성되어 있다.
100여개의 상점, 대규모의 큰 아파트 시설, 영화관, ice link 등 각종 편의
시설이 잘 갖추어져 있다.

아르크(Arc) 1600의 바로 위쪽에 자리잡은 아르크(Arc) 1950은 최근에
건설된 "5 star"마을이라고 할 수 있다. 이 마을은 캐나다의 스키장 개발
업체인 인트라 웨스트(Intrawest)(캐나다의 휘슬러: Whistler와 몽 트랑브랑(Mont Trem-
blant)를 개발하였다.)가 마음먹고 개발하였는데, 그 시대에 지배적이던 규격
화된 대형 콘크리트 건물을 지양하고, 그 지방 특유의 알파인(Alpine) 역사
와 건축미를 담은 화려한 시설의 건물을 지었다. 숙소는 모두 ski in - ski
out이 가능하며 주위에는 각국의 음식을 맛볼 수 있는 식당, bar 등이 있

레 자크, 아파트형 숙소

는 최고의 수준을 자랑한다.

가장 높은 곳에는 아르크(Arc) 2000이 자리 잡고 있는데, 알파인 참 (Alpine Charm)을 즐기는 스키어들에게 인기가 있으며, 가장 높고 가장 좋은 슬로프(slope)에 편리하게 접근할 수 있다.

이 중심지역을 가운데 두고 양쪽으로 작은 마을들이 자리 잡고 있다. 먼저 가장 왼쪽으로는 르 프레(Le Pre)와 빌라로제(Villaroger)(1,200m) 마을이 있고, 반대편 가장 오른쪽으로는 플란 페시(Plan Peisey)와 발랑드리(Vallandry) 마을이 있다.

이곳 플란 페시(Plan Peisey)에서는 앞서 본 200인승의 거대한 트램(Tram) (바누아즈 익스프레스: Vanoise Express)이 출발하여 바로 옆쪽의 라 플라뉴(La Plagne) 스키장과 연결시켜준다.

레 자크(Les Arcs) 스키장은 일반적으로 상급자용 슬로프가 많다고 평 가되고 있다. (반면에 라 플라뉴(La Plange)는 중급자용이 많다고 평가된다.) 여기에서 는 세 개의 슬로프(slope)가 인상적이다. 하나는 가장 큰 수직하강(vertical drop)을 경험할 수 있는 코스인데, 레 자크(Les Arc)의 최고봉인 에기유 루쥬 (Aiguille Rouge)(3,226m)에서 출발하여, 가장 왼쪽의 에기유 루쥬 슬로프(Aiguille Rouge slope)를 따라 계속 활강하면(중간 정도 지점인 2,490m 까지는 black course이고, 그 이하는 red course이다), 빌라로제(Villaroger) 마을(1,200m: 바로 옆에 Le Pre 마을이 있 다.)에 도달하게 되는데 활주거리 7km, 표고차 2,026m를 활강하게 된다.

다른 하나는 가장 멋있는 코스라고 할 수 있는데, 역시 최고봉인 에기 유 루쥬(Aiguille Rouge)에서 출발하여 이 스키장의 관문인 아르크(Arc) 1600 까지 약 1,600m표고차를 내려오는 것이다. 도중에 급경사부터 완만한 경 사 및 자연적인 bowl 등 스키의 모든 것을 경험할 수 있다.

마지막 하나는, 국제적으로도 유명한 "speed-skiing track"을 타보는 것이다. 이 코스를 발견하려면, 주의 깊게 지도를 관찰하여야 한다. 즉, 아르크(Arc) 1800에서 출발하는 곤돌라(gondola)(trans Arc 46 및 47)를 타고 콜 드 샤(Col de Chal)에서 내려 그랑 르나르(Grand Renard), 이어서 르나르(Renard) 슬로프를 내려오다 보면 오른쪽으로 빠져 내려가는 보세(Bosses) 슬로프가 나오는데 여기에 "킬로메트르 랑세(Kilometre Lancé)"라는 별명이 붙은 스피드-스키잉 트랙(speed-skiing track)이 있다. 길이는 1,100m, 표고차 300m, 최고경사도 46° 라고 표시되어 있는데, 이곳에서 2006년 4월에 downhill(활강) 세계최고기록이 수립되었다. 즉, 이탈리아의 시모네 오리고네(Simone Origone)가 최고시속 251.4km(156.2mph)의 세계기록을 세웠는데, 역시 스웨덴의 산나 티드스트랜드(Sanna Tidstrand)도 시속 242.59km(150.74mph)로 달린 기록이 있다.

호기심에 나도 몇 차례 위 슬로프(slope)에 도전하여 보았지만, 속도측정장치도 없을 뿐만 아니라, 당연히 직활강이 아니라 지그재그(zigzag)로 활주하였으니, 그 시도를 해 본 것으로 만족하였다.

이 레 자크(Les Arcs) 스키장은 바로 인접한 라 플라뉴(La Plagne) 스키장과 2003년에 최신형 트램(tram)으로 연결되어 파라디스키(Paradiski)라는 큰 스키구역으로 되었지만, 역시 바로 가까운 곳에 대규모의 세계적인 스키장들이 6개나 모여있다. 트루아 발레(Trois Vallée)라는 발 토랑스(Val Thorens), 메리벨(Méribel), 쿠슈벨(Courchevel)과 레 므니르(Les Menuires) 그리고 틴느(Tignes) 및 발 디제르(Val d'Isère) 가 그것이다. 한때 이 스키장들을 모두 묶어 세계최대의 스키장으로 만들어 보고자 하는 시도가 있었다. 그러나 이 라 바누아즈(La Vanoise)지역이 국립공원으로 지정되면서 이러한 계획은 더 진행할 수 없게 되었다.

초현실주의 곤돌라

난코스에 도전중

○ **라 플라뉴**LA PLAGNE

레 자크(Les Arcs)와 함께 파라디스키(Pardiski) 지역을 이루는 라 플라뉴 (La Plagne) 스키장은 1961년에 만들어 졌다. 이 당시는 알프스 지역의 농업 이나 광산업이 침체되어 많은 젊은이들이 일거리를 찾아 대도시로 나갈 때였다. 그리하여 1960년에 엠므(Aime) 마을의 시장의 제안으로 네 개 마 을이 연합하여 그곳에 스키장을 만들기로 결의하고 1961년 12월 24일에 라 플라뉴(La Plagne)를 개장하였다. 당시는 두 개의 drag 리프트(lift)(T-bar)와 네 개의 슬로프(slope)밖에는 없었으나 위대한 스키챔피언인 에미유 알레 (Emile Allais)가 적극적으로 도움에 나서면서 라 플라뉴(La Plagne)는 급속도로 성장해 나갔다

이 스키장은, 낮은 지역에 있는 네 개의 마을(지도상 제일 오른쪽의 ① 몽 알 베르: Mont-Albert, 및 제일 왼쪽의 ② 르 코슈: Le Coches와 ③ 몽샤뱅: Montchavin과 그리고 산 넘어 반대편에 있는 ④ 샤마니-앙-바누아스: Chamagny-en-Vanoise)과 보다 높은 지역에 있는 7개의 마을(지도의 제일 오른쪽부터, ① 엠므 플라뉴: Aime Plagne, ② 플라뉴 센터: Plagne Center, ③ 플라뉴: Plagne 1800, ④ 플라뉴 빌리지: Plagne Villages, ⑤ 플라뉴 솔레이유: Plagne Soleil, ⑥ 플라뉴 벨레코트: Plagne Bellecôte, 및 ⑦ 벨 플라뉴: Belle Plagne) 총 11개의 마을로 이루어져 있다.

이들 높은 곳의 7개 마을은 모두 스키장의 목적으로 1960년대에 계획 적으로 건설되었으며, 플라뉴 센터(Plagne Centre)가 가장 먼저 세워진 것이 다. 따라서 기본적으로는 다른 프랑스의 현대 스키장과 같이 기능성 위 주로 지어진 건물들이 많다.

스키장은 해발 3,417m의 정상 벨레코트(Bellecôte) 바로 아래의 시오페 (Chiaupe)(3,250m) 빙하 슬로프로부터, 해발 1,250m의 몽샤뱅(Montchavin) 마을

(우리 숙소가 있던 곳이다) 및 산 반대편의 샹파니(Champagny) 마을에 이르기까지 활주거리 14.5km, 표고차 2,000m를 자랑한다.

물론 시오페(Chiaupe) 코스와 같이 일부 black 코스가 있기는 하지만 대부분 중급자용의 코스라고 평가된다. 플라뉴 벨레코트(Plagne Bellecôte) 마을이 높이 올라가는 리프트들의 출발점이다. 벨 플라뉴(Belle Plagne) 마을은 가장 늦게 건설되고 가장 높이 건설된 마을이다.

라 플라뉴(La Plagne)는 1992년 알베르빌(Albertville) 동계올림픽이 열린 곳이기도 하다. 또한 유명한 발 디제르(Val d'Isère), 틴느(Tignes), 트루아 발레(Trois Vallées) 스키장들까지 당일치기로 다녀올 수 있으며, 6일짜리 리프트 티켓을 구입하면, 위 스키장들을 모두 함께 이용할 수 있다.

가족이나 수준이 다른 그룹이 이용하기에는 좋지만, 상급자나 오프피스트(off-piste)를 즐기기에는 부족하다는 평판이 있다.

알프스 영봉을 밝히는 가로등

레 시벨Les Sybelles과 피레네Pyrénées 산맥의 스키장들

- 프랑스 관광청의 초청을 받다 -

나의 스키여정 중에서 2015년과 2016년은 특별한 의미에서 기억되는 해이다. 기대하지도 않았던 기회가 주어져서 프랑스 관광청의 초대를 받아 우리가 쉽게 가보기 어려운 그곳의 스키장을 방문할 수 있었기 때문이다.

하나는 2015년 1월에 방문한 레 시벨(Les Sybelles)이고, 다른 하나는 2016년 1월에 방문한 피레네(Pyrénées) 산맥의 북쪽, 프랑스 국토에 속하는 지역의 6개 스키장들(그 중 대표적인 곳이 생 라리: Saint Lary이다)로서 우리들에게 생소한 새로운 스키장들을 경험할 수 있는 좋은 기회가 되었다.

○ 레 시벨Les Sybelles

이 스키장은 앞서 본 레 자크-라 플라뉴(Les Arcs-La Plagne) 스키장에서 차로 약 한 시간 정도 남쪽으로 떨어진 곳에 있다. 역시 알프스(Alps)산맥의 한 자락에 자리잡고 있어서 그 규모가 결코 작지 않다.

이 스키장은 다시 7개의 마을로 이루어져 있다. (현지 guide의 설명에 따르면, 우연하게도 레 시벨(Les Sybelles)라는 말이 7을 뜻하는 것이라 한다.)

스키 지도를 놓고 보면 이 7개의 마을 중 ① 라 투쉬르(La Toussuire)(우리가 묵었던 곳이다)와 ② 레 보티에르(Les Bottières)는 가운데 오른쪽에 있고, ③ 생 솔랭 다르브(Saint Sorlin d'Arves)와 ④ 르 코르비에(Le Corbier)는 가운데 왼쪽에 있다. 그리고 가장 오른쪽 끝으로는 ⑤ 생 콜롱방 데 빌라르(St. Colomban des Villards)가 있으며, 반대쪽 가장 왼쪽 끝으로는 ⑥ 생 장 다르브(St. Jean d'Arves)가 있다. 나머지 다른 하나의 마을인 ⑦ 레 잘비에(Les Albiez)는 왼쪽 끝에 있는 듯한데 지도상 쉽게 찾아지지 않는다.

가장 가까운 도시는 생-장-드 모리엔느(Saint-Jean-de Maurienne)이고, 96개의 슬로프(slope), 총연장 310km, 리프트수 73개 최고봉은 해발 2,620m의 레 페롱(Les Perrons)이며 최저의 베이스(Base)는 1,150m(St. Colomban des Villards)이다. 이 스키장의 핵심이 되는 마을은 라 투쉬르(La Toussuire)와 생 솔랭 다르브(St. Sorlin d'Arves)이다.

라 투쉬르(La Toussuire)는 1936년에 건설되었는데, 그 해에 처음으로 텔레스키(teleski)(platter 리프트(lift)로서 오늘날의 T-bar나 J-bar인 듯하다.)가 도입되었다 한다. 그리고 이 마을 출신인 장-피에르 비달(Jean-Pierre Vidal)은 2002년 솔트 레이크 시티(Salt Lake City) 동계올림픽에서 금메달을 땄으며, 그 가족들이 아직도 이곳에서 살고 있다.

본격적인 ski는 생 솔랭 다르브(St. Sorlin d'Arves)에서 시작된다. 리프트를 몇 번 갈아타면 정상인 레 페롱(Les Perrons)(2,620m)에 도달하는데, 그곳의 산세나 산의 크기가 만만치 않다. 더욱이 곳곳에 자연설로 덮여 있는 오프 피스트(off-piste) 구역이 넓게 펼쳐져 있어서 이들을 그냥 지나칠 수는 없다. 프랑스 관광청에서 현지 guide를 동행시켜주는 호의를 베풀어 주었는데, 평생을 눈과 함께 자라온 전문가로부터 파우더 스노우(powder snow)를 하는 요령에 관하여 좋은 가르침을 많이 받았다. 그 guide의 부친은 나이가 80이 넘었는데도, 아직도 파우더 스노우(powder snow)만 찾아다니면서 ski를 즐긴다고 한다.

종합적인 평가는, 지도상에 보이는 것보다 스키장이 훨씬 웅장하고 off-piste구역이 넓어 상급자도 마음껏 즐길 수 있는 곳이라는 것이다. 역시 큰 산맥이 있는 곳에는 크고 좋은 스키장이 있기 마련이다.

한 가지를 덧붙이자면, 오른쪽 맨 끝에 있는 생 콜롱방(St. Colomban) 마을은 한번쯤 가볼 만하다. 외딴 곳에 있어 한적한 편안함을 간직하고 있을 뿐만 아니라, 산길, 숲길을 거쳐 한참동안 찾아가는 길이, 마치 조용한 시골길을 산책하는 기분을 느끼게 한다. 중간에 아무 곳에서나 잠시 스키를 벗고 머물러 앉아, 배낭 속의 과일이라도 꺼내 먹으면서 주위의 경치를 감상한다면 금상첨화일 것이다.

○ 피레네Pyrénées 지역 (생 라리: Saint Lary 등)

2016년 1월 말에 이루어진 프랑스 쪽의 피레네(Pyrénées) 산맥 및 스키장 방문은 네 가지 점에서 특징적이었다.

우선, 이번 여행은 모든 경비(숙박비, 식비, 교통비 및 스키장 리프트비용)를 프랑스의 피레네(Pyrénées) 관광청에서 부담해 주었다. 또한 그 지역의 6개 스키장을 경험하게 배려해 주고 안내인이 시종 동반하여 극진한 도움을 주었다. 그 지역의 홍보와 관광객 유치를 위한 배려이겠으나 대단히 감사한 일이었다.

다음으로, 나와 아내는 다른 일행들과는 따로 서울에서 출발하여, 다른 일정으로 이미 프랑스에 가 있던 우리 일행들과 시간을 정하여 투루즈(Toulouse)공항에서 만나기로 하였었다. 나는 시간계획을 세워 투루즈

(Toulouse)공항 도착 후(밤늦은 시간에 도착 예정이었다.) 가까운 공항호텔에서 1박한 다음, 다음날 공항에서 우리 일행들을 만나기로 예정하였다. 그런데 공교롭게도 공항에 도착한 날, 택시파업이 일어나서 바로 가까이에 예약해 둔 호텔까지 갈 방법이 없게 되었다. 여러 가지 방법을 찾아보았지만 모든 노력이 허사로 돌아간 후, 하는 수 없이 졸지에 공항 구내 의자에서 1박하는 신세가 되었던 것이다.

세번째로는, 5일간의 피레네(Pyrénées) 지역 스키여행 중 하루를 그랑 투르말레(Grand Tourmalet) 구역의 피크 듀 미디(Pic du Midi)(2877m) 산 정상에 있는 천문대에서 하루를 묵으면서, 밤하늘의 별들을 관찰하고, 천문대의 각종 시설들을 견학하는 기회를 가졌다는 점이다.

나아가, 6일간의 일정을 마치는 날에는, 관광청이 안내인과 차량을 제공하여 Air Bus의 도시이자, 프랑스에서 네 번째로 크고, 두 개의 세계문화유산을 가지고 있으며, 라 빌 로즈(la Ville Rose)(pink city)라는 별명을 가진, 투루즈(Toulouse) 시내 곳곳을 찾아 관광할 수 있는 기회를 마련해 주었다.

각별한 호의를 베풀어 준 피레네(Pyrénées) 관광청의 여러분들에게 깊은 감사를 드린다.

우리일행은 5일동안에 6개의 스키장을 경험하였다. 이 스키장들은 모두 프랑스의 가장 남쪽 스페인과의 국경을 이루는 피레네(Pyrénées) 산맥에 있는 것들이다. 가장 가까운 도시는 프랑스 제4의 도시 투루즈(Toulouse)이다. 지도상, 동쪽의 지중해와 반대편 서쪽 대서양까지 가로로 길게 뻗어있는 피레네(Pyrénées) 산맥의 중간 부분쯤에 모여있는 스키장들이다. 지도상으로 보면 같은 위도로 서쪽으로는 산 세바스티안, 빌바오 등의 스페인도시가 있고, 반대편 동쪽으로는 프랑스 제3의도시 마르세이유, 니스 등의 프랑스도시가 있으며, 위쪽 북쪽으로는 파리, 약간 옆으로 동북쪽으로는 프랑스 제2의 도시 리용이 있다.

　피레네(Pyrénées) 스키투어의 첫날은 오전 이른 시간에 **"코테레**(Cauterets)**"** 스키장에서 시작하였다. 그리 크지 않은 스키장이어서 구조 파악에 어려움은 없었지만, 스키장에서 일하는 젊은 여성 가이드를 배치해 주어서 편하게 여러 슬로프(slope)를 활주하였다. 고도는 1,730m에서 출발하여 최고 2,415m로서, 두 군데 별로 힘들지 않은 black course가 있었으나, 나머지는 모두 초·중급자용이었다. 아마도 몸풀기 차원에서 준비해준 듯 하였다.

　오전 스키를 마치고 간단히 점심을 때운 후, 차량으로 40분 정도 이동하여 바로 두 번째 스키장인 **"루즈 아르디당**(Luz Ardiden)**"**으로 향하였다. 이 곳은 해발 1,730m에서 시작하여 최고 2,500m까지 올라갈 수 있었다.

　멀리 뒷편으로 프랑스쪽 피레네의 최고봉인 비녜말(Vignemale)(3,298m)이 보이는 아담한 스키장으로 오후 4시까지 스키를 즐겼다. 이곳에서도 20대 후반의 여성 가이드가 배치되어 안내해 주었는데, 대화를 나누어 보니, 원래 어릴 때부터 다운힐(downhill) 선수로서 활약하였는데, 사고로 무릎수술을 받은 후 선수생활은 포기하였으나, 스키가 좋아서 이곳의 가이드로 일하고 있다고 하였다. 안타까운 생각도 들었지만, 스키에 대한 열정이 부럽기도 하였다.

　다음날은 아침 일찍 **"그랑 뚜르말레**(Grand Tourmalet)**"**라는 스키장으로 향하였다. 이 곳은 피레네 지역에 있는 총 8개의 스키장 중에서 가장 큰 스키장으로서, 그 이름인 투르말레(Tourmalet)는 영어의 "bad turn(Tour는 turn, malet는 bad)"이라는 뜻이라고 한다. 이렇게 불리는 데에는 재미있는 배경이 있다. 즉, 잘 알려진 바와 같이 프랑스에서는 매년 투르 드 프랑스(Tour de France)라는 전국 일주의 자전거경주대회가 열리는데 바로 이 지역도 역시 그 진행 구간의 하나이다. 그런데 그 통과 구역의 언덕이 너무나

가파르고 길어서 모든 선수들이 힘들어하기 때문이라고 한다.

그리고 이 스키장의 다른 이름으로는 스키장 양쪽 끝에 있는 두 개의 마을 이름을 조합하여 "바레쥬-라 몽지(Barèges – La Mongie)"라고 부르기도 한다.

과연 피레네(Pyrénées) 최대의 스키장이라는 이름에 걸맞게 이 스키장은 크고 넓게 옆으로 퍼져 있다. 즉, 지도상 가장 왼쪽의 라 몽지(La Mongie) 마을이 중심이 되어 여러 개의 리프트가 설치되어 있으며, 오른쪽으로 끝에는 투르나부(Tournaboup), 리엔츠(Lienz), 바레쥬(Barèges)의 마을들이 자리잡고 있다. 최저 1,250m에서 최고 2,500m까지의 설면에 초 · 중 · 상급 자용의 다양한 슬로프들이 펼쳐져 있는데, "큰 산맥에는 큰 스키장이 있다"는 대원칙에 벗어나지 않는다.

중간부분(남쪽)에는 앞서 본 "피크 듀 미디(Pic du Midi)(2,877m)("남쪽의 봉우리"라는 뜻)"가 있고 바로 그곳에 천문대가 설치되어 있는데, 사전에 예약을 하면, 전망대, 레스토랑, 박물관, 기념품 가게 및 숙박시설을 이용할 수 있다. 우리 일행이 그곳에서 하룻밤을 묵고 특별한 체험을 하였음은 앞서 보았다.

유명한 구간이라 하여 뚜르 드 프랑스(Tour de France)가 통과하는 구역(상당히 길고 가파른 언덕구간이다)을 둘러보았는데 그 시즌에 열광하는 관중들의 열기를 느낄 수 있었다.

지도상으로 가운데 맨 위쪽 부분 표고 2,106m 정상 지점에 리에종(Liaison)(연결)표시가 있는데, 그 왼쪽으로 내려가면 라 몽지(La Mongie) 마을, 오른쪽으로 내려가면 바레쥬(Barèges) 마을이라는 표시가 되어있다.

참고로 지도상의 표시방법으로 텔레페리크(Téléphérique)는 곤돌라, 텔레시에쥬(Télésiége)는 리프트, 텔레스키(Téléski)는 T-bar, 타피스(Tapis)는 잡고올라가는 밧줄을 나타내고 있다.

하루정도로는 부족함과 아쉬움을 남길 수밖에 없었으나 오전부터 오후 4시경까지 스키를 즐기고, 정상의 천문대에 올라가 일박을 한 후, 다음날 오전까지 다시 스키를 함으로써 아쉬움을 달래고 다음 목적지인 생-라리(Saint-Lary)로 향하였다.

다음날은 하루종일 **"생-라리**(Saint-Lary)**"**스키장에서 지내었다.

숙소는 해발 830m의 생-라리 빌리지(Saint-Lary Village)에 있었는데 이곳에는 각종 숙박시설, 식당, 편의시설들이 현대적으로 모두 잘 갖추어져 있다. 이 Village는 스키장이 있는 산 바로 아래에 있어서 여기에서는 스키장전체가 보이지 않는다. Village에서 약 5분정도 스키를 메고 산쪽으로 가면 비로소 스키장의 베이스(Base)인 생-라리 라 카반느(Saint-Lary La Cabane) 1600에까지 가는 대형곤돌라(Télécabine)를 탈 수 있다. 종착지에 내리면 갑자기 시야가 확 트여 저멀리까지 피레네(Pyrénées)의 준봉들이 보이면서 흰 눈 덮인 스키장의 전모가 눈에 들어온다.

스키장은 크게 두 부분으로 구분될 수 있다. 하나는 위 종착지에서 바로 시작하는 최신형 리프트(bouleaux)를 타고 6분만에 정상(숨 드 마테: Soum de Matte: 2,213m)에 도착하여, 지도상으로 스키장의 맨 왼쪽 부분인 플라 다데(Pla d' Adet) 구역에서 스키를 즐기는 것이다.

주로 중급자용의 slope들이 있지만 중간지점에 "르 파투 파크(le Patou Park)"라는 6세부터 12세까지의 어린이와 그 부모들이 즐길 수 있는 600m짜리 fun 슬로프(slope)가 만들어져 있다. 여기의 "파투(Patou)"는 귀엽게 생긴 이 지역 특산의 개인데, 생-라리(Saint-Lary)의 마스코트로 사용되고 있다. 나는 이 파투(Patou) 스티커를 여러장 구하여 스키 플레이트(ski plate)와 헬멧(helmet)에 기념으로 부착하고 다니고 있다.

그런데 생-라리(Saint-Lary) 스키장의 진면목은 다른 곳에 있다. 즉, 지도 상 오른쪽의 절반부분에는 2,450m의 정상에서 시작하는 르 발롱(Le Vallon) 구역이고, 다른 하나는 2,515m에서 시작하는 에스피오브(Espiaube) 구역이다. 특히 2,515m의 정상에서 시작하여 표고차 900m이상을 (원하는 바에 따라) 다져진 슬로프(slope) 또는 off-piste로 활강하여 해발 1,600m의 생-라리 에스피오브 베이스(Saint-Lary Espiaube Base)까지 내려가는 경험은 환상적이다.

그런데, 이 두 구역이 off-piste여서 powder snow를 마음껏 즐기고 싶어하는 대부분의 solid intermediate 스키어에게 최적의 장소로 보이는 이유는 두 가지이다. 하나는 경사면이 전체적으로 아주 급하지 않고 약간은 완만하여 powder snow에 아직은 충분히 익숙하지 않은 스키어들이 반은 즐기면서 반은 연습하면서 내려오기에 최적이라는 점이다. 큰 스키장에서 발견되는 많은 off-piste들은 경사가 급한 구역이 가끔 나타나서 긴장을 늦출 수 없기 때문에 편안히 즐기기가 어렵다.

다른 하나는 off-piste의 경사면이 대체적으로 고르게 평탄하게 되어 있어서, 즉 군데군데 bowl의 모습으로 깊이 들어가 있는 바람에 이를 통과해서 올라오는 것이 힘든 곳이 없다는 뜻이다. 안심하고 보이는 모든 곳으로 들어갈 수 있다는 점이다. 즉, 보이는 모든 곳은 주저없이 들어가 스키를 탈 수 있다(What you see, you can ski.). 세계의 어떤 스키장에서는, 겉으로 보이기에는 절벽이나 바위 등 장애물이 없이 모두가 흰 눈으로 뒤덮여 있어서 아무곳이나 기분나는 대로 들어가 활주할 수 있는 것처럼 보이지만, 사실은 "중간에 깊은 bowl이 형성되어 있어" 빠져나올 것을 염두에 둔다면 쉽게 들어갈 수 없는 "그림의 떡"같은 곳이 가끔 있다. 내가 경험해본 바로는 조지아(Georgia)의 유명한 스키장 구다우리(Gudauri)가 아쉽게도 이러한 경우에 해당하였다.

나의 주관적인 생각으로는 피레네(Pyrénées)의 스키장 중에서는 생-라리(Saint-Lary)가 여러 면에서 최고의 스키장으로 여겨졌다.

또 한 가지 아름다운 추억거리가 있다. 스키하는 도중, 점심식사시간이 되어 르 발롱(Le Vallon) 구역의 2,450m 정상에서 활주를 시작하여 black course인 발콩 드 룰르(Balcon de l'oule)를 타고 끝까지 내려가니, 해발 1,820m에 라크 둘르(Lac d'oule)라는 아름다운 호수가 나타났는데, 바로 그 옆에 분위기 좋은 레스토랑이 있었던 것이다. 분위기, 음식, 친절함 모두 더 이상 좋을 수 없는 행복한 점심식사였다.

프랑스어에 능통하지 않은 스키어들(나를 포함)을 위한 tip 한 가지를 적어 둔다.

슬로프를 따라 이곳저곳을 다니고 있는 중에 비교적 넓고 경사진 길(?)이 나왔다. 당연히 슬로프의 하나라고 여기고 100m이상을 내려갔는데, 앞에 작은 건물이 가로막고 있고, 더 이상 내려갈 곳이 보이지 않는다. 한 참동안 출구를 찾아 헤매다가 실패하고 하는 수 없이 왔던 길을 정말 힘들게 다시 걸어 올라갔는데 (이것은 스키어들이 가장 싫어하는 상황이다.), 들어왔던 입구에 팻말이 하나 서있고 "피에토니에(piétonnier)"라고 적혀 있다. 나중에 알고 보니 "보행자 전용"이라는 뜻이었다. "아는 것이 힘이다."

아무튼 생-라리(Saint-Lary)는 내가 다녀본 스키장 중에서 다시 가고 싶은 몇 군데 중의 하나로 머리 속에 기억되었다.

그날 저녁식사는 고맙게도 유명 호텔의 지배인이 우리와 함께 이스라엘에서 온 60대 후반의 부부(그들은 강력하게 부부가 아니고 친구사이라고 주장하였다.)를 훌륭한 식당에 초대해 주었다. 훌륭한 스키 뒤에, 훌륭한 곳에서의, 훌륭한 식사는 모든 스키어들이 바라는 최상의 프로그램이다.

넷째날은 "**피오**(Piau)"라는 스키장을 찾았다. 이 스키장은 규모가 별로 크지않고, 구조도 단순하여 베이스(Base)(Piau 1,850)에서 단번에 바로 2,528m 정상으로 올라가는 리프트를 타고 내리면, 스키장 전체 모습이 한눈에 들어온다. (Piau는 이곳 2,696m 산봉우리의 이름이다.) 사실 그다지 넓고 광대한 스키장은 아니었으나, 정상에서 시작하는 세 개의 black course(삼바: Samba, 피오: Piau, 그리고 페르드로: Perdreaux)는 경사도와 난이도가 아주 높았다. 각각 한두 번씩 시험삼아 활주는 하였지만, 편안한 상황도 아니고 또한 스키여행의 막바지에 불상사가 있으면 안되겠다 싶어서 조심하면서 하루를 지내었다.

마침내 마지막 날인 5일째에는 **"페라규드(Peyragudes)"** 스키장을 찾았다. 이 스키장 역시 규모가 아주 크거나, 구조가 복잡하지는 않았다. 스키장은 지도상 양 옆으로 두 개 마을(각 해발 1,600m)의 베이스(Base)에서 각각 출발하여 2,400m의 같은 정상에 도착하면 그곳에서 좌우로 마음대로 내려오면 된다. 이 두 개의 마을은 오른쪽이 페레수르(Peyresourde) 마을이고, 왼쪽이 레 자규드(Les Agudes) 마을인데, 이 두 마을의 첫 부분만을 따서 이어 붙여(즉, Pey-와 Agudes) Peyagudes라고 스키장이름을 붙인 듯하다.

이로써 5일 동안에 걸쳐 피레네(Pyrénées) 산맥에 있는 총 8개의 스키장 중에서 핵심적인 6개의 스키장을 모두 경험하였다. 이 6개 중에서 그랑 투르말레(Grand Tourmalet)와 생-라리(Saint-Lary)는 당당한 대형 국제적 스키장이었고 나머지 네 개는 비교적 중·소형의 동네 스키장이라고 할 수 있었다. 어쩔 수 없이, 해외 스키 여행을 하면서 대형스키장 위주로 다닐 수밖에 없는 우리의 입장에서, 우연한 기회에 아담한 동네스키장을 찾아볼 수 있는 것도 커다란 행운이었다.

동쪽으로 멀리 떨어져 있는 작은 나라에서 온 우리 일행들을 환대해준 피레네(Pyrénées) 관광청의 여러분들께 깊이 감사드린다.

휴게실 ④ ───────────────────────────────

유럽과 북미(미국 및 캐나다) 스키장의 차이

전 세계의 많은 스키장 중에서 가장 규모가 큰 것들은 예외가
있긴 하지만, 주로 유럽과 북미에 나누어져 있다. 그런데 위
두 곳의 스키장들 사이에는 커다란 차이가 있음을 알 수 있다.
즉, 다음과 같이 대략 10개의 항목으로 나누어 살펴보면 흥미
로운 결과가 나온다.

1. 먼저 스키장의 vertical drop(수직고도차)이 평균하여 유럽이 북미보다 두 배쯤 크다.
   유명스키장 각각 하나씩만 예를 들면, 샤모니(Chamonix)는 표고차가 9,200feet인데,
   비버 크리크(Beaver Creek)는 4,040 feet이다.
2. 여러 스키장들 사이의 연결(연계)에 관하여도 유럽의 경우는 리프트(lift), trail, shut-
   tle 또는 기차 등으로 쉽게 연결되는 경우가 많으나 북미의 경우에는 각각이 독립적인
   경우가 보통이다.
3. 수목한계선(tree line)과 관련해서, 유럽의 경우에는 많은 스키장이 tree line 위에 있
   다. 그래서 스키장의 정상에 올라서면 멀리까지 눈이나 빙하로 덮인 산군의 파노라마
   를 볼 수가 있다. 북미에서는 보기 드문 광경이다.
4. 반면에 tree line 아래의 상황은 현저하게 다르다. 북미에서는 많은 스키장이 tree
   line 아래에도 많이 있기 때문에 소위 임간스키(tree ski)가 가능하다. 그리고 수풀사
   이에서는 강한 바람이나 햇볕의 영향을 적게 받기 때문에, 날씨가 아주 나쁜 날에도,
   미국에서는 스키장을 폐쇄하지 않고 숲속에서 좋은 시야(visibility)와 눈을 바탕으로
   스키를 즐길 수 있다. 유럽에서는 기대하기 어려운 일이다.
5. 연간 강설량(snowfall)이나 눈이 오는 형태도 큰 차이가 난다. 유럽에서는 한 시즌에
   서너 번 정도 폭설이 내리는 경우가 많고, 이러한 눈을 바탕으로 하여 스키가 이루어
   진다. 하지만 북미에서는 시즌동안 내내, 어떤 때에는 거의 매일 일정하게 눈이 내리

는 경우가 많다. 그래서 연간 총강설량을 추정해 보면 유럽보다 북미가 훨씬 많은 것이 보통이다.

6. 그러한 결과로 스키장의 개장 및 폐장 시기가 크게 다르다. 북미에서는 보통 11월의 추수감사절 시기쯤에서 개장하여 다음해 4월 초·중순까지 open하는 경우가 많다. 유럽에서는 12월 중순이나 되어서야 개장하는 것이 보통이다.

7. slope를 grooming 하는 것과 인공설을 만드는 작업도 많이 다르다. 유럽보다는 북미에서 훨씬 적극적으로 slope grooming을 하고 snowmaking을 하는 곳이 많다.

8. 스키장의 운용에 있어서도 차이가 크다. 유럽의 경우에는 원칙적으로 스키구역과 관련하여 들어가서는 아니되는 out-of-bounds가 없다. 즉, 위험지역을 따로 rope off 하지 않는다. 다시 말하여, 이론상으로는 스키어 자신의 책임하에 어느 곳이든 들어가 스키를 할 수 있다. 따라서 이에 대한 보완책으로 유럽에서는 guide의 활용을 적극 권장한다.
이러한 점은 북미의 경우와 크게 다르다. 물론 잭슨 홀(Jackson Hole)과 같은 예외도 있다.

9. 이러한 태도를 취하기 때문에 유럽의 스키장을 소개하면서는 소위 "스키가 가능한 구역의 넓이(skiable area)가 얼마이다"라는 항목은 의미가 없다. 모든 곳에서 스키를 할 수 있다는 것을 전제로 하고 있기 때문이다. 반면에 북미에서는 스키장 소개항목에 거의 반드시 skiable area가 몇 acre 라고 표시되어 있는 경우가 많다.

10. 또한 스키장의 트레일(trail)(유럽에서는 피스트: piste라고 한다.)의 난이도를 표시하는 방법도 차이가 있다. 유럽에서는, 초급자에서 상급자의 순서로, blue(프랑스에서는 green), red, black 으로 표시한다. 반면에 북미에서는 green circle, blue square, 블랙 다이아몬드(black diamond), double 블랙 다이아몬드(black diamond)(extreme의 경우에는 이 double 블랙 다이아몬드에 "E" 와 "X" 를 흰 글씨로 다시 적어 넣는다.)로 표시한다.

이와 같은 차이는 어디에서 비롯된 것일까?
생각컨대, 우선 양쪽에서 스키장 발달의 역사가 다른 것에서 비롯된 점이 크다고 여겨진다. 즉, 유럽에서는 오래전부터 서서히 발전해 왔고, 북미에서는 인위적으로 일거에 발전시켜 왔다.

그 밖에도 알프스 산맥과 록키산맥의 지형적 차이에서 비롯되는 요인도 크다고 여겨진다. 즉, 넓은 지역에 걸쳐있는 록키는 태평양에 인접하여 있어 바다습기의 영향이 크고, 알프스는 컴팩트(compact)하게 밀집되어 있으면서 높은 봉우리들이 연이어 전개되고 있다.

아무튼, 여기에서도 2분법적으로 나뉘어지는 것이 흥미롭다.

나무를 껴안은 스키어

09

'여름 스키'를 찾아 남반구로 가다 ①

뉴질랜드와 호주

뉴질랜드에서의 여름스키

'탐욕스런'(?) 스키어(avid skier)가 되면 겨울동안에만 스키를 타는 것에 만족할 수가 없게 된다. 많은 avid skier들은 겨울이 지나 따듯한 봄이 찾아오면, 다시 1년을 기다려야 하는 아쉬움에 슬픔을 느끼기까지 한다. 여기로부터의 탈출구가 우리(북반구)와 계절이 거꾸로 돌아가는 남반구를 찾아 떠나는 것이다. (물론 북반구에도 일년 내내 스키를 탈 수 있는 곳이 있기는 하지만, 갈증을 풀기에는 충분치 않다.)

여기에는 크게 두 가지의 길이 있다. 하나는 뉴질랜드와 호주가 있는 대양주(오세아니아: 태평양의 육지와 섬지역)이고 다른 하나는 칠레와 아르헨티나가 있는 남아메리카로 떠나는 것이다.

남미로 가기에는 너무 멀어 시간도 많이 걸리므로, 우선 대양주를 찾아가는 것이 보통이다. 그중에서도 높은 산과 눈에 관한 한은 뉴질랜드가 호주보다 조건이 훨씬 좋다. 많은 스키어들이 북반구의 여름 시즌에 뉴질랜드를 많이 찾는 이유이다.

알다시피, 뉴질랜드는 북섬(North Island)과 남섬(South Island)으로 이루어져 있다. 남섬이 더 남극에 가깝고 또한 남섬에는 Southern Alps 라는 큰 산맥이 500㎞에 걸쳐 북에서 남으로 관통하고 있고 고도도 높아 스키하기에는 최적의 자연조건을 갖추고 있다.

남섬에는 스키를 할 수 있는 두 개의 거점 도시가 있다.

하나는, 남섬의 중간쯤에 있는 크라이스트처치(Christchurch) 국제공항에서 차로 한 시간 반정도 걸리는 메스번(Methven) 마을이고, 여기에 마운트 헛(Mt. Hutt) 이라는 스키장이 있다.

다른 하나는, 남섬의 거의 남쪽 끝에 퀸스타운(Queenstown)이라는 작은 도시가 있고, 여기에 네 개의 스키장이 있다. 트레블 콘(Treble Cone), 카드로나(Cadrona), 코로넷 피크(Coronet Peak) 그리고 리마커블스(Remarkables)이다. 이 퀸스타운(Queenstown) 스키장들은 몇 가지 공통점을 가지고 있다.

하나는 위 스키장들이 모두 1880년대 골드러시 시대에 벼락부자가 될 욕심으로 몰려든 사람들이 세운 급조된 마을이었다는 점이다. 그 뒤에 쇠락하게 되자 생존방안으로 스키장이 되었고, 이 점에서 북미의 많은 스키장(미국 콜로라도: Colorado의 코퍼 마운틴: Copper Mt. 등)들과 같은 처지이었다.

다른 하나는, 스키장들이 모두 바로 인접 구역에 호텔 등 숙소를 가지고 있지 않고, 차로 약 한 시간 내외의 거리에 숙소가 있다는 점이다. 이는 유럽(특히 알프스 지역)의 스키장들과는 구조가 크게 다르다. 숙소에서 스키를 신고 바로 스키장으로 나아가는('ski in - ski out'이 되는) 곳이 없고, 스키장 베이스(Base)에서 가까운(걸어서 접근 가능한: on-mountain) 곳이 아니라, 숙소에서 차량을 이용해서만 접근 가능(off-mountain) 하다는 점에서 불편함이 있다. 이는 앞서 본 스키장의 발생 역사를 고려한다면 이해가 되는 일이기도 하다. 따라서 퀸스타운(Queenstown)에서는, 반드시 먼저, 호텔 등 숙소에 문의해서 매일 스키장별로 운행하는 셔틀버스의 출발시간과 도착시간 그리고 출발ㆍ도착 위치를 확인해 두어야 한다.

나의 경우는 스키에 대한 열정을 참지 못하여 2001년부터 2008년까지 8년 동안은 매년 여름(주로 8월)에, 그리고 3년이 지난 2011년에 다시 오로지 스키만을 위하여 남반구로 갔다. 뉴질랜드에 다섯 번, 호주에 두 번, 그리고 칠레와 아르헨티나에 각 한 번씩, 합계 아홉 번을 간 것이다.

○ 스키 여정이 시작된 곳, 퀸스타운Queenstown

남반구에로의 스키여행의 시작은 2001년 8월에 이루어졌다. 그리고 그 장소는 뉴질랜드 남섬 스키의 그라운드 제로(Ground Zero)라고 공인된 퀸스타운(Queenstown)이었다. 그리고 2006년 8월에 다시 한번 갔다. 이 도시는 태고의 호수 레이크 와카티푸(Lake Wakatipu)를 내려보고 있으며, 한겨울(물론 남쪽의 겨울이다)에도 호숫가와 평지에는 푸른 풀이 자라고 있어, '잠재된 봄'의 도시라 할 수 있다.

이 도시에서 가까운 곳에 네 개의 스키장이 있어서, 북반구의 유명 국가대표선수, 코치 등이 훈련과 강습을 위하여 몰려든다. 혹시 유명 선수가 우리와 같은 리프트를 타고 올라가고 있을지도 모른다.

네 개의 스키장 중에서 **코로넷 피크**(Coronet Peak)(해발 1,649m)는 뉴질랜드에서 가장 오래되고 가장 개발이 잘 된 ski resort이다. 주로 중급자 및 상급자를 위한 슬로프가 많다. 스키장이 분지의 형태로 되어 있어 산속의 산에서 스키를 타는 기분이 든다. 이곳에서는 퀸스타운(Queenstown) 도시와 와카티푸(Wakatipu) 호수를 내려다 볼 수 있는 훌륭한 전망을 자랑한다.

다음 **리마커블스**(Remarkables)는 퀸스타운(Queenstown) 시내 어느 곳에서든지 멀리 바라보이는 눈 덮인 산에 있는 스키장이다. 코로넷 피크(Coronet Peak)와는 계곡의 건너편에 있는데 고도가 더 높아 눈상태가 더 좋다. "리마커블스(Remarkables)"라는 이름은, 석양빛에 와카티푸(Wakatipu) 호수에 비치는 눈 덮인 산의 모습이 뛰어나고 놀랄 만하다고 해서 붙여진 것이라 한다.

트레블 콘(Treble Cone)과 **카드로나**(Cardrona) 스키장은 모두 퀸스타운 (Queenstown) 인근의 작고 아름다운 마을인 와나카(Wanaka)에서 아주 가까운 곳에 있다. 이중에서 카드로나(Cardrona)는 주로 초급자와 중급자용의 슬 로프가 많고, 트레블 콘(Treble Cone)(2,088m)은 강설량이 많으며 상급자용의 슬로프가 많다. 트레블 콘(Treble Cone)은 "세 개의 봉우리"라는 뜻인데, 정 상 부근에 솟아있는 세 개의 큰바위 때문에 붙여진 이름이다. 이 정상부 근에는 "스몰 베일(small Vail)"이라고 불리는 훌륭한 사면이 스키어들을 유 혹한다.

○ **마운트 헛**Mt. Hutt **(메스번: Methven)이 만들어준 두 가지 추억**

메스번(Methven)은 국제공항이 있고 남섬의 중간쯤 동쪽에 있는 크라 이스트처치(Christchurch)에서 차로 한 시간 반정도 걸리는 인구 1880명(2018 년 기준)의 작은 마을이다. Mt. Hutt 산의 기슭에 있는 거점마을로서 스키 시즌에는 많은 skier로 붐빈다. 최고봉은 해발 2,086m의 서밋 식스(Summit Six)인데, 캔터베리(Canterbury) 평원을 멀리 밑으로 내려다 볼 수 있다. 또한 바로 그 이유 때문에 거친 바람을 맞는 곳이기도 하다. 여기에서 나의 잊 지못할 추억 두 가지가 만들어졌다.

하나는 나의 첫 번째 이곳 여행인 2005년 8월에 일어났다. 퀸스타운 (Queenstown)에는 이미 2001년에 스키여행을 갔었기 때문에 2005년에는 새 로운 곳을 찾아 마운트 헛(Mt. Hutt)으로 가기로 한 것이다. 8월 3일부터 6 일까지 4일동안 스키를 탈 계획이었다. 처음 2일간은 특별한 사항이 없 이 처음 가 본 스키장을 그런대로 즐기고 있었다. 그런데 이틀 동안 같은 코스를 여러 번 타고 보니 약간은 지루한 생각도 들었고, 가장 중요한 사항으로는 마운트 헛(Mt. Hutt)의 남쪽 사면(South Face)이 눈상태가 안 좋다는 이유로 계속 close되어 있었던 것이다. 멀리서 바라보기에 위 사우스 페이스(South Face)는 정말로 웅장하고 위협적이었다. 가파른 경사하며 거대한 바위 사이로 보이는 네 개의 긴 슬로프는 모두 '더블 블랙 다이아몬드(double black diamond)'로 지도에 표시되어 있었다. 아는 바와 같이 스키지도에는, 초급자용은 'green', 중급자용은 'blue'와 'red', 그리고 상급자용은 '블랙 다이아몬드(black diamond)'로 표시되는데, 최상급자용은 이 블랙 다이아몬드(black diamond)가 두 개 겹쳐 표시되어 있다.

아쉬운 마음을 안고, 3일째 스키를 마치고 숙소로 귀환하는 차 안에서, 함께 스키를 탔던 한국인 두 분(그곳에서 우연히 만났던 분들이다.)에게 내가, 마지막 날인 다음날 헬리스키를 해보면 어떻겠느냐고 제안하였다. 나 자신도 헬리스키는 마음만 있었지, 아직 해보지도 않아 불안감이 많았었는데, 다른 두분도 당연히 마찬가지였을 것이었다.

그러나 다들 용기를 내어 광고에서 본 헬리스키 회사를 찾아가 다음날 헬리스키를 하기로 예약하였다.

흥분과 불안 속에서 그날 밤을 지내고 다음날 아침 약속된 장소에서 안내자(guide)를 만나 스키 장비를 빌리고 목적지로 출발하였다. (헬리스키용 스키는 보통의 스키보다 폭이 훨씬 넓어야 한다.) 우리가 헬리스키를 할 장소는 서던 알프스(Southern Alps) 산맥 중에서 헬리 스키가 가능한 세 곳 중 하나인 웨스트 랜드(Westland)에 있는 '에로우스미스 레인지(Arrow-smith Range)' 지역이었다. (나머지 두 곳은 마운트 쿡: Mt. Cook 지역과 어스파이어링 내셔널 파크: Aspiring National Parks 지역이다.) 우리가 이용한 회사는 '메스번 헬리스킹(Methven Heliskiing)'이라는 헬리스키 전문회사인데, 주로 '레기드 레인지(Ragged Range)'

와 "에로우스미스 레인지(Arrowsmith Range)'지역을 대상으로 한다.

뉴질랜드에서의 헬리스키는 helipad (heliport라고도 하며, 헬리콥터의 출발·도착지이다)가 특이하게도 양을 키우는 목장에 있었다. 우리는 차량으로 메스번(Methven)을 떠나 50분 걸려 글렌팔로치(Glenfalloch)라는 목장(Station)에 도착하였다. 그곳에는 역시 다른 곳에서부터 신청한 분들도 여럿이 합류하여 우리의 총 일행이 10명 정도가 되었다.

잠시 차를 마시며, 헬리스키를 함에 있어서의 주의사항을 교육받았다. 가이드가 앞뒤로 두 명이 함께 할 것이며, 삽·무전기 등등의 모든 안전 장비는 가이드가 모두 준비할 것이고, 가이드는 경력이 오래된 전문가들이므로 안심하여도 된다고 했다. 불안한 마음으로 설명을 듣고, 일행을 2조로 나누어 1조 5인씩으로 헬기에 탑승하였다. 우리 조에는 나를 포함한 한국인 세 명과, 일본인 한 명, 그리고 다른 서양인이 한 명 있었다. (위 일본인은 나중에 알고 보니, 전문 요리사인데, 일년 동안 일하여 모은 자금으로 매년 8월 이곳에 와서 주로 powder ski를 하면서 한 달 가까이 휴가를 보낸다 하였다.)

드디어 헬리콥터에 탑승한 후 10분정도 비행하여 최초 목적 지점인 제기드 피크(Jagged Peak) (해발 2,706m)에 착륙(?: 착설)하였다. 가이드의 말로는 우리들 대부분이 처음 경험이므로 비교적 경사도가 낮은 용이한 지점을 선택하였고, 더욱이 눈상태가 "corn snow(옥수수 눈: 내린 눈이 낮에 햇볕으로 약간 녹아 작은 물방울이 되었다가 밤에 얼어 작은 옥수수알갱이 같이 된 눈으로, 초보자가 타기에 좋은 눈이라 한다)"이어서 초보자에게 적합하다고 안심시킨다. 그러한 말로 불안한 마음이 가실 리 없지만, 다른 퇴로가 없으므로, 가이드를 뒤따라 나선다. 드넓은 백색의 눈 쌓인 언덕이 나만의 스키자국을 기다리고 있었지만 처음 출발이 두렵기만 하다. 특히 해외 스키를 어느정도 경험해 본 분들은 느끼겠지만, 서 있는 곳에서 언덕 밑으로 들어가는 출발 지점은 이상하게도(?) 거의 전부 약간의 절벽(처마) 같은 급경사의 모습 (cornice이다)을 하고 있어서 스키어를 잔뜩 긴장시킨다. 아무튼 어찌 어찌 하여 무사히 넘어지지 않고 최초의 관문을 통과하여 설원을 활주하기 시작하니, 점차 자신감도 생기고, 즐기고 싶은 마음도 생긴다. 성공적으로 생애 최초의 헬리스키 활강을 마치고 계곡 쪽으로 도착하니, 헬기는 이미 그곳에서 우리를 기다리고 있다.

두 번째 활강(run)은 레드 피크(Red Peak)(2,637m)에서 시작하였는데 이제 여러 가지가 익숙해져서 불안감이 많이 해소되었다. 심지어는 자신감을 얻어 건방스러운 마음까지 들려고 한다. 생애 두 번째 헬리스키 활강도 무사히 이루어졌다. 그러나 교만한 마음은 항상 재앙을 낳는 법이다.

세 번째 활강을 위하여 우리를 태운 헬기는 이름도 끔찍한 헤어 레이서(Hair Raiser)(2,180m) 정상에 내렸다. 해오던 대로 각자 자기의 스키와 폴(pole)을 가이드로부터 전달받고, 스키를 신은 후 활강의 채비를 갖추어야 한다. 헬기가 착지한 곳은 당연히 깊은 눈으로 뒤덮여 있어서, 이곳에서 서 있는 스키어들의 스키 부츠 밑에는 눈이 많이 묻어 있게 마련이다. 부츠 밑바닥에 눈이 많이 붙어있으면, 스키가 잘 신겨지지도 않을 뿐 아니라, 스키가 잘 신겨진 것처럼 보여도 조그마한 충격으로도 스키가 벗겨져 달아나는 일이 생긴다는 것은 그동안의 스키경력으로도 익히 알고 있는 터였다.

아무튼 스키를 받아들고 내 딴에는 능숙한 모습으로 부츠 밑의 눈을 털어내고 푹신푹신한 눈 위에서 스키를 신었다. 일행 중 내가 제일 먼저 일을 마쳐서 내심, 뿌듯해하기도 하였다. 이윽고 가이드의 출발신호에 따라 가이드를 뒤따라 활강을 시작한다. 가이드의 바로 뒤로는 자신감에 싸인 내가 뒤따라 갔다.

그러나, 출발해서 10m정도 전진했는데 어디서 철커덕하는 소리가 들리더니 나의 한쪽 발이 가벼워지면서, 스키 한 짝이 바로 옆의 깊은 계곡 밑으로 미끄러져 들어가는 것이 보였다. 산 정상의 헬기가 착륙하는 지점은 당연히 넓지 않고, 약간의 평평한 지면밖에 없어서, 그 바로 옆은 경사가 급한 낭떠러지인 경우가 많다.

상황을 파악하니, 나의 스키 한 짝이 그 부츠밑에 붙은 눈 때문에 벗겨져서 저 계곡 밑으로 사라져 버린 것이다. 이제 나는 한 짝의 스키밖에 없어 스키를 타고 저 밑으로 내려갈 수 없는 처지에 처하게 되었다. 급히 소리쳐서 가이드를 불러 세우고 상황을 설명하였다.

여기에서부터, 전혀 기대하거나 예상하지도 않았던, 가이드의 직업정신과 전문성을 엿볼 수 있는 귀한 기회를 얻었다. 가이드는 즉시 무전으로 이미 저쪽으로 날아가 버린 헬기의 조종사와 연락을 취하여, 그 헬기가 다시 그곳으로 오도록 조치하였다. 잠시 뒤 그곳에 착륙한 헬기의 옆에 붙어있는 짐칸에서 비상용으로 준비해 있던 새로운 스키 한 벌을 나에게 전해주어 신게 하였다.

그 후 가이드는 계곡을 잘 살펴서 스키가 미끄러져 내려가 있을 만한 곳을 확인한 다음, 헬기를 타고 그 지점에 접근한 뒤, 공중에서부터 그곳으로 내려갔다. 물론 헬기는 그곳 계곡에 착륙할 수 없었다. 약 30여분 동안 가이드는 우리의 시야에서 벗어나 있어서, 그곳에서 무슨 일이 일어나고 있는지 자세히 알 수가 없었다. 30여분이 지나 부스럭 소리와 함께 가이드가 스키 한 짝을 어깨에 메고, 땀을 뻘뻘 흘리면서 절벽같은 계곡을 올라오고 있었다. 우리 일행은 모두 놀라움과 함께 경탄하는 마음으로 박수를 치면서 그를 맞아들였다.

나는 여러 번 미안한 마음과 감사하는 마음을 표시하였는데, 그는 당연히 해야 할 일을 했을 뿐이라고 겸손해 하였다. 그의 이름은 척(Chuck: Charles의 애칭)이었는데, 메스번(Methven)으로 돌아온 후 별도의 수고비를 주어 감사의 뜻을 전하였다.

새 스키를 신고 이번에는 더욱 조심스럽게 활강을 마쳤다. 시간이 흘러 점심시간이 되었기에, 다른 일행들과 모두 모여 따끈한 수프와 샌드위치로 점심식사를 하였다. 다들 처음 경험한 헬리스키의 흥분을 감추지 못하여 그 심경이 화제의 대부분을 차지하였다. 물론 내가 야기한 상황도 놀라움과 경탄의 대상이 되었다.

식사 후 네 번째 및 마지막 다섯번째의 활강이 레이섹 글레시어(Reischek Glacier)와 홈워드 바운드(Homeward Bound)에서 이루어졌고, 다시 헬기를 타고 원래의 출발지인 글렌팔로치 스테이션(Glenfalloch Station)에 전원 무사히 귀환하였다.

위 목장에서는 다들 꿈에 그리던 헬리스키를 경험하고 무사히 마쳤다는 안도와 흥분에 넘쳐 있었고, 이제는 땀에 젖은 헬멧, 스키복 등을 벗어던지고 편안한 복장으로 목장에서 제공하는 차와 케이크를 즐겼다.

흥분된 기분으로 대화를 나누는 가운데에, 각자 자기의 경험담과 스키에 대한 열정을 이야기하였다. 앞서 말한 일본인 요리사의 이야기 이외에도 다이아몬드 거래를 한다는 80살 가까이 되는 유태인 스키어의 경제적으로 풍성한 스키여행담은 모두의 부러움을 샀다. 그는 그가 가는 모든 스키장에서 public한 시설을 이용하는 대신에 특별한 비용을 지불하면서 자기만을 위한 서비스를 받는다고 하였다.

가장 흥미로운 점은 스키복을 벗고 자유스럽게 속옷이나 맨살을 들어내 놓고 보니, 하나도 예외없이 멀쩡한 몸을 가진 사람이 없었다는 것이다. 몸의 이곳 저곳에 파스를 붙이는 것은 기본이고, 허리에 코르셋을 입

스키 한짝을 잃고

은 사람, 무릎이나 팔목에 밴드를 두른 사람 등등 제각각 나름의 고장나 거나 불편한 신체부위를 보완하는 조치를 취하고 있었다. 스키를 향한 열정과 상처를 느낄 수 있는 장면이었다.

메스번(Methven)의 숙소로 돌아오는 차중에서 피곤에 못이겨 눈을 붙여 잠을 청하면서, 생애최초의 헬리스키를 무사히 마쳤다는 만족감에 편안히 빠져들었다.

마운트 헛(Mt. Hutt)이 만들어 준 두 번째의 추억은 2007년 9월에 일어났다.

나는 이곳 마운트 헛(Mt. Hutt)(Methven)에 2005년에 이미 한번 왔었고 그때 생애 처음으로 heli ski도 경험했었다.

그러나 그러한 만족스러운 성과와 체험에도 불구하고, 마음속에 계속 남아있는 아쉬움이 있음을 숨길 수 없었다. 즉, 여러 날의 기다림도 보람없이 마운트 헛(Mt. Hutt)의 사우스 페이스(South Face)를 타보지 못한 것이다. 매번 그곳의 눈상태가 좋지 않아 개방되지 않았던 때문이다.

그리하여 2006년 8월 퀸스타운(Queenstown) 스키에서 돌아온 이후부터, 특히 2007년의 스키시즌이 시작되는 7월부터는 매일 인터넷으로 마운트 헛(Mt. Hutt)(Methven)의 기상상태를 점검하기 시작하였다.

기상상태 점검의 결과 그곳의 적설량이 충분하여 마운트 헛(Mt. Hutt)의 사우스 페이스(South Face)가 open될 것이 분명한 상황이 되면 그 즉시 비행기표를 구입하여 달려감으로써 그 꿈을 실현해 보기 위해서였다. 지성이면 감천이라고 드디어 그날이 왔다. 2007년 9월 초 (정확히는 8일 아니면 9일이었다.) 메스번(Methven)의 날씨를 검색하니 그곳에 폭설이 와서 마운트 헛(Mt. Hutt)이 close되었다는 것이다. 즉시로 항공권을 구입하고 숙소를 예약한 후 크라이스트처치(Christchurch)로 출발하였다. 10시간 넘는 비행, 다시 한 시간 반의 자동차 이동을 거쳐 숙소 블랙켄리지(Breckenridge)라는 샬레(이름이 chalet이었지만, 거의 여인숙 수준이었다.)에 도착하였다. 이번 여행은 일행이 전혀 없는 혈혈단신 혼자만의 3일짜리 여행이다. 숙소의 여주인도 이러한 사정을 알고 기이하게 여기고 있음이 명백하였다. 하지만 그 사우스 페이스(South Face)를 타보려는 열정이 모든 어색함과 고독감을 압도하였다.

이튿날 아침 드디어 만반의 준비를 마치고 셔틀버스가 오기만을 기다리고 있었다. 그러나 하늘은 나의 편이 아니었다. 여주인을 통해 들은 소식은, 폭설로 마운트 헛(Mt. Hutt) 스키장 가는 길이 폐쇄되어 그곳에 갈 수가 없다는 것이다.

난감해 하는 나에게 대신 가까운 곳에 포터스(Porters)라는 작은 스키장이 있는데 그곳은 갈 수 있으니 원하면 그곳에서 하루 동안 스키를 하라고 권고하였다. 참고로 뉴질랜드의 스키장은 세 가지 종류의 타입이 있다. 하나는 대형 상업스키장으로서 우리가 아는 대부분의 스키장 (예를 들어, 마운트 헛: Mt. Hutt, 앞서 본 코로넷 피크: Coronet Peak, 카드로나: Cardrona 등)이 여기에 해당된다. 다른 하나는 소형 스키장으로서 2류의 평범한(mediocre)시설을 갖추고 저렴한 가격으로 이용할 수 있는 곳이다. 여주인이 추천한 포터스(Porters)가 바로 여기에 해당된다. 나머지 한 종류는, 원래는 private한 club member들에 의하여 소유·운영되지만, 일반 대중에게도 이용이 허용될 수 있는 스키장이다. 우리들에게 잘 알려져 있지 않지만, 크레이지번(Craigieburn)이나 마운트 올림푸스(Mt. Olympus)가 대표적이라 한다. 이러한 스키장은 기반시설은 그저 그렇지만, on-mountain의 숙소, 붐비지 않는 슬로프 그리고 특별히 저렴한 비용이 장점이다. 마운트 헛(Mt. Hutt)도 처음에는 private club이었으나, 나중에 대중에게 개방되었다 하고, Hutt은 그 club의 회장인 존 헛(John Hutt)의 이름이라 한다.

나의 경우는 소위 동네 스키장(Porters)을 타려고 불원천리 여기까지 온 것은 아니지만, 하루 종일 숙소에만 있을 수도 없어서, 어쩔 수 없이 포터스(Porters)에 가서 나에게 부여된 3일 중 하루를 의미없이 보냈다.

다음날 아침 다시 만반의 준비를 갖추고 있었는데, 드디어 스키장행의 도로가 열려 마운트 헛(Mt. Hutt)에 갈 수 있게 되었다. 희망에 넘쳐 30분쯤 걸려 스키장에 도착하여 사우스 페이스(South Face)행 리프트를 타려 하는데 그 슬로프의 상층부 절반 정도는 바람이 너무 강하게 불어 폐쇄되었고, 하층부 절반 정도만 열려있다고 표시되어 있었다. 또다시 강한 실망감에 휩싸였으나 다른 방법이 없어서, 하층부 절반만이라도 타보기로 하고 접근을 시도하였다. 가는 길 곳곳에 강한 바람으로 눈이 날려서 바위들이 드러나 있었기 때문에 스키를 벗어 들고 한참을 걸어간 후 겨우 스키를 탈 수 있는 곳까지 갔다. 아쉬운 마음에 코스를 아껴가면서 슬로프를 내려가는데, 나 이외에는 아무도 보이지 않았다. 한참을 가니 뒤로 스키어가 나타나 반가운 마음으로 쳐다보았더니, 스키장을 순찰하면서 돌아다니는 페트롤(patrol)이었다.

이제 마지막 하루밖에 기회가 남지 않았다. 다음날도 다행히 스키장은 open되어 희망을 가지고 도착하였으나, 상황은 변함이 없었다. 고대하던 사우스 페이스(South Face)는 저 앞에 버티고 위용을 뽐내고 있는데 나는 속수무책 방법이 없었다. 돌아가는 셔틀버스가 출발하는 시간까지 베이스(Base)의 레스토랑에 들어가 가져온 책을 읽으면서 아쉬운 마음을 달래었다.

여기에서 잠시 스키여행을 갈 때 가져가는 책에 대하여 살펴본다. 나의 경우는 대개 10시간 이상의 비행을 하는 장거리 스키여행을 할 때에는 세 종류의 책을 가지고 간다.

하나는, 약간 두껍고 쉽게 읽혀지지 않던 어려운 책이다. 평소에 읽어야겠다고 생각만 하다가 못 읽은 책인데, 운이 좋으면 10시간 정도의 비행기 안에서 거의 다 읽어 내는 경우도 있다.

둘째는, 가볍고 얇은 책이다. 여행에 관한 책, 책에 관한 책, 외국어에 관한 책 등등 다양하다. 지루하거나 자투리 시간이 날 때 읽기 위함이다.

셋째는, 스키여행 목적지의 현장 정보에 관한 책이다. 현지의 트레일 맵(trail map)을 포함하여 가능한 상세한 정보 및 현지 관광정보에 관련된다. 아는 만큼 보인다고, 미리 현지 정보를 많이 알고 가면 그만큼 그 여행은 즐겁고 알찰 수가 있다.

가끔은 영어, 독일어, 일본어 이외의 경우에는, 사전 등 현지 언어에 관한 기본 지식이나 간단한 회화책을 준비해 가는 경우도 있다.

숙소에 돌아와 할 일도 없어서 여주인과 오랫동안 이야기를 나눌 시간을 가졌다. 나의 스키 여정, 메스번(Methven)에 오게 된 경위, 기타 세계의 다른 스키장을 다녀본 경험(그동안 나는 유럽·미국의 여러 스키장과 함께 칠레에도 다녀온 바가 있었다.) 등의 재미있는 대화를 나누었다.

하지만, 나의 일정은 그것으로 끝났다. 다음날 나는 귀국길에 올랐고, 그 이후에는 다시 마운트 헛(Mt. Hutt)에 갈 생각을 접었다. 다만 4년 뒤 2011년에는 뉴질랜드 북섬에 있는 마운트 루아페후(Mt. Ruapehu)라는 스키장을 다녀올 기회를 가졌다.

뒤에 알게 된 것이지만, 마운트 헛(Mt. Hutt)은 고도도 높고 (해발 2,086m) 그 앞으로 광대한 캔터베리 플레인스(Canterbury Plains)(대평원)를 두고 있어서 항상 강한 바람에 노출되어 있는 약점이 있다고 들었다.

아무튼 마운트 헛(Mt. Hutt)의 사우스 페이스(South Face)는 나와는 인연이 없는 것으로 아쉬움 속에 남아있게 되었다.

○ 북섬의 유일한 스키장 마운트 루아페후Mt. Ruapehu

뉴질랜드의 남섬에 유명한 스키장들이 많이 있는 것은 잘 알려져 있는데, 북섬에도 큰 스키장이 있다는 사실은 덜 알려져 있다. 즉, 마운트 루아페후(Mt. Ruapehu)(해발 2,797m)를 가운데 두고, 그 북서쪽에는 Whakapapa(Fukkpupa라고 읽는다) 스키장이 있고, 반대쪽인 남서쪽에는 투오라(Tuora) 스키장이 있다. 그런데 Whakapapa 스키장(최고봉은 2,300m)은 뉴질랜드에서 면적이 가장 큰 (1,050ha) 스키장이고, 투오라(Tuora) 스키장(최고봉은 2,322m)은 호주까지 포함해서도 vertical drop(표고차 720m)이 가장 크며, 뉴질랜드에서 가장 높이까지 가는 리프트를 가지고 있다.

나는 뉴질랜드 여름 스키의 마지막으로 2011년 8월에 이곳을 찾았다. 이곳의 거점도시로는 여섯 개 정도의 마을이 있는데 우리는 그중에서 오하쿠네(Ohakune) 마을에 묵었다. 숙소에서 매일 셔틀차량을 이용하여 두 곳 중 한곳으로 가서 스키를 탄다. off-mountain 스키장이고, 또한 우리가 묵었던 호텔의 이름(Powder Gun Chalet Hotel)에 화약(powder)이라는 단어가 들어가 있는 것을 보니 역시 이곳도 과거 광산지역이었음을 알 수 있다. 이 스키장의 특징은 루아페후(Ruapehu) 산이 활화산이어서 가스와 증기가 뿜어져 나오는 것이 보인다. 그래서 스키장의 입구와 중요장소에 만약의 경우 화산이 폭발하면 어디로, 어떻게 대피해야 할지를 적어놓은 게시판이 많이 보인다. 또한 같은 이유로 지반이 튼튼하지 못하므로, 보통 스키장에서 흔히 이용되는 리프트 이외에도, T-bar(T자 모양의 끄는 기구)와 플레터(Platter)(원판 모양의 끄는 기구)가 많이 설치되어 있다.

두 스키장 모두 초·중·상급자들을 위한 슬로프가 잘 갖추어져 있어서 스키를 즐기기에 전혀 불편함이 없다. 그런데 이러한 과정에서 우연히 특별한 인상깊은 경험을 하게 되었다.

스키의 5일째가 되는 날, 스키장의 대부분도 경험하였고 해서, 평소의 습관대로, 정설된 슬로프를 떠나 비정설의 오프 피스트(off-piste) 지역에 들어가 powder 스키를 즐겨보기로 마음먹었다. Whakapapa 스키장의 맨 오른쪽 상단부에는 '블랙 매직'('Black Magic')이라는 백컨트리 에리어(backcountry area)가 있는데, 눈의 powder 상태도 좋아보이고 사람도 없어 한적하게 powder를 즐기기에 최적이라고 판단하였다. 다만, 그날에는 그곳에 들어가는 입구에 눈상태가 나빠 출입을 금지한다는 표시와 함께, (2인 이상이 아니라) 혼자서 스키하는 것을 금한다고 쓰여져 있었다.

하지만 나는, 제지하는 사람도 없었고, 눈상태도 좋아 보였으므로, 욕심을 이기지 못하고 금지선을 넘어서 들어갔다. 처음 얼마 동안은 좋은 눈을 즐기며 유유히 활강해 나갔다. 그러나 어느정도 지나니 (좋은 눈만 찾아가다 보니) 어느 지점에서 갑자기 바위 절벽이 나타나 더 이상 전진할 수가 없었다. 뒤로 되돌아 가려 하니 너무 갈 길이 멀어 진퇴양난이 되었다. 한참을 고민하다가 마지막 방책으로 스키를 모두 벗어 앞의 바위절벽 밑으로 먼저 던져 놓고 (다행히 그 절벽이 아주 높지는 않았다.) 나는 주저앉아 엉덩이로 미끄럼 타듯이 하여 문제 구간을 겨우 통과하였다. 이러한 상황은 몇번 더 벌어졌는데, 그때마다 임기응변으로 조처하였다. 그러다 보니, 시간도 많이 지체되었고, 또한 땀도 많이 흘려 피곤이 심해졌으며, 해도 상당히 저물어서 안전한 귀환이 급선무가 되었다. 불안한 마음을 감추고 얼마 정도인가 강행군을 하다 보니, 저 앞쪽으로 슬로프와 함께 움직이는 스키어들이 시야에 들어왔다. 비소로 안도의 한숨을 쉬면서, 여유를 찾아 내가 지나온 길들을 돌아보며 멀리 솟아있는 높은 산봉우리들도 감상하였다.

그런데 그때, 저멀리 높은 산의 산등성이에서 아주 작은 모습의 움직이는 형체가 눈에 띄었다. 너무 멀어 자세한 사항은 볼 수 없었으나 그 옷의 모습이나 움직이는 자세에 비추어 판단하건대, 스키어임이 틀림없었고, 그동안 멀리에서 계속하여 나의 모습을 추적하고 관찰해 온 것이 틀림없다는 생각이 스쳐 지나갔다.

추측컨대(틀림없이) 그 스키어(페트롤: patrol이었을 것이다.)는 내가 혼자서 스키금지구역으로 넘어 들어가는 것을 보고, 만일의 경우를 대비하여 나를 계속 따라 다니며 주시해 왔던 것이다. 그러다가 내가 안전지대에 들어서자 비로소 추적을 멈추고 유유히 자기의 갈 길을 간 것이었다. 그 페트롤(patrol)의 철저한 직업의식에 감사의 마음과 함께 존경의 뜻을 전한다.

호주에서의 여름스키

2001년에 뉴질랜드의 퀸스타운(Queenstown)에서 여름스키를 처음 경험한 이후, 여름스키에 대한 관심이 계속 고조되었다. 스키열정이 강해서인지, 충동을 이겨낼 수양이 부족해서인지, 아무튼 그 이후 2년에 걸쳐 연이어 남반구로 여름스키를 갔다. 뉴질랜드는 가 보았으니 이번에는 그 옆에 위치한 더 큰 나라 호주는 더 눈이 좋을 듯하여 2002년 8월에는 폴스 크리크(Falls Creek) (마운트 호섬: Mt. Hotham도 포함)를, 2003년 8월에는 스레드보(Thredbo)와 페리셔 블루(Perisher Blue)라는 스키장을 찾아갔다.

여러 시간의 비행과 그 이후 차량편으로 목적지 스키장까지 힘들게 접근해 가는데, 도무지 흰 눈이라고는 하나도 보이지 않고 온통 봄이나 여름과 같은 풍경만이 눈에 들어온다. 혹시 완전히 헛탕을 치는 것이 아닌가 걱정하면서 숙소에 도착하였는데도 상황은 달라진 것이 없다.

다음날 스키 할 준비를 마치고, 차량 또는 열차(?)로 스키장에 도착하니 그제서야 흰 눈이 덮인 산과 슬로프들이 보인다. 위의 세 곳의 스키장 모두 규모가 상당히 커서 여러 날 스키를 즐기기에는 충분하였다.

다만, 우리가 머무르는 동안만 그러했는지 아니면 일반적으로 그러한지는 모르겠으나, 강설량이 충분하지는 않았고, 기온도 비교적 높아 설질이 훌륭하지는 않았다.

심지어 어느 하루는 눈 대신 장대 같은 비가 쏟아져서 하루 종일 스키를 포기하고 숙소에 머무른 적도 있었다.

나중에 알게 된 것이지만, 호주의 스키어들이 스키를 타기 위하여 가까운 뉴질랜드 스키장으로 가는 경우가 많다 하는데, 그 이유를 알 듯도 하였다.

아무튼, 2년에 걸친 호주에서의 여름 스키는 아쉬운 대로 그럭저럭 지내왔으나, 더 이상의 매력을 느끼지는 못하였다.

이제 여름스키를 위하여 더 궁극의 목적지를 찾아가야 할 상황이 되었다. 남은 곳은 남미 칠레와 아르헨티나였다.

10

'여름 스키'를 찾아 남반구로 가다 ②

~~~~~~

칠레와 아르헨티나

2001년부터 2003년까지 매년 8월 여름스키를 위하여 뉴질랜드와 오스트레일리아 여행을 경험하고 나니, 동호인들 간에 자연스럽게 남미의 칠레로 여름스키를 가자는 공감대가 이루어졌다. 단독으로 가기에는 엄두가 나지 않았지만, 동호인들이 서로 의지하면서 결의를 다져 2004년 8월에 미국의 L.A.를 경유하여 48시간이 걸려, 산티아고, 컨셉션을 거쳐 다시 자동차로 칠레에서의 최초 목적지인 칠레의 중부쯤에 있는 온천·스키의 도시 테르마스 데 치안(Termas de Chillan)에 도착하였다.

참고로 칠레는 남위 18° 정도부터 남위 52° 정도까지 약 4,200km에 걸쳐 길게 뻗어 있다. 그 대부분을 총 길이 약 7,500km 정도의 안데스 산맥(북위 10° 에서 남위 50° 까지)이 남북으로 관통하고 있다.

안데스 산맥의 최고봉은 아콩카구아(Aconcagua)로서 해발 6,960m이며, 세계에서 히말라야 지역을 제외하고는 가장 높은 산이다.

칠레라는 말의 어원은, 원주민어 중 하나인 아이마라(Aymara)언어의 "칠리(CHILLI: 땅이 끝나는 곳)"에서 유래하였다 한다.

칠레의 남북간 길이인 4,200km는, 미국의 북부 메인(Main) 주에서 남부의 캘리포니아까지의 거리이며, 유럽으로는 모스크바에서 포르투갈의 리스본까지의 거리이고, 아시아로 오면 서울에서 싱가포르까지의 거리이다.

칠레 스키

○ **테르마스 데 치안**Termas de Chillan **스키장**

우리의 최초 목적지인 이곳의 지명은 "치안(Chillan)의 온천(Termas)"이라는 뜻으로 온천과 스키를 함께 즐길 수 있는 도시이다. 남위 37° 정도에 있어, 수도인 산티아고(남위 33° 정도)보다 약간 남쪽에 위치하고 있다. Ski & Spa Resort로 개발된 만큼 호텔 등 여러 편의시설이 아주 잘 갖추어져 있다.

우선 숙소가 on-mountain이어서 편리하였고, 온천장으로 개발된 만큼 장거리 여행으로 지친 몸을 회복하는 데에 최적이었다.

처음부터 스키장을 목적으로 개발된 곳이 아니라서 스키장의 규모가 웅장하고 다양하지는 않았으나, 워낙 큰 산맥인 안데스 산맥에 자리잡은 만큼 만만하게 여길 곳은 결코 아니다. 슬로프가 거의 모두 수목한계선 (tree-line) 위에 있어서 광활한 지역에서 off-piste 스키도 마음껏 즐길 수 있다.

오로지 스키장 용도로만 본격적으로 개발된 곳이 아니므로, 리프트도 "체어리프트(chairlift)(silla: 의자)" 이외에, "줄로 끄는 장치(Arrastre)"인 T-bar(2인용) 및 플래터(platter)(1인용)가 설치된 곳이 많다.

그러나, 다시 강조하건대, 산이 큰 만큼 결코 가볍게 여겨서는 안된다.

첫날 스키 중에 T-bar로 올라가는 중간 지점에서 앞이 보이지 않을 정도의 눈보라가 몰아쳐서 한참 애먹은 경험도 있었고, 운이 나쁘게도 베테랑인 일행 중 한 명이 잘못 넘어져서 허리를 다쳐 거의 2주일간의 여행 내내 고생한 일도 있었다. (결국 귀국 후 허리 수술을 받고 완치되었다.)

아무튼 치안(Chillan)에서의 칠레 스키 시작은 나머지 일정에 대한 기대를 크게 부풀게 하였다.

○ **포르티요**Portillo **스키장**

치안(Chillan)에서 3일 동안의 스키를 마치고 항공편과 차량을 번갈아 이용하여, 이번 스키여행의 highlight인 Portillo('포르티요'라고 읽는다)에 도착하였다. 산티아고에서 두 시간 동안 차량으로 이동하는 도중 눈이라고는 흔적을 찾을 수 없어 내심 크게 염려하였으나, 고도가 높아지면서 목적지에 도착할 무렵에는 폭설이 내려 우리를 환영해 주었다.

사실 포르티요(Portillo)는 마을이 형성되어 있는 곳이 아니고, 달랑 스키장과 호텔 하나만이 있는 곳이다. 세계지도상으로도 포르티요(Portillo)라는 지명은 잘 보이지 않고, 오히려 산티아고 조금 북쪽에 로스 안데스(Los Andes)라는 마을이 표시되어 있을 뿐인데 바로 그 옆에 포르티요(Portillo)가 있고, 아르헨티나 국경에서 6.5km 밖에 떨어져 있지 않다.

원래 포르티요(Portillo)라는 말은 "포르트(Port: 영어의 pass 즉, 산길 · 고개라는 뜻)"에 "이요(illo: 스페인어의 축소어미)"가 합해져서 "작은 고개"라는 뜻이다. 이 리조트는 1900년대에 아콩카구아(Aconcagua)산 부근에 철도 공사를 하던 노동자들이 눈 덮인 고개 위에 만들어 둔 휴식처에서부터 시작하였

치안에서 망중한

다. 철도가 완공되자 스키어들은 이를 이용하여 그 지역으로 접근하게 되었고, 그 결과 트랜스-안데안 레일웨이(Trans-Andean Railway)는 칠레에서의 첫번째 ski 리프트(lift)가 되었다. 그 후 1942년에 건설공사를 시작하여 1949년에 칠레정부가 이곳에 호텔과 스키 슬로프를 완공하고 운영해 왔었는데 (이는 남미 최초의 스키장이다) 1965년의 눈사태로 계곡의 서쪽 면이 완전히 파괴되었었다.

그러다가 1966년에 이곳에서 알파인 월드스키 챔피언십(Alpine World Ski Championships) 대회가 열리면서 시설이 재건되었는데, 이 대회에서 프랑스의 유명한 스키선수 장-클로드 킬리(Jean-Claude Killy)가 활강(downhill) 등에서 우승하면서 세계에 널리 알려지게 되었다. 그때, 오늘날의 국제 월드컵(World Cup) 스키 대회를 매년 열기로 합의가 이루어졌었다. 그 이후 포르티요(Portillo)는 세계 활강 스키 선수들의 신기록 산실이 되었는데, 특히 1978년에는 미국의 스티브 맥킨니(Steve McKinney) 선수가 세계 최초로 시속 200km의 벽을 깨는 역사적 사건이 벌어졌다. 그 기념비적인 장소가 스키 지도 맨 왼쪽 중간 부분에 있는 "킬로메트로 란자도(Kilometro Lanzado)" 구역이다.

이 Ski Resort는 1980년에 핸리 퍼셀(Henry Purcell)이 매입하여 그의 아들 미구엘(Miguel)과 함께 직접 운영하고 있는데 몇 가지 특징적인 사항들이 있어 유명하다.

우선 포르티요 리조트(Portillo Resort)에 머무르는 방법은 원칙적으로 단 한 가지, 호텔 포르티요(Hotel Portillo)에 숙박하는 방법밖에는 없다. 즉, 이 스키장은 마을(town)을 형성하고 있는 곳이 아니라, 오로지 하나의 호텔밖에는 없는 곳이다. 더욱이 이 호텔은 140개의 객실만 가지고 있어, 최대 450명 밖에는 수용할 수 없다. 그 결과 880에이커의 스키장과 12개의 리프트가 오로지 위 최대 450명을 위해서만 존재하는 것으로 되어 있어서, lift line에서 지루하게 줄 서서 기다린다든지, 슬로프(slope)가 붐빈다든지 하는 상황은 애당초 벌어질 수가 없다. 예외적으로 이외에도, "옥타곤 롯지(Octagon Lodge)"라는 소규모 가족을 위한 숙박시설과, "잉카 롯지(Inca Lodge)"라는 청소년 및 배낭여행족을 위한 시설이 있기는 하지만, 그 수용인원은 소수여서 거의 무시할 만한 정도이다.

이렇게, 수용인원이 위와 같이 제한적인 데다가, 숙박은 원칙적으로 토요일에 check-in하여 다음 토요일에 check-out 하는 시스템이므로, (우리 일행은 아쉽게도 3박만 하였다. 아마도 비용절감을 위해서였을 것이다.) 그 주의 투숙객들이 자연스럽게 식당이나, 수영장, 슬로프 등 여기저기에서 자주 마주치게 되어 금세 서로 친근감을 가지게 된다.

더욱이, 스키어의 수와 거의 비슷한 수의 종업원들이 투숙객에게 진심 어린 최상의 서비스를 하는 것으로 정평이 있다.

경험담 두 가지를 소개한다.

이 호텔은 소위 ski-in, ski-out 스키장이므로 매일 아침 스키 타러 나가기 위하여는 스키부츠를 보관해 둔 록커(locker)에서 각자의 부츠를 꺼내와 신게 되어있는데, 숙박한 지 두 번째 날에(그러니까 전날 하루를 그곳에서 묵은 후이다.) 나의 부츠를 가지러 나왔더니, 어느새 종업원이 나를 알아보고 내 부츠를 스스로 찾아 꺼내 와서 내 앞에 내어놓는 것이었다.

또 하나의 유쾌한 경험이다. 하루에 네끼의 식사가 제공되는데, 9시가 넘어 시작되는 저녁식사 도중 종업원이 우리 테이블에 들러서 음식이 어떤지 질문을 하였다. 반은 의례적으로 나머지 반은 진심으로 스테이크의 맛이 최고라고 칭찬하였다. 그랬더니, 종업원이 웃으며 잠깐 자기와 함께 주방으로 가자고 제안하여, 마지못해 따라 들어갔다. 여기저기에서

호텔 포르티요

어른 손바닥만한 스테이크들이 구워지고 있었는데, 맛있다고 칭찬해 준 보답으로 마음에 드는 스테이크 하나를 덤으로 더 주겠다고 말하는 것이 었다. 말 한마디에 스테이크 1인분을 선물 받았다.

추가하여, 노란색으로 외벽을 칠한 호텔의 모습이 바로 앞에 있는 짙푸른 색깔의 "라구나 델 잉카(Laguna del Inca: 잉카 호수)"에 반사되어 비치는 모습은 환상적이고, 흰 눈으로 둘러싸인 곳에서 '따뜻한 온천물'이 출렁대는 야외 수영장으로 뛰어드는 장면 역시 오래 남을 추억거리이다.

안데스의 최고봉 아콩카구아(Aconcagua)(6,960m)를 뒷배경으로 하고, 슬픈 전설이 담긴 아름다운 '잉카 호수'(Laguna del Inca)를 사이에 두면서 양쪽 기슭에서 쏟아져 내려오는 두 개의 상급자코스, 로카 잭(Roca Jack)과 콘도르(Condor) 슬로프는 이 세상 밖의 어느 곳에 있는 듯한 환상을 주기에 충분하다.

초급, 중급, 상급자 모두에게 비슷한 비율로 분배된 코스도 많은 스키어들을 편안하게 한다. 물론 avid skier들은 널려있는 off-piste로 들어가 powder skiing을 만끽할 수도 있다. 특히 로카 잭(Roca Jack), 플라토 슈페리오르(Plateau Superior), 및 킬로메트로 란자도(Kilometro Lanzado)의 세 군데는 expert의 놀이터가 되기에 충분하다.

그러나 뭐니뭐니해도 전 세계에서 오로지 포르티요(Portillo)에만 있는 것, 그래서 포르티요(Portillo)를 특별하게 만드는 것, 따라서 한번 포르티요(Portillo)를 가본 스키어는 영원히 잊지 못하는 것, 그것은 악명높은 "바 에 비앙(Va et Vient)"이다. 그 원래의 뜻은 프랑스어로 "가다 그리고 오다", 즉 "왕복(coming & going 또는 back and forth movement of piston)"이라는 의미이지만, 여기에서는 "밧줄로 끌어 움직이는 (왕복하는) 지표면 상의 리프트"를 일컫는 말이다.

사진으로 보면 금방 이해되겠지만, 글로 설명하자니 약간 번잡스럽다. 대략적으로 보면, 우선 길다란(길이 약 10m 정도) 쇠로 된 막대가 슬로프에 가로질러(수평 방향으로) 있고 설면과 닿는 부분에 여러 개의 바퀴가 설치되어 있어서, 위로 끌면 굴러가도록 되어 있다. 그리고 위 쇠막대의 다섯 군데(가운데 하나와 좌우 양쪽으로 각 두군데)에 손잡이가 달린 줄이 연결되어 있다. 이 손잡이를 스키어들이(5명) 잡고 있으면, 반대쪽인 슬로프 위편에서 설상차(케터필러)가 밧줄로 위 쇠막대기를 끌어 올린다. 그렇게 되면 그 결과로 줄을 잡고 있는 스키어들도 슬로프 위쪽으로 끌려 올라가게 되는 구조이다. 그리하여 슬로프의 끝까지 올라가면(이는 체어 리프트: chair lift를 타고 슬로프의 위쪽으로 올라가는 것과 같다) 스키어들이 잡고있던 줄을 놓고 (마치 체어 리프트: chair lift에서 내리는 것처럼) 자유롭게 스키를 타고 슬로프를 내려오는 시스템이다. 따라서 스키어가 줄을 놓는 순간에는 몸이 슬로프 위쪽을 향하게 되어 잠시 동안은 뒤쪽으로(backwards) 스키를 타는 어색한 모습이 될 수밖에 없다. 이 "당황스러운(baffling)", "기묘한 고안물(contraption)"을 낭패없이(성공적으로) 이용함에는 특히 두 가지 점이 중요하다.

하나는, 다섯 명의 스키어(때로는 세 명일 수 있겠다.)를 이끌고 올라가는 설상차의 속도가 시속 30km에 가까워서 (마치 새총과 같다) 일행 중 한 명이라도 균형을 깨뜨리는 바보스러운 행동을 하게 되면 나머지 모두가 넘어지게 되는 등 피해를 입을 수 있다는 점이다.

다른 하나는, 최종적으로 밧줄을 놓고 쇠막대기에서 분리되는 과정에서의 어려움이다. 시행착오를 겪고 비로소 알게 된 것이지만, 정답은 "다섯 명 중 가운데 사람(리더 격이다)의 구령에 따라, 좌우로 맨 끝의 두 명이 동시에 밧줄을 놓고, 다음으로 다시 구령에 따라 좌우 양쪽의 다음 사람이 동시에 밧줄을 놓은 후, 최종적으로 가운데 사람이 밧줄을 놓아야 하

잉카 호수

는 것이다." 그래야만 양쪽의 균형이 무너져서 넘어지는 등의 사고를 막을 수 있다. 즉, 다섯 명이 한꺼번에 또는 멋대로 밧줄을 놓아버려서는 안 된다는 것이 중요하다.

이러한 내용은 위 리프트의 출발지인 베이스(Base)에 설치된 커다란 게시판에, 영어와 스페인어로 "길고도" 상세하게 쓰여져 있다. 나 역시 이 게시문을 잘 읽어보았는데, 흥분해서인지, 당황해서인지, 문장의 내용을 거꾸로 잘못 이해해 버렸다. 그 결과 웃지못할 참사(?)가 벌어졌다. 내가 리더가 되어 가운데 줄을 잡고, 양옆으로 각 두명씩 일행들을 이끌고 정상에 다다른 후 "모두 동시에 손을 놓아!"라고 구령을 부른 순간, 다섯 명이 모두 균형을 잃고 바닥에 쓰러져 버린 것이었다. 각자 일어나보니, 우리 일행 다섯 중, 유독 내 아내만, 급경사면에 있는 빙판에 넘어져서 꼼짝도 못하고 있는 것이 아닌가. 그러나 우리 역시 손을 내밀 상황이 못되고, 이러한 꼭대기 사정을 알 턱이 없는 아래에서는 계속 5인 1조씩, 올려 보내고 있었으니, 올라온 다른 조들이 빙판에 엎어져 꼼짝도 못하는 아내를 발견하고는 모두들 소리를 지르며 넘어지는 일이 반복되었다. 결국, 뒤늦게 꼭대기 사태를 알아차린 안전요원이 올라와 아내를 도와주는 것으로 이 혼란이 수습되었던 것이다.

이러한 괴물은 포르티요(Portillo) 스키장의 라구나 델 잉카(Laguna del Inca)(잉카 호수)의 양쪽 급경사면, 즉 로카 잭(Roca Jack)(왼쪽)과 콘도르(Condor)(오른쪽) 두 군데에 설치되어 있다.

왜 이러한 괴물이 설치되어 있을까? 이유는 단 하나, 양쪽 사면의 경사도가 너무나 급하고 더욱이 눈이 너무 많이 내려 쌓임으로써 눈사태(avalanche)가 자주 일어나서, 보통의 리프트(즉, 기둥을 세우고, 밧줄을 설치하고, 의자를 메다는 방법)로는 이를 견디지 못하고 쉽게 무너져 버리게 되기 때문이라 한다. 필요는 발명의 어머니이다.

살짝 작은 tip 하나로 마무리 한다.

괴물(?)이 출발하는 콘도르 베이스(Condor Base)에서 옆으로 난 작은 샛길을 쫓아가면, 분위기 최고의 작은 레스토랑이 나타난다. 간단한 음식이나 차 한잔을 추천한다.

○ 발레 네바도Valle Nevado 스키장

포르티요(Portillo)에서의 아쉬운 일정을 마치고 최종 목적지인 발레 네바도(Valle Nevado)로 향했다. Valle는 "계곡", Nevado는 "눈 덮인"이라는 뜻이다. 이 "눈 덮인 계곡"은 포르티요(Portillo)보다 약간 남쪽에 있으며, 수도인 산티아고(Santiago)에서는 65km 떨어져 있어, 주말에는 많은 스키어들이 찾는 곳이다.

발레 네바도(Valle Nevado)는 진정으로 훌륭한 휴가지라고 할 수 있다. 세 개의 최고급 호텔, 6개의 멋진 레스토랑, 8개의 최신식 스키리프트, 그리고 1999년에 설치된 남미 최대의 제설장비 등은 이곳을 국제적인 스키휴양지로 만들기에 충분하다. 더욱이 2000년에는 새로운 거대 프로젝트가 가동되어 마치 프랑스의 현대적 스키 리조트 레 자크(Les Arcs)와 같이 대규모 아파트 단지가 들어섰다.

더욱이 칠레 최초의 고속 4인승 곤돌라는 레스토랑(바호 체로: Bajo Cerro, 낮은 언덕)과 산정상(체로 네그로: Cerro Negro, 검은 언덕)을 직접 연결시켜주는 호사를 베풀어 주기도 한다.

발레 네바도(Valle Nevado)에서 4일동안 스키를 탄 경험으로는, 과연 안데스(Andes)는 크고 넓고 광활하였다. 스키장 전체가 tree line 위에 위치하고 있어 눈에 보이는 모든 것이 흰 눈으로 뒤덮인 거대한 산봉우리들이다. 중간에 장애물이라고는 아무것도 없어 (가끔씩 나타나는 계곡이나 절벽이 유일한 걸림돌이다) 능력만 허락한다면 모든 곳을 마음껏 질주할 수 있다.

바로 옆에 위치한 두 개의 다른 스키장, 즉 라 파르바(La Parva)와 엘 콜로라도(El Colorado)를 합쳐, 남미 최대의 스키장이라 하는데 충분히 수긍할 만하다. 산이 큰 만큼 리프트도 길고, 내려오는 슬로프도 길다. 한 슬로프를 타는 데에 족히 한 시간 정도는 걸리는 듯하다. 산이 온통 눈으로 뒤덮여 있어 어디가 슬로프이고 어디가 오프-피스트(off-piste)인지 구별이 어렵다. 자세히 보아서 설상차가 약 20여m의 폭으로 정설해 둔 곳이 보이면 그곳이 grooming된 슬로프(slope)임을 알아챌 수 있다. 4일동안 마음껏, 더이상 원이 없이 눈 덮인 산을 휘젓고 다녔다.

이 발레 네바도(Valle Nevado)에는 바로 인접하여 두 개의 스키장 라 파르바(La Parva)와 엘 콜로라도(El Colorado)가 더 있다. 마치 프랑스의 유명한 스키장 트루아 발레(Trois Vallées)(세 개의 계곡)와 같은 모습이다. 시간도 부족하고 하여 나머지 두 곳을 모두 방문해 보지 못하여 아쉬움이 남았다. 하지만 그 후 어떤 책을 보다가 재미있는 (유익한) 정보들을 알게 되었다.

즉, 위 세 개의 스키장은 각각 다른 특색을 가지고 있어서, 서로의 관계가 항상 좋지는 않았다는 것이다.

발레 네바도(Valle Nevado)는 셋 중에서 가장 크고 방대하여 제대로 된 스키휴양지로서 자부하면서 다른 두 곳과 연계하기를 꺼리는 (즉, 한 장의 티켓으로 세 곳을 모두 이용할 수 있는 것을 꺼리는) 입장이라 한다.

다른 한편 라 파르바(La Parva)는 규모는 약간 작지만 한적하고 눈이 깊고 좋아서 부유층들이 Second 또는 Third House를 갖는 장소로 선호되고 있다고 한다.

그리고 엘 콜로라도(El Colorado)는 슬로프가 너무 까다롭지 않아서 주말을 즐기려는 스키어들이 많이 찾는다고 한다. 그렇지만 반면에 몇 개의 최상급(extreme)코스가 있어서 진짜 스키 마니아들이 찾는 곳이기도 하다. 다만 급경사가 많고 까다로울 뿐 아니라 길을 잘못 들어서면 바위로 뒤덮인, 스키를 탈 수 없는 곳으로 흘러 들어갈 위험이 있으므로, 반드시 현지의 가이드를 대동할 것이 요구되고 있다.

위 세 스키장 사이의 갈등 내지는 경쟁 의식은 현재로서는 더 이상 존재하지 않아서, 이제는 한 곳의 리프트권을 구입하기만 하면 아무런 문제없이 세 곳 모두 즐길 수 있게 되었다.

발레 네바도(Valle Nevado)의 스키장 풍광, 즉 나무 등 아무런 장애물없이 높은 산들이 광활하게 펼쳐져 있어, 능력만 허용한다면, 눈에 보이는 모든 곳을 마음껏 달릴 수 있는 여건(What you see, you can ski.)은, 그야말로 진정으로 "유일하게 안데스(Andes)에서만 즐길 수 있는" 자유와 특권이었다.

아르헨티나 스키

2004년에 칠레 스키(Chile Ski)를 경험한 이후에도 여름 스키에 대한 갈증을 풀기 위하여 2005년, 2006년, 2007년에도 연속으로 뉴질랜드(마운트 헛: Mt. Hutt과 퀸스타운: Queenstown)를 다녀왔다.

이제 어느 정도는 남반구에서의 스키 갈증을 풀었다고 느끼고 있었는데, 2008년의 세계변호사대회(IBA)가 아르헨티나의 부에노스 아이레스(Buenos Aires)에서 열린다는 것을 알게 되었다. 더욱이 그 대회기간이 10월 둘째 주부터여서, 스키시즌이 거의 끝나가는 시기이기는 하지만, 잘하면 9월 말경 아르헨티나에 미리 도착하여 그곳의 스키장들을 경험하고, 이어서 대회에 참가하면 되겠다고 생각하였다.

확인해 보니, 아르헨티나의 스키장으로서는 가장 북부에 있는 (따라서 스키장 폐장일이 가장 빠른) Las Leñas("라스 레냐스"라 읽는다.)에 폐장일(보통은 10월 중순이다) 일주일 전 도착하여 스키장을 경험한 후, 이어서 더 남쪽의 (따라서 폐장일이 더 늦어지는) 스키장들 두 곳을 찾아 가기로 최대한 일정을 조정하고 필요한 예약을 모두 마쳤다. 그리고 이번 여행은 IBA 회의 참석 일정이 함께 있는 만큼, 이번에는 스키부츠만을 가지고 가고, 스키 플레이트(Ski Plate) 등 다른 장비는 현지에서 빌려 사용하기로 하였다.

○ 라스 레냐스Las Leñas 스키장

쉽게 이루어지기 어려운 아르헨티나 스키장 방문에 각별한 흥분을 느끼면서 방문할 스키장들에 관한 자료수집과 주요 내용의 숙지에 정성을 기울였다. 수집한 자료에 의하면 라스 레냐스(Las Leñas)는 부에노스 아이레스(Buenos Aires)에서 1,200㎞ 서쪽에 위치하고 있고(남위 35° 부근), 가장 가까운 큰 도시로는 419㎞ 떨어진 멘도사(Mendoza)가 있는데 hot season에는 항공편이 70㎞ 떨어진 인근 공항(말라그: Malague)까지 운항하지만, 내가 계획하고 있는 9월 말경에는 항공편은 운항하지 않고, 버스로만 접근이 가능하다고 한다. 두 명의 운전자가 교대로 운전하는 버스는 매일 부에

노스 아이레스(Buenos Aires)를 출발하여 11시간 정도 걸려 라스 레냐스(Las Leñas) 스키장에서 200km 떨어진 산 라파엘(San Rafael) 터미널에 도착하면, 다시 그곳에서 버스를 갈아타고 세 시간 걸려 라스 레냐스(Las Leñas)에 도착한다는 것이다. 버스는 운전사 두 명이 교대로 운전하는 침대형 버스로서 안락하기는 하지만 버스 안에서 1박을 해야하는 불편함이 따른다. 하지만 다른 대안이 없어 이 버스로 예약을 마쳤다.

역시 미리 수집한 자료에서 얻은 지식(정보)으로부터 흥미로운 점들을 많이 알게 되었다.

우선 스키장의 이름 "라스 레냐스(Las Leñas)"는 황량한 안데스 사막지대에서 자라는 "관목"(나무라고 까지도 할 수 없는 "작은 풀")을 가리키는 말이라 한다.

그리고, 라스 레냐스(Las Leñas)는 아르헨티나 최초로 "의도적으로(즉, 자연발생적인 것이 아니라)" 스키장으로 개발된 곳이라 한다. 즉, 이 개발 계획을 세우고 실현한 사람은, 헬리콥터를 타고 안데스산맥을 두루 둘러보면서 스키장으로 적합한 지역을 선정하고 개발을 시작하였다는 것이다. 여기에서 가장 중요한 고려 사항은 이곳이 아무런 장애물 없이 사방으로 확 뚫린 광대한 산악 지형이라는 점이었다. 의도적으로 개발된 유럽의 스키장으로는 프랑스의 "레 자크(Les Arcs)"가 유명하였기에, 이 스키장을 모델로 삼아 인위적으로 건설하였다고 한다. 공사는 1983년 1월에 시작하여 그해 7월에 완공되었는데(300 bed의 호텔과 함께), 스키장의 베이스(Base)는 해발 2,240m, 최고지점은 3,430m로서 1,190m의 vertical drop을 자랑한다.

이와 같이 만반의 준비를 마치고 출발만을 기다리고 있는데 여행사로부터 출발 3일 전 뜻밖의 슬픈소식이 전해졌다. 라스 레냐스(Las Leñas) 스키장이 "어떤 사정으로" (아마도, 시즌 말기가 되어 스키어들이 거의 오지 않아서) 원래 예정된 폐장일 보다 1주일 앞서서 폐장하게 되었다는 것이었다.

이번 아르헨티나 여행의 가장 큰 목적 중 하나가 라스 레냐스(Las Leñas) 방문이었는데, 갑자기 무산되어 섭섭하기 그지없었으나, 다른 방법이 없었다. 서운한 마음을 안고서 (아니면, 달래기 위하여) 수집한 자료를 좀더 읽어 보니 다음과 같은 내용이 있어 약간의 위로(?)로 삼았다.

즉, 이 스키장은 크게 두 부분, 즉 lower mountain과 upper mountain 으로 구분되어 있고, 상급자를 위한 대부분의 훌륭한 terrain은 upper mountain에 있다. 그리고 그곳으로 가기 위하여는 반드시 "더 마르테(The Marte)"(mars)라는 2인승 리프트를 타야 한다. 그런데 이 스키장의 설계가 "탁상공론식으로" 이루어져서, 이 리프트가 수시로 운행을 멈추고 폐쇄 된다는 것이다. 더욱이 그 폐쇄가 강한 바람, 눈사태의 위험, 너무 낮은 기온 등등 뿐만 아니라 "아무런 명백한 이유없이(이를 A-Factor라고 부른다)" 도 행해진다고 한다. 이중에는 "리프트를 이용하는 스키어가 너무 없으 므로"라는 것도 "숨겨진" 이유일 수 있다(마치 스키장이 예정보다 일찍 폐장하는 것과 마찬가지로). 최근의 소식으로는 2021년에는 새로운 곤돌라(gondola)를 설치한다고 하는데 두고 볼 일이다.

그러나 아무리 "sour grapes"이론을 동원하더라도, 안데스 스키장 특 유의, 눈에 깊이 덮인 광대한 산봉우리 아래의 넓고 깊은 슬로프(slope)와 오프 피스트(off-piste)를 마음껏 활강해 내려오는 즐거움을 바로 눈앞에서 놓쳐버린 아쉬움은 두고두고 오랫동안 내 가슴속에 남아 있었다.

○ **바리로체**Bariloche **스키장**

라스 레냐스(Las Leñas)를 경험할 기회를 아쉽게 놓치고, 다음 목적지인

Bariloche(바리로체라고 읽는다)로 향하였다. 참고로 바리로체(Bariloche)는 스키
장의 이름인데, 이는 12㎞ 떨어진 인근의 도시 산 카를로스 데 바리로체
(San Carlos de Bariloche)에서 그 이름을 따왔다 한다. 위 도시의 이름은, 다시,
독일태생의 상인으로서 이곳으로 이민 와서 칠레사람들과 거래를 해오
다가, 1902년에 "라 알레마나(La Alemana: "독일춤"이라는 뜻)"라는 가게를 처음
연 사람인 "카를로스 비더홀트(Carlos Wiederhold)"의 이름에서 유래하였다.

　이 도시는 원래 1895년경 독일, 이탈리아, 오스트리아, 스위스, 덴마
크, 아일랜드, 스코틀랜드, 바스크 지역 사람들이 이주해 옴으로써 형성
되었는데, 그 결과 위 각국의 국제적인 풍모들이 건축물 등 여러 곳에서
전해져 남아있다. 아마 스키도 그와 함께 전해졌을 것이다. 이러한 역사
적 배경이 있어서, 바리로체(Bariloche)는 "남미의 스위스"라는 별명을 얻
었고, 특히 2차 세계대전을 전후해서는 유럽의 여러 나라, 특히 독일로부
터 피압박자들이 자유를 찾아 많이 도망쳐 왔다. 흥미로운 점은 피압박
자들뿐만 아니라 압박자인 나치 전범들도 패전 후 도피처로 이곳을 많이
선택하였다. 예를 들어, SS장교인 프리브케(Priebke), 콥스(Kopps) 등이 수년
간 이곳에서 살았고, 잘 알고 있는 바와 같이 아이히만(Eichmann)도 이곳에
도피하여 살다가 1960년 5월에 모사드에 발각·체포되어 이스라엘로 압
송·재판을 받고 1962. 6. 1.에 교수형에 처해졌다. 심지어는 히틀러(Hitler)
와 그의 애인 에바 브라운(Eva Braun)도 1945년에 베를린을 탈출하여 이곳
바리로체(Bariloche)에서 10㎞ 떨어진 하시엔다 산 라몬(Hacienda San Ramon)에
서 1960년대 초반까지 살았다는 주장도 있다.

　아무튼 나는, 2008. 9. 28. 남위 41°에 위치한(따라서 라스 레냐스(Las Leñas)보
다는 6° 정도 남쪽으로 아래다) 이곳으로 왔다. 폐장이 예정되어 있는 10월 1일
까지 마지막 3일간의 스키를 경험하기 위해서이다. 이 바리로체(Bariloche)

는 아르헨티나에서 가장 오래되고 또한 가장 유명한 스키장으로서, 남미 전체에서 제대로 된 스키 문화와 알파인 건축문화를 가진 곳이라 한다.

다시 잠깐만 옆길로 나가면, 바리로체(Bariloche)라는 이름은 이곳 원주민어(Mapudungun어)로 "부리로체(Vuriloche)"에서 온 것인데, "Vuri는 behind", "che는 people"을 의미하므로, 이를 종합하면 결국 "(산의) 뒤에서 나온 사람"이라는 뜻이 된다.

바리로체(Bariloche) 스키장은 크게 두 부분, 즉 나무가 없는 따라서 탁 트인 산과 경사면이 널려져 있는 전형적인 안데스(Andes) 풍모의 upper bowls 부분(상층부)과, 숲과 완만한 초원지대를 굽이쳐 슬로프(slope)가 펼쳐져 있는 lower 슬로프(slope)(하층부) 부분으로 나누어져 있다. 연간 강설량이 상층부는 5m 정도 되지만, 하층부는 40㎝정도 밖에 되지 아니하여 충분한 적설량이 항상 골칫거리이다. 최근에는 강력한 제설기를 설치하여 해결을 시도하고 있지만, 한계가 있을 수밖에 없다. 근본적인 이유는 스키장의 최고봉(누베스: Nubes)은 2,100m이고, 베이스(Base)지역은 1,000m가 약간 넘어 고도가 너무 낮기 때문이다. 그러나 세 개의 봉우리, 누베스(Nubes)(2,100m), 푼타 네바다(Punta Nevada)(1,930m), 피에드라 델 콘도르(Piedra del Condor)(1,800m)를 축으로 하는 tree line 윗부분의 슬로프는 상급자까지도 충분히 즐길 수 있을 만큼 훌륭하다. 따라서 남반구의 다른 여러 스키장들과 마찬가지로, 이곳도 북반구의 따뜻한 날들이 지나가기를 기다리는 세계적인 프로 스키어들이 자주 찾아오고 있다.

더욱이 슬로프에서 나후엘 하우피(Nahuel Haupi) 호수를 내려다보는 경치는 환상적이다.

스키장의 아래쪽 절반쯤을 차지하는 tree line 아랫부분 역시 숲속을 편안하게 산책하는 기분을 느끼게 하는 힐링의 장소가 되기에 충분하다.

피톤치드로 가득찬 울창한 숲속 슬로프를 편안한 자세로 즐기며 내려오다가 마음에 드는 장소가 보이면 잠깐 스키를 벗고 눈 위에 앉아 배낭 속의 과일이나 과자를 꺼내 먹는 재미도 쏠쏠하다. 거의 대부분(95퍼센트)의 스키 여행을 아내와 함께 하였으나, 이번만은 사정상 홀로 스키를 하다 보니 이러한 재미가 반감되는 아쉬움이 있다.

여기에서 잠시 tree line 이야기를 하고 넘어가자. 이는 '수목한계선'이라고 하며, 산에서 키가 큰 나무가 자랄 수 있는 한계고도를 말하는 것이다. 즉, 산의 고도가 일정한도 이상이 되면, 예를 들어 2,500m 이상이 되면 더 이상 나무가 자라지 않고, 키가 아주 낮은 관목이나 풀만이 자라는 것이다. 따라서 스키를 하는 경우에 tree line 이상으로 올라가면 더 이상 나무가 없고, 사방이 눈 덮인 지형으로 되어 있으므로, 이론상으로는 아무곳이나 들어가 스키를 탈 수 있다. 이 tree line은 그 지역의 온도, 위도, 습도 및 바람의 세기 등의 자연조건에 따라 정해지기 때문에 그 높이가 일정하지 않고 지역에 따라 다르지만, 보통 2,500m 전후가 되는 경우가 많다. 이는 간혹 팀버 라인(timber line) 또는 크룸홀츠(Krummholz: 독일어로 '구부러진 나무'의 뜻)로 부르기도 한다.

아무 일행이 없이 혼자 타는 스키이다 보니, 슬로프를 타다가, 옆으로 벗어나 off-piste를 타다가 마음대로 즐길 수 있는 자유가 덤으로 따라온다. 사실 슬로프와 off-piste의 구별은, grooming을 위해 설상차가 지나갔느냐의 여부를 제외하고는 거의 없다.

그리고 스키장의 규모가 그리 크지 않아 한장의 지도로서 큰 윤곽을 파악하고 리프트와 슬로프를 충분히 찾아다닐 정도가 되므로 마음도 편안하다. 참고로 알프스의 많은 스키장들은 워낙 크고 넓어서, 전체의 윤곽을 대충 파악하는 데에도 여러 날이 걸린다.

나후엘 하우피 호수

바리로체(Bariloche)에서의 3일 중 마지막 날, 모든 상황에 익숙해졌고 또한 마지막이라는 생각이 겹쳐, 아침부터, 온 스키장을 종횡무진으로 쏘다녔다.

오후 한시쯤 되어 시장기가 느껴져, 평소 찜 해 두었던, 정상 약간 아래에 있는, 레스토랑으로 향하였다. 오늘이 스키장 폐장일이라 사람도 없어 한가하였고, 외관이나 분위기도 훌륭하여 그곳으로 정한 것이었다. 주문대 뒤편에 크게 쓰여져 있는 메뉴들을 보니 다른 음식들(햄버거, 스파게티 등 잘 아는 음식들)과 함께 여러 종류의 피자 메뉴가 있었다. 그런데 그중 어느 하나(나폴리 피자였던 것 같다)에는 "half"(영어 이외에 스페인어로도 적혀 있었다)라는 표시가 되어 있었다. 혼자서 하는 식사라서 피자 한판을 다 먹기는 양이 너무 많을 듯하여 (다른 테이블의 손님이 시켜 먹고 있는 피자를 옆으로 보니, 한판이 엄청나게 큰 것임을 보아 알고 있었다.), "half(반판)"를 주문하고 테이블에 앉아 기다리고 있었다. 식당은 한적하여 나 외에는 혼자 온 30대쯤 되는 서양 여성 한 명과 저 멀리 있는 테이블 하나가 차있을 뿐이었다. 얼마 시간이 지나 종업원이 음식을 들고 왔는데, 보니 half가 아니라 "온전한 한판"이었다. 게다가 크기는 얼마나 큰지, 나 같은 양이면 서너 명이 먹어도 충분할 지경이었다. 종업원에게 내가 주문한 것과 다르다고 설명하였으나, 영어로의 의사소통은 불가능함이 판명되었다. 멀리까지 즐기러 와서 구태여 음식을 가지고 다툴 생각도 없고, 그래봐야 가격도 감당하지 못할 바도 아니어서, 그대로 받아들이기로 정리하였다. 어차피 많이 남을 음식이니, 포크와 나이프를 들고 가운데 부분, 가장 부드럽고 토핑이 잘 된 부분만을, 둥그렇게 먹을 만큼 파서 먹었다. 그랬더니 결과적으로 남겨진 피자의 모습이 이상스러운 모습으로 되어 버렸다. 그러나 이는 내가 상관하거나 관심을 가질 일이 아니다.

피자 이야기가 이와 같이 길어진 것은 바로 다음 이야기를 하기 위해서이다. 식사를 거의 마치고 한가롭게 디저트와 음료를 마시고 있었는데, 나의 뒤쪽 편에 앉아 있는 30대의 서양 여인이 카메라의 셧터를 누르는 소리가 계속 들려온다. 위치적으로, 나는 밖의 풍경이 내다 보이는 큰 유리창의 바로 앞에 앉아 있었고 그 여인은 나보다 훨씬 뒤, 즉 유리창으로부터 멀리 떨어진 벽 쪽에 앉아 있었다. 따라서 그 여인의 자리에서 밖의 풍광을 사진기에 담기 위해서는 나를 지나쳐서 유리창쪽으로 사진을 찍지 않을 수 없었다. 눈 덮인 밖의 풍경이 훌륭하였기 때문에 이를 카메라에 담는 것은 자연스러운 모습(충동)이었다.

자연스러운 일로 여기고 무심히 앉아 있었는데, 셧터를 누르는 횟수가 비정상적으로 너무 많음이 무의식적으로 느껴졌다. 그러자 그 후 바로 "육감적으로" 그 여인이 찍고 있는 장면이 밖의 풍경을 넘어, 나의 모습 그리고 내가 먹고 남긴 피자의 모습이라는 것을 느낄 수 있었다. 순간 약간 불유쾌에 가까운 감정이 생겼으나, 확증도 없는 데다가, 찍었던 화면을 보여달라 하기도 그렇고, 결정적으로는 그 장면이 크게 나의 명예를 훼손할 일도 없겠다 싶어, 그대로 모른 척 넘어가기로 하였다. 그 여인은 아마도 집으로 돌아가서 친구들이나 가족들을 모아놓고, 동양의 어떤 나이든 남성이 세련되지 못하게 음식을 주문하고 남긴 모습을 보여주면서, 유쾌한 시간을 가졌을 것으로 추측한다.

지구의 반대편에서, 아마도 나와 평생 다시 만날 일도 없을 사람들에게 잠시나마 즐거운 웃음거리를 만들어 주었다는 것이 별로 기분 나쁘게 느껴지지도 않는다.

저녁시간을 이용해 바리로체(Bariloche)의 시내 번화가로 나와 산책과 구경을 즐겼다. 과연 남미의 스위스라고 할 만큼 분위기가 유럽식이고

화려하다. 아르헨티나의 대학생들 사이에서는 졸업식을 마치고 시간을
내어 이곳으로 한번쯤 여행을 다녀가는 것이 소망이라고 한다.

○ **체로 카스토르**Cerro Castor **스키장 (우슈아이아: Ushuaia)**

바리로체(Bariloche)에서의 스키를 폐장 일자에 맞추어 가까스로 마치
고, 2008년 10월 6일 최종 목적지인 우슈아이아(Ushuaia)로 갔다.

우슈아이아(Ushuaia)는 남위 54.8°에 위치하고 있으며 지구상 가장 남쪽
에 있는 도시로 인정받고 있다. 참고로 지구에서 가장 남쪽 도시라는 title
을 인정받기 위해서, 다른 두 도시가 경쟁하고 있는데 하나는 칠레(Chile)
의 푼타 아레나스(Punta Arenas)이고 다른 하나는 푸에르토 윌리암스(Puerto
Williams)이다. "도시"로 인정받기 위하여는 "어느 정도 자급자족할 수 있
는 여건"을 갖추어야 한다는 것이 일반적으로 받아들여지고 있는 기준
이다. 이 점에서 푸에르토 윌리암스(Puerto Willwams)는 훨씬 남쪽에 있기는
하지만 인구가 2,500명 정도 밖에 되지 않아 탈락이다. 반면 푼타 아레나
스(Punta Arenas)(Punta는 끝, Arenas는 모래의 뜻이다)는 훨씬 큰 도시이지만 위도가
우슈아이아(Ushuaia) 보다 훨씬 북쪽인 남위 53°이다. 따라서, 관건은 우슈
아이아(Ushuaia)가 도시로 인정받을 수 있는 자격을 갖추었느냐인데 다음
의 다섯 가지 이유로 긍정되고 있다.

하나는 인구가 64,000명 정도로 상당한 규모가 있고, 둘째는 충분히
기능하는 병원이 있으며, 셋째는 고등학교 등 교육기관이 있고, 넷째
는 산업적으로도 규모가 큰 전자 회사 공장(레나세: Renacer, 이전의 그룬디히:
Grundig임)이 있으며, 끝으로 잘 조직된 교통체계와 도시기능을 갖추고 있
다는 이유이다.

우슈아이아(Ushuaia)라는 이름은 이곳의 토착민인 야마나(Yamana)족이
붙인 이름인데, 그 뜻은 "place of sun-down(해가 지는 곳)"이라 한다. 우슈아
이아(Ushuaia) 시내를 다니다 보면 "핀 델 문도(Fin del Mundo: 세상의 끝)"라는
문구와 함께 "The End of the World, the Beginning of Everything"라고 쓰
여진 간판이 많이 보인다.

이 도시는 "티에라 데 푸에고(Tierra de Fuego: 불의 땅: 지하의 천연가스의 분출로
생긴 불)"라는 섬에 있는 마을에서 발달하였는데, 1613년 아르헨티나 정부
가 중범죄자(특히 정치범)를 수용하기 위하여 만든 감옥 시설에서 시작되
었다. 영국에 의한 오스트레일리아 및 프랑스에 의한 데블스 아일랜드
(Devil's Island)와 같이 티에라 델 푸에고(Tierra del Fuego)를 탈출이 불가능한 섬
으로 인정한 것이다. 그 감옥은 현재 박물관으로 개조되어 일반에 공개
되고 있어, 방문해 보았는데 정치권력의 탐욕 및 이로 인해 학대 받은 피
해자의 참상을 볼 수 있어, 만감이 교차하였다. 이러한 수감자들은 강제
노역에 동원되어 감옥 주변의 숲의 나무를 잘라내고 (이것이 현재의 도시가 형
성되는 기초가 되었다.) 철도를 건설 (이것이 현재의 "트랜 델 핀 델 문도": "Tren del Fin del
Mundo" 철도가 되었다.) 하는 작업을 하였다.

지구상 최남단의 도시 우슈아이아(Ushuaia)에서 북쪽으로 27㎞ 떨어진
곳에는, 지구상 최남단의 스키장 "체로 카스토르(Cerro Castor)"(cerro는 언덕,
castor는 떡갈나무라는 뜻)가 있다. 이 스키장은 베이스(Base)가 200m에서 시작
하여 최고봉이 1,057m에 지나지 않지만, 최남단에 위치한 탓으로 기온이
온화하고 일정하여 겨울에는 0℃에서 -5℃를 유지하는 까닭에 남미에
서 가장 긴 스키시즌을 자랑하고 있다.

스키장의 모습은 상부의 절반 정도는 안데스(Andes) 특유의 모습, 즉
tree-line 위에서 광활한 산과 눈덮인 경사면으로 되어 있어서 능력만 허

우슈아이아 박물관

최남단 스키장 입구

락한다면 어느 곳이든 마음껏 질주할 수 있다. 슬로프(slope)와 off-piste의 경계 역시 유심히 보지 않으면 구분이 안될 정도로, 설상차가 지나간 곳이냐 아니냐에 따라 구분될 뿐이다.

반면 하부의 절반 정도는 빽빽한 숲으로 덮여 있어서 완만한 경사에 초·중급자들이 즐기기에 적합하다.

이곳에서 이틀 동안 스키를 하였는데 (스키장 규모가 이틀이면 전부를 경험하기에 충분하였다.), 이틀째에 인상적인 장면을 우연히 목격하였다. 그때 나는 스키장의 오른쪽 끝부분에서 스키를 하다가 잠시 머물러 숨을 돌리고 있었는데, 저 멀리 스키장의 제일 왼쪽 끝부분의 슬로프 정상(이곳이 최고봉인 1,057m 지점이다.)으로부터 어떤 스키어가 전속력으로 직활강을 시작하였는데, 중간에 한번도 멈추거나 속도를 줄임이 없이 끝까지 단숨에 활주하는 놀라운 광경을 목격한 것이다. 시야가 확 트이고 중간 장애물이 전혀 없는 안데스(Andes)에서만 볼 수 있는 장면이었다. 아마도 그 스키어는 북반구에서 여름 동안 전지훈련을 온 국가대표 또는 프로선수이었을 것으로 추측되었다.

이틀동안 이곳에서의 스키는 격렬하거나 깊이 인상적이지는 않았으나, 편안하고 아늑한 스키로 기억되고 있다.

우슈아이아(Ushuaia)에 머무르는 동안 묵었던 호텔(호스테리아 카우예켄: Hosteria Kauyeken)과 관련해서 세 가지 인상적인 추억거리가 있다.

하나는, 내가 머물던 위 호텔은 대로변에서 약간 들어간 곳에 있었는데, 방의 창으로 밖을 내다보면 탁 트인 시야에 눈 덮인 안데스의 큰 산봉우리들이 그대로 들어왔다. 멀리 보이는 준봉들과 함께 호텔 바로 옆으로는 가끔 대형트럭들이 큰 소음을 내고 도로를 질주하는 모습도 보였다. 나중에 알게 된 것이지만, 이 도로가 바로 멀리 알라스카(Alaska)에서부터 시작하여 북미의 미국을 거치고 아르헨티나를 거쳐 남미의 끝 우슈아이아(Ushuaia)까지 관통하는 "Route3"라는 것이다.

둘째는, 어느 날 한밤중, 우연히 잠에서 깨어 일어나 창밖을 내다보게 되었다. 지구의 반대편 끝에서도 한참 외딴 곳에서 동행도 없이 홀로 지내는 쓸쓸한 생각에 젖어 있는데, 창밖이 의외로 어둡지 않고 상당히 밝은 것이, 마치 구름낀 흐린 날의 낮같이 느껴질 정도였다. 무심결에 일어나 창으로 걸어가 밖을 보니, 구름없이 맑은 하늘에 완벽하게 둥근 보름달이 환하게 비추고 있었다. 얼른 사진기를 찾아 그 광경을 찍었는데, 한밤중의 사진이라고는 믿기지 않을 정도로 선명하게 달의 모습이 촬영되어 있었다. 한참동안 보름달을 쳐다보면서 이런저런 상념에 잠겼다.

마지막은 음식에 관한 이야기이다. 매일 스키를 하고 돌아오면, 달리 밖에 나가 식사할 장소도 없어 (호텔이 시내에서 외진 곳에 있었다.) 호텔의 식당에서 저녁식사를 하게 되었다. 마지막 날의 저녁식사는, 내심 제대로 된 식사를 경험해 보기로 작정하고 종업원에게 메뉴를 부탁하였다.

두툼한 메뉴를 가져왔는데, 스페인어로만 되어있는 데다가, 음식에 관한 단어들이니 쉽게 알아볼 수 없는 것이 당연하였다. 하지만, 이번 한 끼만은 비용에 상관없이 즐겨보기로 작정했던 만큼, 전채요리, 수프, 빵, 메인요리, 디저트 등 하나도 건너뛰지 않고 모두 주문하였다. 음식의 종류는 어차피 제대로 파악할 수 없는 만큼, 대충 눈짐작으로 이것저것 골라 주문을 마쳤다. 얼마 시간이 지나 종업원이 준비된 음식들을 가져왔는데, 처음 한두 가지는 그런대로 적당히 "처리"하였는데 (물론 양도 너무 많아 상당량은 남겼다), 계속해서 나오는 요리들은 더 이상 처리가 불가능하였다. 그 이유는 무엇보다도 거의 모든 요리가 "오징어"를 주재료로 해서 만들어진 것이었기 때문이었다. 즉, 전채 요리부터 수프, 메인요리, 추가

최남단 스키장 전경

설원에서 외로이

요리 등이 모두 오징어로 된 것이었다. 난감해 하는 표정으로 적당히 수습해 나가기는 했는데, 종업원도 이러한 상황을 파악한 듯, 동정의 눈길로 쳐다보았으나, 달리 도와줄 방법도 없을 것이었다. 우슈아이아(Ushuaia)에서의 마지막 만찬은 이와 같이 대실패로 끝났다.

재미삼아 대실패의 원인을 생각해 보았는데, "오징어"라는 스페인어 단어를 그 당시에 알지못한 나의 잘못이 100퍼센트였다. 귀국하여 스페인어 사전을 뒤져 확인해보니 오징어는 스페인어로 "칼라마리(calamari)"라고 하는 것임을 뒤늦게 알게 되었는데, 세상 많은 일에 timing이 중요함을 다시 한번 배웠을 따름이다.

억울한 생각에 좀더 검색을 해보니, 전 세계 오징어 생산량의 80퍼센트를 아르헨티나 연안에서 어획한다고 하며, 그 오징어의 가장 큰 수입국이 스페인과 이탈리아임을 알게 되었다.

하지만 여행의 씁쓸한 기억은 시간이 흐르면서 아름다운 추억으로 변질되는 마력이 있다.

눈을 뒤집어 쓴 나무들

스키에서 맛보는 황홀경 세 가지

어느 스포츠에나 다른 곳에서는 느낄 수 없는 독특한 쾌감이 있기 마련이다. 이 중에서 스키에 관련해서 특별하다고 여겨지는 황홀한 순간 세 가지를 나의 경험을 토대로 정리해 본다.

우선 첫째로, 거의 모든 skier들이 공통되게 느끼는 쾌감은, 상당한 경사의 잘 정설된 슬로프(slope)를 최대의 속도로 edge를 잘 걸면서 긴 S자를 그리며 활강해 내려가는 것이다. 정확한 자세가 갖추어 진다면 상체와 하체가 거의 설면에 닿을 정도까지 기울어져 있으면서, 스키의 칼날(edge)부분이 설면을 깊숙하게 파고들어가 스키바닥이 옆에서 훤히 보일만큼 각도가 선 상태로 활주하게 된다. 스키의 속도 또한 최대한으로 높일 수 있다. 중급이상의 실력을 갖춘 스키어라면 대부분 여기에 몰두하고 이를 위한 훈련에 집중한다.

다음은, strong-intermediate 이상의 수준이 되면, 정설된 슬로프(slope)밖의 off-piste 또는 아예 슬로프를 멀리 벗어나 파우더 스노우(powder snow)가 잔뜩 쌓인 곳으로 들어가 powder ski를 즐기는 것이다. 우리나라에서는 여건이 허용되지 않아 불가능하지만, 외국 특히 유럽이나 북미의 스키장에 가면 이러한 장소가 드물지 않게 있다. 특히 큰 스키장의 back bowl이 그러하다.

이러한 곳에서 타는 ski는 방법이 매우 다르지만(근본적으로 상하의 몸놀림이 중요하다), 어느정도 숙달되고, 리듬(rhythm)이 잘 맞아 떨어지면, 순간적인 무중력상태를 느끼는 황홀감을 맛볼 수 있다. 즉, 깊은 powder에 수직으로 압력이 가해져 하강하다가, plate 밑에서 압축된 눈의 반동으로 인해서 몸이 솟구쳐 올라오는, 그 반전의 짧은 순간에 배꼽부분에 긴장감이 생기면서 느끼는 감각이다. 비행기여행 중 에어포켓(airpocket)에 빠져 비행기가 잠시 급강하할 때에 느끼는 감각과 같다. 능숙한 skier라면 이러한 감각을 한 run에서도 여러 번 맛볼 수 있다. 시간, 비용, 정력을 엄청나게 들여 heli ski를 찾아나서는 이유가 여기에 있다.

다른 하나는, 약간 의외라고 생각할지 모르겠지만, 경사도가 아주 낮은 초급자용의 슬로프(slope)에서, 우연히도 눈이 내려 약 2·3cm 정도의 신설이 쌓였을 경우에, 그 위를 경사도에 몸을 맡기고 내려갈 경우에 발밑에서 느껴지는 감각이다. 나의 경우에는 미국의 맘모스(Mammoth) 스키장에서 하루종일 스키를 한 후 어둠이 깔리기 시작할 무렵 숙소로 돌아가는 길목에서 위와 같은 상황을 우연히 만났었는데, 마치 비단 위를 사뿐히 미끌어져 가는 느낌이었다. 샹그릴라로 들어가는 입구의 모습이 이러하지 않을까 상상해 보았다.

11

특이한 경험을 위해, 별난 곳으로 가다

덜 알려진 스키장들을 찾아서

음식도 진수성찬만을 계속 먹으면 가끔 소박한 별미 음식이 그리워 질 때가 있다. 스키장의 탐방도 마찬가지여서 세계의 이름난 큰 스키장 들을 위주로 찾아 다니다 보니, 잘 알려지지 않은 별난 스키장을 가보고 싶은 욕망이 생겼다. "잘 알려지지 않은"이라고 해서 규모가 아주 작거 나 기반시설이 열악해서 정상적인 스키를 즐길 수 없다는 뜻은 아니다. 나름대로의 규모나 시설을 갖추고 현지인들이나 정보가 밝은 외국인들 은 흔히 찾는 곳이지만, 다만 아직 스키 인구와 정보가 충분치 못하거나 아니면 지리적으로 너무 멀리 떨어져 있어서 우리나라의 스키어들에게 비교적 덜 알려져 있다는 의미일 뿐이다.

나의 짧은 지식으로도 이러한 곳이 대여섯 군데는 금세 떠올라 왔다. 세계의 여기저기에 멀리 흩어져 있어 찾아가는 데에 큰 결심이 필요하였 지만, 호기심과 열정을 채우기 위해 몇 군데만이라도 탐방해 보기로 하 였다.

○ 조지아Georgia: 구다우리Gudauri 스키장

조지아(Georgia)를 포함한 코카서스 3국(아제르바이잔과 아르메니아)은, 다 른 여행 모임과 기회가 있어 2016년 8월에 다녀온 바가 있었다. 그 일정 중에 코카서스 산맥의 준봉들이 있는 국경 쪽으로 (카즈베크: Kazbek, 봉우리, 5,047m) 가본 적이 있는데, 그 과정에서 안내인이 크고 황량한 나무가 전 혀 없는 산을 가리키면서 그곳이 겨울에는 커다란 스키장이 된다고 설명 해 주었다. 당시에는 설마 이곳까지 스키하러 올 기회가 있을까 싶어 흘 려 들었는데, 2019년 1월 뜻밖에 동호인들이 모아져서 멀리 이곳을 찾아 나섰다.

조지아는 북위 41° ~ 44°에 걸쳐 있고 그 수도인 트빌리시(Tbilisi: "따뜻한"이라는 뜻으로서, 주변에 온천이 많다.)는 뉴욕 및 우리나라 청진과 위도가 같다. 조지아라는 이름은 페르시아인들이 그곳 사람들을 "그루지(gurğ)"라고 불렀다는 데에서 유래한 것이다. 우리나라에서는 한때 "그루지야"라고 부르기도 하였으나 이는 러시아어 "그루지야(Грузия)"에서 온 발음인데 1991년 러시아로부터 독립되면서 2011년 조지아 외무성의 공식 요청에 따라 "조지아"를 정식 명칭으로 사용하고 있다.

조지아는 인구 500만 명 정도의 작은 나라이기는 하지만 몇가지 특이사항들이 있다. 즉, 조지아는 세계 최초의 와인 생산국이고, 세계 최초로 기독교를 공인한 나라이며, 아주 오래된 고유의 알파벳 33글자(모음 5, 자음 28)를 가지고 있다.

역사적으로는, 인접한 나라들인 투르크, 이란 및 최근에는 러시아의 간섭을 받아 어려운 세월을 보내다가 1991년에 친서방국으로 독립하였다. 공교롭게도 러시아의 스탈린이 이곳 조지아 출신이다.

조지아는 산악지형이 발달한 남 코카서스(러시아어로는 "카브카즈" KAVKAZ)에 위치하고 있다. 코카서스(Caucasus)는 5,000m가 넘는 준봉들을 여럿 가지고 있는 (가장 높은 슈카라봉 = 5,068m, 가장 유명한 카즈베크 봉 = 5,047m) 큰 산맥인데, 세계의 큰 산맥들이 거의 그러하듯이 (알프스, 록키, 안데스, 피레네, 서던 알프스, 천산산맥 등, 다만 히말라야만이 예외이다) 모두 커다란 스키장들을 거느리고 있다. 코카서스에서의 그곳은 바로 Gudauri(구다우리) 스키장이다. 구다우리(Gudauri) 스키장은 조지아(Georgia)의 수도인 트빌리시(Tbilisi)에서 러시아와의 국경지대인 카즈베크산 쪽으로 120km 떨어진 곳(차로 1시간 반 정도의 거리)에 있다. 조지아(Georgia)에는 이외에도 세 개의 스키장이 더 있지만 (그 중에서도 바쿠리아니: Bakuriani가 비교적 알려져 있다.) 이곳 구다우리

(Gudauri)가 가장 크고 외국인 스키어들도 많이 찾는 대표적인 곳이다.

구다우리(Gudauri) 스키장은 맨 아래의 1차 베이스(Base)(lower Gudauri)가 해발 1,990m이고, 정면으로 웅장하게 마주 보이는 산(마운트 사드젤레: Mt. Sadzele) 정상이 3,307m, 넓이는 218㏊, 슬로프 총길이 50㎞의 초대형이지만, 그 구조는 간단 명료하다.

즉, 모든 스키어들은 일단 1차 베이스(Base)에서 시작한다. 이곳에는 매표소, 식당, 5성급의 큰 마르코 폴로(Marco Polo) 호텔, 슈퍼마켓 등이 모여 있다. 이곳에서 리프트(lift)를 타고("솔리코" 리프트: "Soliko" lift) 올라가면 2차 베이스(Base)(upper Gudauri)가 나온다. 여기에서부터 본격적인 ski가 시작된다. 즉, 2차 베이스(Base)에서 쿠데비(Kudebi) 2리프트를 타면 마운트 쿠데비(Mt. Kudebi)(3,006m)에서 내린다. 이곳에서 계속 스키를 할 수도 있고, 또다른 선택지는, 중간쯤에서 다시 최고봉인 마운트 사드젤레 웨스트(Mt. Sadzele West)(3,276m)로 올라가는 리프트(Sadzele)를 탈 수도 있다. 이 곳이 구다우리(Gudauri) 스키장의 highlight라고 할 수 있다. 즉, 정상에서 가운데로 직선으로 내려오는 코스는 최상급자용으로 길고 웅장하며 가파르다. 하지만 적어도 한번은 경험해야 할 코스이다. 이곳을 마치면 양 옆으로 약간 돌아내려오는 코스가 있다. 왼쪽은 차도로 코비 패스(Kobi Pass)이고 오른쪽은 조금 우회하는 상급자 코스이다. 어느 코스나 tree-line 위에 있어 막힘이 없는 광대한 슬로프를 자랑한다.

반면에, lower Gudauri(1차 베이스(Base))에서 왼쪽으로는 시노바세(Shinobase)가 있어, Shino 리프트를 타면 스키장 왼쪽 사면을 경험할 수 있다. 이곳에는 타트라(Tatra) 1, 타트라(Tatra) 2 슬로프가 펼쳐 있는데, 이 역시 훌륭한 스키장소이다. 이 슬로프에서 약간 왼쪽 언덕 밑으로 내려가면 경사진 골짜기를 따라 작은 규모의 호텔들이 많이 모여 있다. 우리가

구다우리 정상에서

스키장 전경을 뒤로하고

묵었던 호텔(아부 호텔: Abu Hotel)도 이곳에 있었다. 지리에 익숙해지면 슬로프에서 바로 호텔로 찾아 들어갈 수도 있다.

반대로, lower Gudauri(1차 베이스(Base))에서 오른쪽으로는 New Gudauri 라고 해서 콘도 단지가 조성되어 있고, 이곳에서 곤돌라가 출발한다. 곤돌라의 도착 지점은 앞서 본 Shino 리프트의 하차 지점과 겹쳐있다. 기회가 되면(날씨가 허락하면) 이곳에서 다시 리프트(코비-구다우리: Kobi-Gudauri)를 타고 마운트 비다라(Mt. Bidara)(3,174m)까지 올라가서 멋진 경치를 즐기며 활주할 수 있다. 이곳의 정상에서는 저 멀리 유명한 카스베크(Kazbek)산 (5,047m)을 볼 수 있다 하는데, 내가 머무르는 기간 내내 기상이 나빠 이 리프트(lift)가 폐쇄되는 바람에 아쉽게도 그러한 경험을 하지 못하였다.

우리 일행은 5일 동안 이곳에서 스키를 하였는데, 스키장 전체를 경험하기에 충분한 시간이었다. 경험의 결과 몇가지가 느낌으로 남는다.

가장 중요한 것은 적설량이 풍부하다는 점이다. 어느 날은 밤새 눈이 내렸는데, 아침에 주차장으로 나와보니 차들이 모두 없어져 버렸다. 차높이 이상으로 눈이 내려 눈에 모두 덮여버린 것이었다. 그리고 스키장 전체가 마치 Andes에서와 같이 전혀 막힘이 없이 광활한 눈으로 뒤덮여 있어서 아무 곳이나 마음껏 활주할 수 있을 것 같이 보인다. 더욱이 중간중간에 높이 솟은 바위나 절벽도 없다. 그럼에도 불구하고 감히 들어갈 수 없는 곳 따라서 흰 눈이 그대로 남아있는 곳이 너무나 많이 남아있다. 그 이유는 단 한 가지, 적당한 각도의 슬로프를 따라 유쾌하게 활강하다 보면 대개는 분지 형태를 이루어 올라가는 경사를 만나게 되는데, 여기서는 내려가는 탄력의 힘으로, 그대로 올라갈 수 없는 (즉, 탈출할 수 없는) 어려운 상황에 처하게 되기 때문이다. 자칫하면 아주 깊은 눈에, 먼 거리를 힘들게 걸어서 탈출해야 하는 상황에 처하게 된다. 그리고 이곳의 설질

은 완전한 습설은 아니지만, 그렇다고 완전한 파우더 스노우(powder snow)
도 아니다. 약간의 습설이다. 그래서 활주하거나, 걸어서 움직이는 데에
상당한 걸림돌이 되기도 한다. 어쩌면 엄청나게 좋은 자연적 조건에도
불구하고, 구다우리(Gudauri) 스키장이 안고 있는 숨겨진 약점일 수 있다.
즉, "What you see, you can ski."가 안되는 것이다.

다른 하나는 숙소를 정함에 있어서 가능하면 lower Gudauri(즉, 1차 베이
스(Base)) 부근에 자리잡기를 강력히 추천한다. 특히 웬만하면 그곳의 마르
코 폴로(Marco Polo) 호텔(5성급 호텔)에 묵기를 권고한다. 우선 리프트에 가장
쉽게 접근할 수 있는 위치에 있고, 시설이 최상급으로 훌륭하며, 다른 외
국의 5성급 호텔에 비하여 아직은 가격도 저렴하다. 더욱이 night life를
즐기기 위한 시설들도 근거리에 있다. 우리가 묵었던 아부 호텔(Abu Hotel)
은 Tatra 1 슬로프(slope)의 중간쯤 옆 경사면에 있었는데, 매번 택시를 불
러 베이스(Base)까지 왕복하는 불편을 겪었다.

참고 삼아 몇가지만 더 추가로 적어둔다. 트빌리시(Tbilisi)에서 러시아
국경의 카츠베크(Kazbek)로 넘어가는 도로는 외길인데, 거의 항상 초대형
화물트럭(바퀴가 18개짜리)이 국경통과를 위해 여러날씩 길가에 머물며 숙
식을 하면서 기다린다. 그 결과 교통체증이 엄청 심할 수 있다.

다음, 구다우리(Gudauri) 스키장이 규모는 크지만 구조가 단순하여, 현
장에서 조금만 신경을 써서 연구하면 전체의 리프트와 슬로프 상황을 파
악하는 데 문제가 없다. 하지만 그래도 "스키장의 지도(trail map)" 정도는
인쇄하여 여러 곳에 비치해 둘 만도 한데 그렇지 않고(아마도 경비절감을 위
한 조치라 보여진다.), 각자가 구글(Google)을 통해 찾아보아야 한다.

끝으로, 아주 희귀하게 일어나는 일이기는 하겠지만 우리가 방문하기
1년 전인 2018년 3월에는 스키장의 리프트가 오작동하여 역주행하는 사

고가 있었다. 다행히 사망자나 중상자는 없었다 하는데, 해당자들에게, 사과와 함께, 다음시즌(2018~2019년)의 리프트권을 무상으로 제공해 주는 방법으로 마무리 되었다 한다.

○ **시베리아: 세레게쉬**(Sheregesh (Шерегеш)) **스키장**

시베리아에 있는 세레게쉬 스키장은 시베리아 지역에서 가장 큰 도시인 노보시비르스크(Novosibirsk: 새로운=novo, 시베리아의 도시=sibirsk 라는 뜻이다)에서 차로 10시간 정도 동쪽으로 이동해야 한다. 한편, 서울에서 노보시비르스크까지는 비행기로 6시간 15분이 걸린다.

이 노보시비르스크는 우리에게 잘 알려져 있지 않지만, 시베리아 횡단 열차가 개통되면서 발달한 시베리아 지역 최대의 도시이며, 모스크바, 상 페테르부르크에 이어 러시아에서 세번째로 큰 도시라 한다. 이 도시는 지도로 보니 북위 54° 쯤에 위치하고 있고, (대략 모스크바와 같다) 바로 아래쪽으로는 카자흐스탄의 수도인 아스타나가 있으며, 우리나라에서 가면 몽골보다 약간(?) 멀리 서쪽으로 떨어져 있다.

이곳은 스키시즌이 10월부터 5월까지 8개월이나 된다. 조금이라도 일찍 스키를 시작해 보고자 하는 욕심에 2018년 11월 말경 소수의 일행들과 함께 이곳을 찾았다. 러시아 그리고 시베리아는 과연 크고 넓은 땅이었다. 6시간 남짓의 비행시간은 그렇다 치고, 공항에서부터 스키장까지 장장 10시간을 자동차로 달려갔는데, 산이라고는 하나도 없고 모두 눈과 얼음으로 덮힌 대지 위에 한 갈래 포장도로만이 끝없이 펼쳐져 있다. 중간의 허술한 식당에서 저녁식사를 때운 후 새벽 두시경 스네즈니(снежный: snow라는 뜻) 호텔에 도착하였다. 호텔시설은 비교적 훌륭하였다. 특히 방이 엄청 넓어서 좋았다.

잠시 눈을 붙이고 성급한 마음에 9시 반경부터 스키를 하러 나섰다. 다행히 리프트(lift)의 베이스(Base)가 호텔에서 걸어서 5분 거리에 있어, 스키장으로의 접근은 용이하였다. 스키장의 지도를 구하여 검토해 보니, 스키장의 구조가 비교적 간단하여 별 어려움없이 슬로프를 찾아 다닐 수 있을 것 같았다.

스키장은 베이스(Base)가 해발 670m이고 가장 높은 정상이 1,270m이어서 표고차가 600m 정도밖에 되지는 않지만, 결코 만만하게 볼 수는 없었다. 워낙 넓은 땅 위에 솟아있는 산을 토대로 만들어진 것이어서, 사방으로 펼쳐진 슬로프가 엄청나게 길 뿐만 아니라, 경사도 또한 가볍게 여길 수 없는 정도이다.

스키장은 크게 다섯 부분, 즉 섹토르(Cektop)(영어로 sector라는 뜻이다) A부터 E까지로 나누어져 있는데, 일부 (특히 Cektop C구역)는 나무 숲 사이로 임간스키를 할 수도 있었다.

스키장의 규모를 가늠할 수 있는 몇가지 경험을 적어본다.

숙소에서 나와 5분거리에 main 베이스(Base)가 있어서, 이곳에서 보면 정면으로 일직선의 넓은 슬로프가 한눈에 들어온다. 폭도 워낙 넓고 (족히 200m는 될 듯하다) 길게 직선으로 뻗어 내려와서 정상에서부터 쉬지 않고 한숨에 끝까지 내려올 수 있을 것 같다. 리프트도 한번에 정상까지 올라간다. 표고차도 기껏 600m 정도밖에 되지 않는다. grooming이 잘 되어 있고 설질도 나쁘지 않다.

결론은, 정상에서 시작하여 베이스(Base)까지 한번도 쉬지않고 활강해 보려는 시도가 마지막날까지 성공하지 못하였다. 사실 내심으로는, 세계의 어느 스키장에서건 적당히 속도를 조절하고 긴 회전을 하고 내려오

호텔정면

간이매점

면, 한번에 내려오지 못한 경우가 (내 기억에는) 없었다. 하지만 이곳은 아니
었다. 경사가 대단히 가파르고 끝도 없이 이어져서, 허벅지에 불이 날 정
도가 되어, 적어도 두세번은 중간에 쉬어야만 내려올 수 있었다. 나중에
확인해 보니, 그 슬로프는 "더블 블랙 다이아몬드(double black diamond)"로
평가되어 있었다.

하루는 섹토르(Cektop) C(C구역)으로 들어갔다. 일부러 슬로프를 벗어나
나무 사이의 임간스키를 즐겨 보기 위함이었다. 나무가 크고 굵을 뿐만
아니라 나무 사이의 공간이 비교적 넓고 눈 상태도 좋아 한참동안 즐기
면서 잘 내려왔다. 가까운 곳에 리프트도 보이고, 아담한 레스토랑도 있
어 차 한잔을 마시며 좋은 시간을 가졌다. 조금 후 돌아가야겠다며 지도
를 확인하니, 리프트를 이용하여 돌아가기에는 너무 멀리 왔고 시간도
많이 걸려 종료시간까지 숙소에 도달할 수 없을 정도였다. 난감하여 레
스토랑의 종업원에게 물어보니, 스노우 모빌(snow mobile)을 불러서 타고
가거나, 아니면 taxi를 타고갈 수밖에 없다고 한다. 당연히 요금은 따로
지불하여야 한다. 하는 수 없이 taxi를 불러 타고 숙소로 귀환하였다.

가장 중심 구역인 섹토르(Cektop) A의 정상에서 보면 오른쪽으로 저 멀
리 크게 십자가가 산봉우리에 세워져 있었다. 그 곳까지의 경치도 좋아
보이고 적당한 경사의 사면이 이어져 있으며, 아무도 다니지 않아(리프트
가 없으니 접근할 수가 없어서) 흰 눈이 그대로 남아있다. 스키어라면 누구라도
첫 스키 자국을 남기고 싶은 욕망을 자극하는 풍경이었다. 리프트가 설
치되어 있지 않으니(아마도 경제적 효율성을 고려한 듯하다) 접근할 수 있는 유일
한 방법은 snow mobile을 전세 내어 가는 것이다. 결국은 욕망이 검약을
이겼다. snow mobile 운전자의 뒷자리에 앉아 십자가가 있는 정상까지
가서 virgin snow 위를 활주해 내려오는 즐거움을 두 번에 걸쳐 누렸다.

눈에 뒤덮힌 정상의 십자가

정상에서 출발준비

마지막 날인 5일째에는 기온이 영하 35도인데다(이때가 11월이다), 폭풍설(blizzard)이 강하게 분다 하여 하루를 쉬었다.

시베리아에 있는 세레게쉬 스키장, 그곳에서의 5일간의 스키는 특별하고 기억에 남는 경험이었다. 하지만 머리 속에 침전되어 정리된 생각은, "한번으로 족하다"고 고백하지 않을 수 없다.

○ 중국 흑룡강성: 야불리(亞布力: Yabuli) 스키장

언젠가 유럽의 어느 스키장에서 서양인을 만나 스키이야기를 나누었는데, 그의 친구가 가이드로서 중국의 야불리 스키장에서 일하는데 한겨울에는 너무 추워서 고통스러워 한다고 들은 적이 있었다. 그 이후 언젠가 한번은 가보고 싶다고 생각하고 있었는데, 2017년 3월에 시간이 났다. 다만, 그곳이 너무 춥다는 말이 계속 머리에 남아 있어서, 가급적 늦은 날짜를 잡아, 그 야불리 스키장이 폐장하기 직전에 가보기로 하였다. 즉, 폐장하는 날 3일전(3월 10일)에 가서 폐장하는 날(3월 13일)에 나오는 계획이었다. 그리고, 너무 추운 곳이라는 정보에 겁을 먹고, 아내도 동행을 사양하여, 나 홀로 여행을 해야 하는 상황이 되었다.

야불리(亞布力: Yabuli)는 북위 44.5° 쯤에 있는 작은 마을이고, 가장 가까운 도시는 샹즈(尚志)이며, 인근의 큰 도시로는 하얼빈과 무단장(牡丹江)이 있다. 위치는 한반도의 정북쪽에 있다. 가는 방법은 위 두 도시까지 항공편으로 간 후, 자동차로 목적지까지 가는 것이다. 확인해 보니 자동차를 이용할 경우 하얼빈에서는 (남동쪽으로 177km) 4시간 반(기차로는 두 시간 반), 무단장에서는 (서쪽으로) 두 시간이 걸린다 하는데, 나는 하얼빈 시내와 그곳에 이르는 풍광을 구경할 수 있도록, 일부러 먼 길을 택하여 하얼빈으

로 들어갔다. 스키장은 당연히 산중에 있을 것인데, 이곳 야불리 스키장
은 (지도에 확인해 보니) "장광자이린(张广才吟)" 산맥에 걸쳐 있음을 알게 되
었다. 그리고 후에 숙소의 지배인에게 들어 알게 된 바에 의하면 야불리
(Yabuli)는 러시아식의 이름인데, 한때 러시아가 이곳을 지배할 당시 붙인
이름으로서 그 뜻은 "apple garden"이라고 한다. (그래서 숙소에 있는 어느 식당
의 이름이 apple garden이다.) 그리고 이 리조트는 최근에 프랑스의 클럽 메드
(Club Med)가 소유하다가 중국인 손으로 넘어갔다고 들었다. 이름은 그대
로이다.

하얼빈 공항에 마중 나온 차량(운전자는 영어가 전혀 안되는 중국인이었다.)을
타고, 네 시간 가량 한마디 대화도 없이 (대화가 불가능하였으므로) 광활하고
평평한 대지를 달려 스키장에 도착하였다. 클럽 메드(Club Med)는 그 운영
방식이 체계화되어 있어, 모든 비용이 포함(와인 등 알코올 음료도 포함)되는
프렌치-스타일(French-Style)의 올 인클루시브(all inclusive) 방식이고, 서비스와
시설이 훌륭하였다. 특히 제공되는 음식은 질·양 모든 면에서 최상급이
었다.

내가 홀로 여행 왔다는 것을 알게 된 종업원(클럽 메드: Club Med에서는 이들
을 G.O. "Gentle Organizer"라고 부른다.)들이, 첫날 저녁식사 때부터 끝나는 날까
지 교대로 함께 식사와 대화를 나눌 상대방을 마련해 주었다. 어떤 날은
그곳의 최고 매니저와 식사할 수 있었고, 어떤 날은 스키강사 겸 가이드
로서 스위스의 베르비에(Verbier)스키장에서 일했던 분과도 좋은 대화를
나누었다. 특히 프랑스인으로 유명 스키장이 있는 아보리아(Avoriaz) 출신
인 그 최고 매니저는 마운틴 바이크(Mountain Bike)를 취미로 하여, 세계 곳
곳의 유명 지역을 돌아다니며 경험하였는데, 공교롭게도 내가 스키를 타
기 위하여 다녔던 곳과 겹치는 곳이 많아서, 대화가 매우 흥미로웠다.

스키장의 구조는 별로 크지는 않아 한눈에 파악될 수 있을 정도였지만, 3일 정도 즐기기에는 충분하였다. 숙소 뒤에 바로 리프트를 탈 수 있는 베이스(Base)가 있어 (on- mountain 스키장이다.) 편리하였다. 최정상의 고도는 해발 1,345m이고 베이스(Base)는 397m로서 표고차 948m인데 초·중·상급자용이 적절히 배치되어 있었다.

이곳에서 1996년에 동계아시안게임이 열렸고, 2009년에는 동계유니버시아드 대회가 열렸다 하니 그런대로의 규모와 시설은 갖추고 있다.

마음먹고 돌아다니면 하루에도 다 둘러볼 수 있을 정도였지만, 아껴가면서 3일 동안을 지내었다. 그런데 첫날 오후에 예상치 못한 돌발사태가 발생하였다. 그날도 평소의 습관대로 스키장의 맨 끝까지 다녀 보기 위해서 길을 따라 지도상의 맨 왼쪽으로 끝까지 가서, 그곳에 있는 리프트를 타려고 카드를 검색기에 대었는데, 차단기가 열리지 않는 것이다. 올-인클루시브(all-inclusive)이므로 당연히 이 리프트권으로 모든 곳을 갈 수 있어야 하는데, 카드가 잘못 되었나 싶어서 근무자에게 확인하였더니, 나의 카드로는 이 리프트는 이용할 수 없고 별도의 비용을 지불한 후, 카드를 새로이 발급받아야 한다는 것이다. 비용은 나중에 그렇게 처리한다고 하더라도, 당장 이 리프트를 타야만 정상까지 올라간 후 그곳으로부터 나의 숙소방향으로 이동해 갈 수 있을 터인데, 막무가내로 안된다는 것이다. 달리 방법이 없어서 왔던 길을 걸어서 돌아갈 수밖에는 없었다. 스키어들은 누구나 공감하는 바이지만, 스키어가 가장 싫어하는 것이 오르막길을 걸어서 올라가는 것이다. 거의 한 시간 가까이 땀을 흘리며 걸어서 나의 리프트권이 유효한 구역으로 돌아왔다.

그날 저녁 클럽 메드(Club Med)의 G.O.에게 사정을 말하고 항의하였더니, 이곳에 스키 하러 온 사람의 거의 전부가 이 구역 내에서(즉, 리프트권이

유효한 구역 내에서) 스키를 하지, 나와 같이 그 구역을 넘어 다른 구역까지 가는 스키어는 없었다는 것이다.

아무튼 약간의 추가비용을 부담하고, 전 구역을 다닐 수 있는 리프트 권으로 교체하였다. 혹시라도 야불리 스키장에 가실 분은 유념해 두어야 할 사항이다.

3일간의 안락한 스키를 마치고 돌아갈 날짜가 되었다. 또다시 네 시간 여 동안을 말이 통하지 않는 중국인 운전자의 차를 타고 하얼빈 공항까 지 갈 생각을 하니 답답한 생각이 들었다. 그런데 막상 출발하려고 하는 데, 나 이외에도 다른 한 사람의 일행이 있었다. 인사를 나누고 보니 타이 완에서 온 내 나이 또래의 사업가였는데, 영어로 대화가 가능하였다. 구 리 거래를 직업으로 하면서 취미로 스키를 즐기는데, 그도 역시 혼자서 이곳에 왔다고 한다. 스키를 좋아하는 동호인들이 만나면 금세 대화의 문이 열리고, 흥미 있는 대화들이 이어져 나온다. 그동안 다녀본 스키장 들, 스키하면서 겪었던 어려운 일들, 즐거웠던 일들 그리고 이상한 일들 로 대화는 끝이 없다. 다행히 그의 중국어를 통하여 중국인 운전자와의 의사소통도 가능해져서 현지의 사정과 정보도 많이 알게 되었다. 야불리 가 러시아어에서 나온 것이라는 것도 그를 통해서 확인할 수 있었다.

지루할 수도 있었을 네 시간이 대화를 나누면서 금세 지나갔다. "스키 에 대한 열정" 그 한 가지 만으로 다른 사람과 가까워 질 수 있고, 많은 생 각을 서로 나눌 수 있다는 것은 정말 즐겁고도 유익한 일이다.

그동안 스키를 배운 것, 스키에 쏟아 부은 정열과 시간에 대해서, 내가 살아오는 동안 드물게 잘한 선택 중의 하나라고 생각하면서, 혼자서 흐 뭇해 하였다.

야불리 스키장 지도

○ 러시아 사할린: 고르니 보즈두흐(Gorny Vozdukh) 스키장

사할린 섬은 일본의 홋카이도 섬보다 인접해서 북쪽에 위치하고 있으며, 남북으로 길게 뻗어있다. 역사상 러·일 전쟁과 제2차 세계대전을 거치면서 러시아와 일본 사이에서 지배권이 왕복하였으나, 현재는 러시아의 영토로 되어 있다. 그러나 예전 역사의 흔적이 남아서, 섬 남쪽 끝에 있는 공항의 이름은 그 합작품인 유즈노·사할린스크이다. 이 도시는 북위 약 48°에 위치하고 있는데, 블라디보스톡, 하얼빈보다는 약간 북쪽이고, 멀리 몽고의 울란바토르와는 비슷한 위도에 있다.

이 도시에서 차로 약 10분정도 거리에 있는 볼셰비크산에, "고르니 보즈두흐"(Gorny Vozdukh)라는 스키장이 최근에 개발되었다. (리조트 자체는 1960년에 개장되었다.) 이 스키장은 우리나라의 스키어들에게 거의 알려지지 않고 있었으나, 스키 전문 여행사들의 경쟁이 심해지자 후발주자들이 새로운 스키장을 소개하여 고객을 유치하고자 2017년에 처음 국내에서 상품화 되었다. 나는 새로운 스키장에 대한 호기심과 가급적 스키시즌을 늦게까지 연장해 보고 싶은 심정에서 2017년 3월에 이곳을 방문하였다. 서울에서의 비행시간이 2시간 40분 정도이고, 공항에서 숙소까지가 20분 정도, 숙소에서 스키장까지가 10분 정도로 접근성이 좋을 뿐 아니라, 스키 가능 기간이 11월말경부터 5월초까지로 길어서 특별히 유리한 점이 있다.

스키장의 총면적은 75㏊, 코스 수는 20개로 총 연장 23㎞, 해발은 베이스(Base)가 80m에서 시작하여 볼셰비크산 정상인 600m에 걸쳐있는, 아주 큰 규모라고는 할 수 없다. 그러나, 워낙 scale이 큰 나라에 있는 스키장인 만큼, 우리나라의 스키장이나 일본의 웬만한 스키장과는 비교할 수 없을 만큼 넓고, 슬로프가 다양하다. 능숙한 스키어라 할지라도 3~4일 정도 마음껏 즐기기에는 충분하고, 대규모 스키장에서나 가능한 임간스키 및 powder 스키를 즐길만한 장소도 구비되어 있다.

스키장의 구조는 크게 복잡하지 않아서(따라서 별도로 종이에 인쇄된 슬로프 지도가 갖추어져 있지 않다.), 베이스(Base)에서 리프트(lift)를 타고 산의 중간 부분까지 올라가면 (여기까지는 완만한 초보자용 슬로프(slope)이다.), 그곳에서 정상으로 가는 곤돌라(gondola)를 갈아타게 된다. 정상에 서면 유즈노 · 사할린스크 시내가 한눈에 들어오고, 한쪽 편에 설치되어 있는 안내판을 보면, 전체 슬로프(slope)가 알기 쉽게 그려져 있다. 크게 정상에서부터 동서남북 네 방향으로 나누어 슬로프(slope)가 전개되는데, 각 방향의 슬로프(slope)가 나름의 특색을 가지고 있다. 즉, 한쪽은 파우더 스노우(powder snow)를 즐길 수 있도록 관리되어 있고, 한쪽은 임간스키를 즐길 수 있으며, 한쪽은 정설된 눈 위를 편안히 즐길 수 있다. 나는 2017년 처음 이곳을 방문한 뒤, 간단히 4~5일 정도 스키를 즐기기에는 적합하다고 느껴서 2018년에도 2월에 다시 한번 방문하였다. 그 당시에 보니 우선 베이스(Base)에 있는 기초시설(즉, 스키 보관소나 대여소, 식당 등 편의시설)을 대폭 확장하는 공사를 하고 있었으며, 나아가 산 정상에서 반대편쪽으로 길게 활강해 내려가면 그 종점 부근, 마주보고 있는 다른 산의 정상까지 새로운 리프트를 설치하는 공사를 거의 마무리 하고 있었다.

위 두 공사가 전부 완성되면(아마 지금쯤은 마무리 되었으리라 여겨지지만), 한 단계 up-grade된 스키장으로 변모해 있을 것이다.

마무리 하면서 빛과 그림자 두 가지씩을 적어둔다.

먼저 빛이다. 이 스키장은 접근성이 엄청 좋다. 서울~공항, 공항~숙소, 숙소~스키장까지 모두 가깝다.

다른 하나는 물가가 서울에 비하여 매우 저렴하다. 한 가지 예로 한식당에서 킹크랩 7kg짜리를 주문하였는데 3,000루블(1루블은 20원)로 4인이 즐기기에 충분하였다.

다음 그림자이다. 아직 완전히 상업화 되지 못하여 서비스가 약하다. 숙소에서 스키장까지 왕복은 거의 매번 택시에 의존해야 했다. (물론 시간은 10분 정도 밖에 걸리지 않는다.)

2018년 2월 방문 시에는 3일 예정으로 갔었는데 그 중 월요일에는 스키장이 close라고 하여 계획에 없던 시내관광으로 하루를 지냈다. 물론 사전 통고도 없었고, 현지인이나 여행사 측에서도 그 이유를 모른다는 답변이었다.

하지만, 잠시 틈을 내어 간식거리로 다녀오기에는 충분한 가치가 있을 듯하다.

○ 카자흐스탄 알마티: 침불락(Shymbulak) 스키장

앞서 본 사할린의 고르노 보즈두흐 스키장과 같이, 스키전문여행사의 후발주자들이 새로 발굴한 스키장이 카자흐스탄의 알마티 인근에 있는 침불락(Shymbulak) 스키장이다.

이 지역은 크게는 톈산 산맥이 흐르고 있고, 작게는 그 지류인 자일리스키 알라타우(Zailysky Alatau) 산맥에 자리잡고 있다. 원래는 옛 실크로드가 통과하던 지역으로 오아시스가 있던 알마투(Almatu)라는 도시였다. 실크로드가 지나는 구역인 만큼 각종 문화와 함께 인종의 혼합도 이루어져서, 그 인구 중에는 외모가 완전한 서양인부터, 완전한 동양인 그리고 그 중간의 혼혈인종 등이 모두 보인다.

이 도시 알마티는 지역적으로 소련과 가까워 그 지배와 영향을 많이 받아서 1927년에는 소비에트 카자흐스탄(카자흐족이 사는 땅이라는 뜻)의 수도가 되고 당시 이름은 러시아식으로 알마아타(Alma Ata: 사과의 아버지라는 뜻)라고 하였다. 그러다가 1991년 소련이 해체되면서 독립하였는데 1998년에는 카자흐스탄의 수도를 북쪽의 아스타나로 옮겨가고 그곳이 행정중심지로 되었다. 그러나 알마티는 여전히 상업·경제의 중심지로 남아있다.

참고로 Almaty의 옛이름 Alma Ata가 "사과의 아버지"라는 의미로부터 추리할 수 있는 바와 같이, 토양 및 기후적 요인으로 사과뿐만 아니라 이곳의 과일은 맛이 좋기로 유명하다.

큰 산맥이나 큰 산이 있는 곳에는 좋은 스키장이 있다는 자연스러운 원칙은 이곳에도 적용된다. 알마티 시내 중심에서 25km정도 떨어진 자일리스키 알라타우(Zailysky Alatau) 산에는 천혜의 자연조건에 힘입어 침불락(Shymbulak) 스키장이 건설되었다. 산이 큰 만큼 스키장도 크고 강설량도 풍부하여 이를 바탕으로 2011년에는 동계 아시안게임 및 2017년에는 동계 유니버시아드 대회가 개최되었다.

그리고 이러한 큰 대회 유치를 위하여 스키장 바로 아래 지역인 메데우(Medeu)에는 빙상 경기를 할 수 있는 아이스링크가 설치되었다. 이곳을 지나 4.5km를 더 올라가면 침불락(Shymbulak) 스키장이 나온다. 그 중간 지점의 계곡 중앙에는 댐 모양의 설치물이 보이는데 이는, 저수용이 아니라, 눈사태나 토사유출을 막기 위한 것이라 한다.

침불락(Shymbulak) 스키장은 크게 보아 off-mountain 스키장이라고 할 수 있다. 즉, 숙소는 25km 떨어진 알마티(Almati) 시내에 있으며 자동차로 25분 정도 걸려서 스키장의 주차장에 도착하게 된다. 물론 스키장의 베이스(Base)(해발 2,260m)에도 몇 개의 호텔이 있으나, 규모가 작고 스키 이후

침불락 스키장 입구

의 night life를 즐길 시설이 별로 없다. 또한 해발 2,880m의 중간 베이스 (Base)에도 아담한 호텔이 하나 있지만, 방이 8개 밖에 되지 않아 수용에 한계가 있다.

이 스키장의 구조는 약간 특이하다. 즉, 이곳에 가기 위해서는 시내에 서 차로 이동하여, 해발 약 1,700m에 위치하고 있는 주차장까지 가야 한 다. 이곳에는 주차 시설과 함께 스키 리프트권을 파는 매표소가 있다. 그 리고 여기에서 리프트권을 구입한 후, 이곳에서 출발하는 곤돌라(8인승) 를 타고 해발 2,260m의 스키장베이스(Base)까지 가야 한다. 이곳 주차장 바로 위 지역에 앞서 본 빙상경기장 메데우(Medeu)가 있다. 이 베이스(Base) 부터 비로소 본격적인 스키장이 시작된다 할 수 있고, 여기에 locker 시 설, 화장실 등 편의시설과 함께 상당히 많은 수의 훌륭한 레스토랑들이 자리잡고 있다. 대부분의 스키 중간의 점심식사는 이곳에서 이루어진다. 시설들도 좋고 음식 종류도 다양하며 (심지어는 라면이나 우동 등도 있다.) 음식 의 질도 훌륭하고 가격도 우리나라에 비하여 비교적 저렴하다.

여기 베이스(Base)에서 하나의 가장 중심적인 리프트가 산 위쪽 중간 베이스(Base)로 운행된다. 즉, 모두가 일단 이 리프트를 타고 올라가야 한 다. 이 리프트를 내리면 앞서 말한 해발 2,880m의 중간 베이스(Base)가 된 다. 여기에서부터는 두 가지 선택이 있다.

하나는 밑으로 활강을 시작하여 약 600m를 내려가서 베이스(Base)까지 스키를 즐기는 것이다. 이 슬로프는 경사도 상당히 있고 길이도 충분히 길며 폭도 넓어서, 중급자까지는 즐기기에 충분하다.

다른 하나는 중간 베이스(Base) 바로 옆에서 출발하는 또다른 리프트를 타고 다시 해발 3,163m의 산 정상까지 올라가는 방법이다. 이 정상에서 는 세 가지 선택이 가능하다.

침불락 스키장 지도

하나는 올라온 리프트 밑으로 활강하여 출발했던 중간 베이스(Base)까지 내려가면서 스키를 즐기는 것이다. 이 슬로프 역시 경사도, 폭, 길이가 훌륭하여 충분히 즐길 만하다.

다른 하나는, 내려오는 중에 중간 베이스(Base)에서 멈추지 않고 바로 통과하여 끝까지, 즉 베이스(Base)까지 계속 활강하는 것이다. 이렇게 되면 표고차 903m를 단숨에 내려오게 되는데, 용기를 부려본다면 한번도 쉬지않고 끝까지 내려오는 시도를 해 볼 수도 있다. 불가능하지는 않지만, 숨도 차고, 허벅지가 뻐근해지므로 간단하지는 않다.

세번째 선택은 정상에서 다시 리프트가 올라온 방향과는 반대방향, 즉 뒷편으로 전개되어 있는 넓은 슬로프를 타는 것이다. 이곳은 경사도가 크게 심하지는 않으나 대체적으로 눈상태가 좋아서 off-piste에서 powder를 즐기고 연습하기에 적절하다.

그런데, 침불락 스키장의 최대의 매력은 앞에서 설명한 것과는 다른 곳에 있다. 즉, 이 스키장은 특이하게 결국은 하나의 커다란 계곡을 이용하여 슬로프가 만들어져 있는데, 적설량이 충분한 경우에는 슬로프의 양쪽 경사진 계곡 면이 전부 off-piste 스키장으로 변모되고, powder를 즐기기에 충분한 구역으로 될 수 있다는 점이다. 눈만 좋으면 커다란 계곡의 아무 곳이나 들어가 마음껏 기량을 발휘해 볼 수 있는 것이다.

나는 2016년 12월 초에 처음으로 이 곳을 갔었는데, 시즌 초기였지만 적설량이 그런대로 좋아서, off-piste를 상당히 즐기고 좋은 인상을 가지고 돌아왔었다.

여기에서 욕심이 생겨, 2017년에 다시 가면서 12월 말로 날짜를 잡았었다. 지난해보다 거의 한달이나 늦은 만큼 적설량도 그만큼 많을 것으로 기대했기 때문이다. 그러나 이는 나의 희망사항이었을 뿐이고, 운이 나쁘게 눈이 적어 정설된 슬로프만 타고 돌아오게 되었다. 미련이 남아, 2019년 3월 중순에 시즌을 마무리 하면서, 이곳에 가보고 싶어하는 친구들의 안내역을 자원하여 세 번째로 갔었으나 역시 날씨는 나의 편이 아니었다.

나의 스키 여정 중에 (일본 스키장을 제외하고) 같은 스키장을 세 번씩이나 간 것은 유일한 경우였는데, 아쉬움이 계속 남아있게 되었다.

유익한 정보 몇가지로 마무리 한다. 우선 3,163m 정상에는 Bar 3,200 이라는 간이시설이 있어 식사는 아니지만 음료를 마시고 햇볕을 쪼이면서 분위기를 즐기기에 적절하다.

또한 중간 베이스(Base)에는 앞서 본 방 8개짜리의 작은 호텔이 있는데, 그곳 레스토랑의 음식이 아주 훌륭하고, 전망도 좋아 강력히 추천할 만하다. 특히 그곳의 햄버거는 크게 인기가 있다. 물론 베이스(Base) 지역에는 분위기 좋고 음식의 질도 훌륭한 레스토랑들이 많이 있어 휴식과 음식을 즐기기에 충분하다.

유용한 tip 두 가지!

하나는, 구입한 리프트권으로는 베이스(Base)(해발 2,260m)에서 스키장의 위쪽으로 올라가는 리프트는 자유로이 얼마든지 이용할 수 있지만, 베이스(Base)에서 아래의 주차장으로 내려가는 것은 하루에 한번만 가능하다. 즉, 내려가는 관문을 한번 통과하면 다시 들어올 수 없으므로 조심해야 한다. (다시 표를 구입해야 한다.)

다른 하나는, 알마티에서의 택시는 따로 택시라는 표시가 없어도, 손을 들고 기다리면 지나가던 자가용차 같은 모양의 차가 정차해서 태워준다. 즉, 택시의 역할을 한다. 물론 가는 장소를 미리 이야기하고 가격을 결정해야 한다. 그러나 크게 비싸지 않다.

모바일(mobile)에 익숙한 분은 우버(Uber) 택시를 이용하면 크게 편리하다. 특히 숙소에서 시내의 음식점이나 night life를 즐기기 위해 이동하는 수단으로서는 안전하고 저렴하다.

결론은, 이곳도 역시 한번쯤은 4~5일 정도의 기간을 가지고 찾아볼 가치가 충분히 있다.

○ 중국 완다(万达) 리조트: 장백산(長白山: 白頭山) 스키장

나는 2006년 여름 중국 연길을 거쳐 백두산의 천지에 가볼 기회가 있었는데, 그 도중에 "국제 스키장"(国际滑雪场)이라는 표시가 있는 것을 보고 막연한 기대를 가지고 있었다.

그런데 2014년 어느 국내 여행사에서 백두산 스키여행상품을 판매하는 것을 알게 되어 그해 12월 말경 아내와 함께 기꺼이 참가하였다. 물론 가장 큰 매력의 포인트는 민족의 영산인 백두산에서 스키를 할 수 있다는 점에 있었다.

거리는 별로 멀지 않았지만, 접근성이 편리 하지는 않았다. 인천국제공항에서 중국의 심양까지 간 후, 다시 국내선으로 바꾸어 장바이산 공항까지 가야 했었다.

이 장백산(문자 그대로 몬테 네바도: Monte Nevado이다: 백두산) 스키장을 포함한 리조트는 중국의 부동산재벌인 완다(万达) 그룹이 개발하여 2012년에 스키장을, 2014년에 골프장을 오픈하였다 한다.

이 스키장은 세계적인 스키장 디자인 업체인 캐나다의 에코사인 (Ecosign)회사(동계올림픽 경기장을 5회나 디자인 했다고 한다)에서 설계한 것으로서, 소위 전형적인 on-mountain 스키장이다. 즉, 베이스(Base)에 바로 인접하여 Hyatt(凱悅), Holiday Inn(假日), Sheraton(喜来登), Westin(威斯汀), Ibis(宜必思) 등 유명 호텔들이 자리잡고 있어 지극히 편리하다.

스키장의 규모는 그다지 크지는 않아서 베이스(Base)의 리프트 출발 지점이 해발 865m이고 정상인 주봉(主峰)이 해발 1,205m이다. 하지만 북위 41°에 위치하여 (알프스와 위도가 거의 같다) 강설량이 풍부하고 "3면"이 산으로 둘러싸여 있어 무풍, 온난한 것을 장점으로 한다. 스키장의 구조 역시 복잡하지 않고 일목요연하다. 즉, 베이스(Base)에 있는 숙소들 바로 앞에서 출발하는 main 곤돌라(gondola)를 타면 바로 1,205m의 정상에 다다른다. 이곳에서부터 세 개의 방향, 즉 리프트 바로 아래 정면 방향이나 왼쪽 또는 오른쪽의 각 방향으로 나있는 슬로프를 타고 활주해 갈 수 있다. 각 슬로프의 길이나 넓이가 아주 길고 넓다고는 할 수 없으나 그래도 충분히 즐길 만큼은 된다. 스키장이 제공하는 slope map상으로는 위의 세 방향의 활주 슬로프(slope)가 black(상급자용)으로 표시되어 있으나, 실제 활주해 보니 국제적인 기준으로는 intermediate(중급자용) 정도라고 생각되었다. 아마도 아직은 중국의 아마추어 스키어들의 수준이 그다지 높지 않기 때문으로 보여진다.

아쉬웠던 점은 내가 방문했던 2014년이면 이미 개장한 지 2년이 지났을 터인데, 스키장 상층부에 있는 몇 개의 black 슬로프(slope)들이 닫혀 있어서 이들을 경험해 볼 수가 없었다.

경사도가 급한 다이내믹(dynamic)한 코스가 있다거나, 아니면 파우더 스노우(powder snow)가 깊은 off-piste가 있지는 않은 평범한 레저용 스키장으로 여겨졌다.

따라서, 엑스퍼트 스키어(expert skier)라고 할 수 없는 나의 스키실력으로도 어느 슬로프(slope)든지 옆으로 길게 S자 회전을 하지 않고 다운힐

(downhill) 직활강을 할 수 있는 정도였다. 내 나름의 '주먹구구식 이론으로', 어느 슬로프(slope)를 '직활강'으로 내려올 수 있으면 그 슬로프(slope)를 내가 '정복하였다'(?)고 여기고 있는데, 이 장백산 스키장이 그러한 곳이었다.

여기서 잠깐 옆길로 빠져나가, 내 나름의 이론을 또하나 적어둔다. 스키를 배워나가는 초기의 단계에서 가장 두려운 것이 슬로프(slope)의 경사각도를 극복하는 것이다. 사람의 육감(본능)은 정말로 희한한 것이어서, 경사도가 1°만 높아져도 금세 이를 알아차리고 공포심을 느끼게 된다. 그러다가 연습을 통하여 비로소 그 각도에 익숙해지고 편안함을 느낀다. 이러한 과정에서 내가 터득한 귀한(?) 진리는 이러하다. 즉, 어떤 경사도에 익숙해지는 가장 좋은 방법은, 그러한 경사도를 오랫동안 연습하여 숙달되는 것보다는, 오히려 그보다 한단계 높은 경사도에 약간 무리하여 도전하다보면, 어느 순간 한단계 낮은 (처음에는 두려웠던) 경사도가 아무렇지도 않게 느껴진다는 것이다. 더 큰 난관을 경험하다 보면 이보다 덜한 난관은 아무렇지 않게 느껴진다.

하지만, 이 스키장 최대의 매력의 포인트는 저 멀리 흰 눈이 덮인 장백산을 바라보면서 스키를 할 수 있다는 데에 있다. 즉, "3면"은 산으로 둘러 쌓여 있지만, 나머지 한면은 시야가 확 트여져 있고 그 멀리에 장백산이 우뚝 서있는 것이다.

특히 이곳에서 스키를 즐긴 3일 중의 둘째 날, 오후 네 시경이 되어 태양이 서쪽으로 떨어지려는 상황인데, 맑은 하늘은 석양으로 붉게 물들어 있고 그 배경으로 있는 웅대한 장백산을 바라보면서 슬로프를 활주해 내려가는 감동은 오랫동안 잊혀지지를 않았다. 과연 장백산, 아니, 백두산은 분명 특별한 카리스마를 품고 있었고, 우리 민족의 영산임이 틀림없었다.

아쉬운 점 하나. 여행사의 광고문에는 별도의 추가비용을 부담하여 백두산의 서파(서쪽 지역)에서 자연설 위의 스키를 할 수 있다고 되어 있었는데, 내가 머물던 때에는 적설량이 부족하다 하여 경험해 보지 못하였다.

고백해야 할 부끄러운 일이 한 가지 있다.

스키장의 주봉인 메인 피크(main peak)에 내리면 바로 옆에 훌륭한 전망을 가진 레스토랑이 있다. 첫날, 스키를 즐기던 중 점심식사 시간이 되어 위 레스토랑으로 들어갔다. 당연히 스키를 벗어 거치대에 세워두고 나서, 잠시 망설였다. 스키의 폴(pole)을 어떻게 할까 (식당 안으로 가지고 들어갈까) 주저했던 것이다. 수년 전 우리나라 용평에서 차를 마시기 위해 카페에 들어가면서 스키와 pole을 함께 밖에 놓아두었는데, 나오면서 보니 pole이 없어진 안좋은 기억이 떠올랐기 때문이었다. 하지만, 원칙대로, pole을 밖에 두고 들어가되, 안전을 위하여 스키와 pole을 함께 묶을 수 있는 도구(잠금 장치가 있고, 숫자 열쇠로 잠글 수 있게 되어 있다.)로 감아 묶은 후 식당 안으로 들어갔다. 마침 메뉴에, 우리나라의 군고구마와 똑같은 것이 있어서, 이를 맛있게 즐기고, 다시 스키를 타기 위하여 나와 보니, 스키와 pole은 그대로 있는데, 거기에 감아 두었던 잠금 도구(이는 일본에 스키여행 중에 구입했던 것이다.)가 보이지 않는 것이다. 순간적으로 커다란 실망감과 함께 현지의 스키어들에 대한 아름답지 못한 생각들이 머리 속을 점령하였다. 그래도 pole은 없어지지 않은 것을 다행으로 여기고 생각을 정리하였다. 그 다음날 이틀째에도 역시 여기저기 슬로프를 즐기다가 점심시간이 되자 그 맛있는 군고구마가 생각이 나서 다시 그 레스토랑에 갔고, 우연히 어제와 같은 장소에 스키와 pole을 함께 놓아두고 식당에 들어갔다. 점심식사를 마치고 나와 스키와 pole을 찾아 들고 나오려고 하는데, 무언가 밑에서 걸리는 물건이 눈에 띄었다. 고개를 숙여 자세히 확인해보니,

2.6 滑雪场导览图

山顶餐厅 观景台 Lookout

主峰
Main Peak
1205m

黑龙
(L1)

大将军
(G1)

小龙
(L4)

将军索
(G)

青龙
(L2)

龙索
(L)

白龙
(L3)

二将军
(G2)

三将军
(G3)

大将军
(G1)

龙索
(L)

果松滑雪服务中心
GuoSong Ski Service Center

HPG

一将军
(G

宜必思酒店
Ibis Hotel

880m

智选假日酒店
Holiday Inn Express

紫霞路
Zixia road

威斯汀酒店
Westin Hotels and Resorts

白云路
Baiyun road

喜来登酒店
Sheraton Hotels and Resorts

一将军
(G

假日度假酒店
Holidayinn Resort

白云路
Baiyun road

小镇滑
Town Ski

佛库伦雪圈公园
Fokulun Snow Tubing Park

初级雪道 Beginner	箱式缆车 Cabins	U型雪道 Half Pipe
中级雪道 Intermediate	吊椅 Hang chair	魔毯 Magic Carpet
高级雪道 Advanced	加热式吊椅 Hanging chair with heated cushions	滑道 Slide
特级雪道 Professional Trail		观景台 Lookout

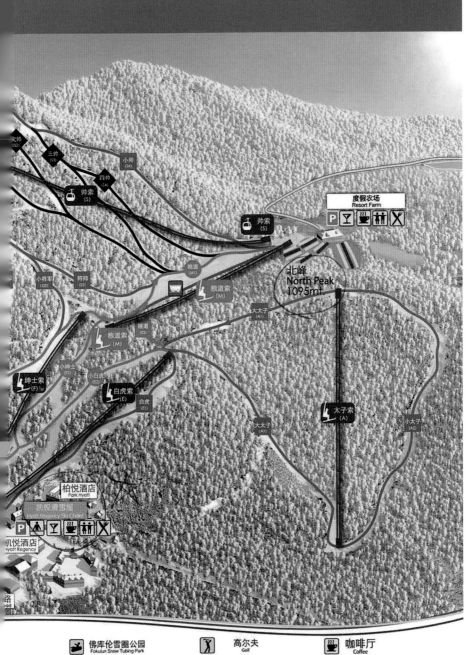

완다 장백산 스키장 지도

"이런! 어제 내가 스키와 pole에 감아 두었던 도구가 떨어져 있는 것이
아닌가!" 내가 어제 이를 허술하게 감아 둔 바람에 아래로 미끌어져 흘
러내려가 있었던 것이었다.

그 순간 어제 내가 현지의 스키어들에 대하여 안좋은 생각을 했던 것
이 부끄럽기 그지 없었다. "죄송합니다. 이 자리를 빌려 깊이 사과 드립
니다!"

○ **HBC**(**혹카이도 백컨트리 클럽**: Hokaido Backcountry Club) **Ski**

개인적인 차이가 있기는 하겠지만, 스키에 흥미와 열정을 느끼고 약
10년 남짓 스키를 타게되면, 기량이 어느 정도 향상되어 정설된(grooming
된) 슬로프는 비록 경사가 상당히 급하더라도 활주해 내려오는 데에 큰
어려움이 없게 된다. 더욱이 설면의 상태가 양호하다거나(이는 눈이 벗겨져
나가서 빙판인 상태로 되어 있지 않다는 의미이다.), 슬로프의 폭이 넓어서 길게 S자
를 그리며 활강할 수 있는 정도이면 더욱 편안해 진다. 물론 정설된 슬로
프라도 최상급자용(블랙 다이아몬드(black diamond)로 표시)이라고 주의를 주는
곳도 간혹 있기는 하다. 내가 경험했던 곳으로는 독일 가르미슈(Garmish)
스키장의 칸다하르(Kandahar) 코스(경사 42° 정도), 오스트리아 레히(Lech)스키
장의 어떤 코스, 미국 콜로라도(Colorado)주의 키스톤(Keystone) 및 와이오밍
(Wyoming)주의 잭슨 홀(Jackson Hole) 스키장의 어떤 코스들이 이러한 예에 해
당된다.

하지만, 정설된 슬로프(slope)는 마치 카펫을 깔아놓고 그 위에서 스키
를 하는 것과 같아 너무 인위적이어서, 자연상태 그대로의 스키와는 거
리가 멀다.

그리하여 어느정도 수준이상의 hardcore 스키어들이 갈망해 마지 않는 꿈이, 아무도 지나간 흔적이 없는 (untracked) 자연설 위를 마음껏 활주해 보는 것이다. 이를 위한 가장 확실한 방법은 헬리스키를 하는 것이다. 즉, 헬리콥터를 이용하여 원하는 곳으로 날아가서 그곳으로부터 활주해 내려오는 것이다. 다만 유일한 걱정은 과다한 비용이 들뿐 아니라, 다들 스스로가 이러한 모험(?)을 감당할 스키능력을 가지고 있는지 확신하지 못하는 것이다.

여기에 대한 대안으로 등장한 차선책이, 리프트를 이용하여(lift-assisted) 산정상까지는 올라가되, 그곳에서부터는 슬로프가 없는 산뒷편 (backcountry)으로 넘어가든지, 아니면 슬로프가 있는 쪽으로 내려오더라도 슬로프를 벗어나서(off-piste) 자연설이 쌓여있는 곳으로(때로는 나무 숲 사이로) 일부러 들어가서 powder스키를 즐겨보는 방법이다. 대개는 약간의 모험심이 있는 스키어들이 개별적으로 이와 같은 시도를 하면서 즐기는 것이 보통이다. 그러나 여기에 등장하는 난점은 우선 스키장의 어느곳에 이러한 파우더 스노우(powder snow)가 있는지 알기가 쉽지않을 뿐만 아니라 나아가 파우더 스노우(powder snow)만을 쫓아가다 보면 자칫 안전지대로 나올 수 있는 출구를 찾지 못하여 조난을 당하거나 힘들게 걸어나와야 하는 어려움을 겪을 위험이 있다는 점이다.

이러한 난점을 극복하면서 powder를 즐길 수 있는 방법으로, 캐나다의 젊은이들 몇이서 모여 혹카이도 백컨트리 클럽("Hokaido Backcountry Club": HBC)이라는 회사를 창업하였다. 즉, Hokaido내의 스키장들을 훤히 알고 있는 전문가들이 손님을 모아, Hokaido의 스키장 여러군데 중에서, backcountry만을 골라 안내해 주면서 powder ski를 즐길 수 있도록 도와주는 것이다.

이러한 방식에 흥미를 느껴서, 나는 2018년 12월 말경 약 1주일 동안 그 Club에 참가하였다. 사실 Hokaido 내의 스키장들은 이미 거의 다 다녀보기는 하였지만 backcountry와 off-piste 만을 찾아다니는 것이니 나름 재미도 있었다.

7일 동안에 걸쳐, 키로로, 모이와(니세코 스키장의 가장 왼쪽에 인접해 있음), 루스츠, 치센누푸리(Chisenupuri) 그리고 삿포로 시내에 있는 테이네(Teine) 등을 일주하였다. 루츠츠의 마운트 이솔라(Mt. Isola) 정상에서부터 내려오면서 숲속으로 들어가거나, 이솔라(Isola) A와 B의 블랙 다이아몬드(black diamond) 코스를 내려오는 것이 흥미로웠고 연습도 많이 되었다.

하지만 이번 ski 여행의 highlight는 치센누푸리 스키장의 체험이었다. 이 스키장은 오래전에 개설되었으나 최근에 운영난으로 폐쇄되어 더 이상 일반에게 공개되지 않는 상황이었다. 따라서 리프트도 움직이지 않고 있다. 그러나 위 HBC 회사와의 특별 교섭에 의하여 간헐적으로 개방을 해 주되, 정상까지의 이동방법은 CAT(caterpillar: 무한궤도차)를 이용하여 올라가는 것이다. 적설량이 풍부한 데다가 평소에 개방되지 않는 곳이므로 자연설이 그대로 남아있어서 powder를 즐기기에 최상이었다. 더욱이 점심식사 후의 맨 마지막 run은 멀리 산등성이를 돌아 나무숲 사이로 tree ski를 즐겼는데, 종착점에 가까워지니, 뜻밖의 온천수가 뿜어져 솟구치는 장면을 보게 되어 장관이었다.

같은 스키장들을 가지고도 이와 같이 신선한 아이디어를 내서 새로운 방법으로 즐길 수 있어 좋았고, 마치 독특한 venture 기업을 창업하는 젊은이들을 보는 것 같아 흐뭇하였다.

이것이 모노스키(monoski)다

설경의 절정

휴게실 ⑥

(품위있는) 해외스키의 완성

이제 모든 준비가 완료되어, 현장에서 마음껏 스키를 즐기는
일만이 남았다. 스키여행의 첫날부터 마지막 날까지, 하루의
첫시작부터 마지막 시각까지, 스키장의 모든 슬로프(slope)를
빠짐없이 활주해 보고자 하는 의욕이 avid skier의 저력이다.
하지만 가끔은 품위있고 우아하게 스키를 즐겨보는 것도 좋다
고 생각된다. 품위있다는 말에는 두 가지 의미가 있다. 하나는
"서두르지 않고 천천히" 한다는 것이고, 다른 하나는 "이기적
이지 않고 남을 배려" 한다는 것이다.

서양의 식사예법 중에, 수프(soup)를 먹는 방법으로, 숟가락을 멀리서 입쪽으로 움직이
지 않고, 반대 방향으로 움직이는 것은, 허겁지겁 먹는다는 인상(느낌)을 주지 않기 위해
서라고 하는데 이는 전자의 예이다.
또한 친구들과의 회식 후 귀가하는 단계에서, 걸어가야 할 친구, 자가운전을 할 친구, 택
시를 타야 할 친구 또는 기사가 딸린 보통수준의 차를 탈 친구들을 위해서, 기사가 있는
고급차를 탈 친구가 "나는 차를 멀리 주차해 두었으니, 먼저들 가시라고 하면서 일부러
기다려 주는 것"은 후자의 예이다.
스키장에서도 이와 같은 사례가 적용될 수 있는 경우는 너무나도 많다. 모름지기 천천히
그리고 남을 배려해 줄 일이다.
스키장에서 품위를 높일 수 있는 또 하나의 아이디어는, 중간에 하루쯤 스키를 하지 않
고 쉬면서, 박물관 등을 방문하거나 그 주변지역을 간단히 여행하는 등 여유를 즐기는
것이다. 물론 이렇게 할 수 있기 위해서는 스키여행기간이 적어도 10일 이상쯤은 되어야
할 것이다. 4일이나 5일 정도의 촉박한 일정으로는 스키장을 섭렵하는 데에도 부족할 것
이기 때문이다.
하지만 품위는 여유에서 나온다. 각박하지 않음이 품위이다. 부페식의 아침식사자리에

서, 점심식사용의 음식을 과도하게 들고 나온다거나, 영업을 목적으로 하는 식당에서의 피크닉킹(picnicking)(싸간 음식을 먹는 것)은 모두 품위와는 거리가 먼 행동들이다.

끝으로, 내가 생각하는 품위있는 해외스키의 완성은 "시작부터 끝까지" 스키여행의 모든 것을 "스스로 준비하고 실행해서 마무리"하는 것이다. 훌륭한 스키장의 선정, 왕복 항공편의 마련, 공항·숙소 간의 이동수단, 숙소의 선정, 현지 스키장의 구조와 각종 상세정보, 현지의 관광정보 및 유익한 문화활동 내용, 가능한 현지인과의 접촉 및 대화 등등 모든 것을 자력으로 완성시키는 것이다.

나의 경우는 20년 가까운 스키여행의 끝자락에서, 즉 오스트리아의 세인트 안톤(St. Anton)과 독일의 가르미슈-파르텐키르헨(Garmisch-Partenkirchen) 여행에서 어느정도 만족스러운 성과를 이루어 낼 수 있었다.

스스로 준비하고 결과까지 이루어 냈을 경우의 성취감은 특별하고 기억에 오래 남는다.

12

세인트 안톤(St. ANTON)의 보석
'데어 바이쎄 링'('Der weisse Ring')

특별한 스키축제, '데어 바이쎄 라우쉬'('Der weisse Rausch')

정식 명칭인 상크트 안톤 암 알베르그(Sankt Anton am Arlberg)(Arlberg 지역의 Sankt Anton)를 보통 줄여서 St. Anton이라고 부르는 이 마을은, 오스트리아 9개 주중 하나인 Tirol 주에 있다. 고구마 같이 옆으로 긴 오스트리아 지도상 세인트 안톤(St. Anton)은 제일 왼쪽끝 서쪽에 있고, 반대편(오른쪽, 동쪽 끝)에는 수도인 빈(Wien)이 있다. 두 지역은 기차로 5시간 20분 걸리는데, 그 중간부분(특히 서쪽 부분)에 오스트리아의 유명한 스키장 10여 개가 모여 있다.

보통 알베르그(Arlberg) 스키구역이라고 하면 오스트리아 최대이고, 세계 5대 스키구역으로서, 크게 보아 이 세인트 안톤(St. Anton) 외에도 스키 지도의 아래쪽부터 윗쪽으로 세인트 크리스토프(St. Christoph), 스투벤(Stuben), 취르스(Zürs), 레히(Lech)의 다섯 개 마을을 포함한다. 이 중에서 Lech('레히'라 읽음)가 가장 아름다운 마을이고, 세계의 부호들 및 저명인사들이 많이 찾는다고 한다. 더 나아가서 좀더 자세히 보면 스키지도의 맨 오른쪽부터, 바르트(Warth), 스투벤바흐(Stubenbach), 오버레히(Oberlech), 쉬뢰켄(Schröcken), 클뢰스테리(Klösterie), 추크(Zug)가 있다. 하지만, 일반 대중에게는 세인트 안톤(St. Anton)이 가장 널리 알려져 있고, 대중 친화적인 마을이다.

한걸음 더 나아가 보다 상세하게 이야기하자면 추크(Zug) 아랫부분에 다시 존넨콥프(Sonnen-kopf)가 있다. (다음 설명을 위하여 일부러 자세히 적었다.)

내가 머물렀던 숙소는 스키지도 맨 아랫부분에 있는 세인트 안톤(St. Anton) 구역 중에서 가장 중심지(따라서 가장 가까운 리프트까지 걸어서 3분, 위 여러 지역을 연결하는 버스정거장까지 2분거리)에 있었다. 최적의 location이었기 때문에, 힘들이지 않고 버스를 이용하여 앞서 본, 모든 구역에 쉽게 접근할 수 있었다. 숙소의 위치는 이런 점에서 대단히 중요하다. 물론 이는 숙박 요금에 당연히 반영될 것이지만.

알프스의 대형 스키장이 다들 그러하듯이, 이곳 세인트 안톤(St. Anton) 역시 너무 크고 복잡하여 한눈에 전체 윤곽이 도저히 파악되지 않는다. 더욱이 2018년 2월의 이번 스키여행은 안내자나 다른 일행들 없이 나와 아내 둘이서만 떠나는 것이어서, 모든 부담이 나의 어깨에 걸려있다. 항공편, 현지숙소, 공항·호텔 간의 교통편의 준비는 기본이고, 사전에 가급적 상세하고 많은 현지정보(스키장의 구조 및 특징, 슬로프 지도의 입수 등등)를 입수하여 철저히 숙지해 두어야 한다. 그동안의 오랜 경험에서 비추어 보건대, 사전준비가 소홀하면, '몸이 고단하든지, 현금이 낭비되든지' 둘 중 하나로 귀결됨을 통감하였기 때문이다.

세인트 안톤(St. Anton)의 여러 정보들은 책과 검색으로 많이 확인하였으나 그 스키 지도는 우리나라에서 구할 수 없어, 현지에서 첫날 리프트 권의 구입과 함께, Information Center(모든 스키장에서 가장 번화가 중심지에 반드시 있다)에 들려 지도 및 유용한 자료를 다수 확보하였다. 첫날은 몸풀기 겸 현장 파악을 위하여 숙소에서 가까운 세인트 안톤(St. Anton) 구역의 슬로프만을 우선 찾아 활주해 보았다. 하지만 워낙 규모가 큰 스키장이라서 도처에 black course와 powder 지역이 나타나서 이미 긴장감을 고조시켰고, 기진한 상태로 하루를 마쳤다. 숙소 바로 앞쪽에 있는 카팔(Kapall) 산(2,330m)에서 시작하는 슬로프는 down-hill 시합이 열리는 길고 긴 black course였다. 숙소에서 반대편 쪽으로 길을 건너 독립되어 있는 Rend 1 (2,030m) 구역은 그 자체만으로도 웬만한 스키장보다 몇배는 넓은(아마도 용평 보다는 10배는 족히 될 듯하다) 스키장이었다. powder ski가 충분히 가능할 만큼 넓고 적설량이 많았다. 인상적인 것은 그곳의 정상인 리펠샤르테 (Riffelscharte)(2,645m)에는 소위 "런 오브 페임"('Run of Fame')이라는 표지가 세워져 있었다. 이는 세인트 안톤(St. Anton) 스키장을 처음 구상하고 만들어

나가던 스키 선구자(개척자)들이, 직접 스키를 타면서 지나갔던 구간들을 기념하고 나타내기 위한 것이었다. 이곳에서 시작하여 반대쪽으로 끝나는 지점은 저 멀리 스키장 지도 맨 오른쪽, 맨 위에 위치한 바르트(Warth) 지역에 역시 같은 표지가 있다. 그 중간의 요소요소에 이러한 표지가 있음은 물론이다.

그날 저녁부터 스키지도를 놓고 힘든 연구·검토를 시작하였다. 지도 상에는 총 11개의 구역(및 작은 구역인 존넨콥프: Sonnenkopf)이 표시되어 있으나, 거리가 얼마나 먼지, 스키타고 접근가능한지, 시간은 얼마나 걸리는지, 리프트는 무엇을 타야 하는지 등등 의문점이 속출한다. '지도는 현장이 아니다'라는 명언대로, 실제 체험해 보지 않고서 탁상공론(지도상 공론)이 무의미함은 익히 여러 번 체험한 바 있었다.

아무튼 다음날부터 슬슬 활동범위를 넓혀 지도를 토대로 신천지를 개척해 본다. 경험에서 터득한 지혜로, 큰 스키장에서는 숙소로 돌아오는 길이 복잡하거나 의외로 시간이 걸릴 수 있으므로, 가급적 점심식사 후 늦어도 오후 두 시경부터는 귀환길에 접어들도록 노력한다.

그렇게 며칠을 지나다 보니, 지도상 먼 구역에 가기 위해서는 스키를 타고 가는 것보다(리프트를 여러 번 갈아타야 한다) 버스를 이용하는 것이 시간 절약이 될 수 있음을 알게 되었다. 다행히 숙소가 버스 출발지 가까이에 있어 이 방법이 큰 강점이었다.

다시 각 버스노선 시간표를 입수하여 다시 연구(?)를 거듭하여 어느 정도의 자신감을 얻었다. 그리하여 첫차로 이동하여 (대개 아침 9시 남짓 경이다), 거의 막차로 귀환하면(대개 오후 네 시경이다) 최대한 긴 시간을 스키에 할애할 수 있게 되었다.

그리하여 스키 5일째부터는 지도상 가장 멀리 떨어져 있는 구역까지

Run of Fame

Run of Fame 스키루트

한 곳 또는 두 곳을 묶어 당일에 다녀올 수 있게 되었다. 멀리 떨어져 있는 만큼 다른 스키어들이 많지 않아 편안한 스키를 즐길 수 있어 좋았다. 하지만 이 스키 구역 하나하나는 엄청나게 크고 넓어서 그 자체로서 이미 독립된 훌륭한 스키장이 되기에 충분하다.

점심식사를 위한 식당과 그 음식도 훌륭하고, 그 가성비 역시 최고이다. 그러고 보니 오스트리아 관광청에서 작성한 '오스트리아에서 스키를 타야 할 10가지 이유' 중에, 오스트리아의 물가는 인접 국가에 비하여 20% 내지 30% 저렴하다는 설명을 본 기억이 난다.

이렇게 하여 스키 10일째 되는 날까지 11개 세인트 안톤(St. Anton) 스키 구역을 전부 섭렵하였다. 그러나 스키지도상에는 표시되어 있으나 아직 가보지 못한 유일한 곳인 존넨콥프(Sonnenkopf)는 아무리 연구(?)하여도 갈 길을 알 수 없었다. 마지막 방법으로 현지인에게 묻기로 하고, 스키를 제법 탈 것 같은 외모를 풍기는 호텔 근무자에게 문의하였다. 다른 모든 곳은 이미 다 가보았다 하니, 놀라워하면서, 친절하게 가는 방법을 알려주었다. 우선 숙소에서 버스(92번)를 타고 알페 라우츠(Alpe Rauz)까지 간 후, 리프트와 스키를 이용하여 스투벤(Stuben) 마을까지 간 다음 50m쯤 걸어가면 나오는 호텔(아프레-포스트 호텔: Aprés-post Hotel) 앞의 도로를 건너 다시 버스(90번)를 타고 30분 정도 가서 내린 다음, 스키를 메고 100m쯤 가니, 드디어 목적지에 도착하였다. 두 시간 이상 걸려 힘들게 온 곳이라 아끼면서 스키를 즐겼다. 역시 이곳도 하나의 훌륭한 스키장으로 전혀 손색이 없었다.

이로써 세인트 안톤(St. Anton) 스키구역의 12개 모든 스키장을 빠짐없이 경험해 보는 대업(?)을 이루었다.

세인트 안톤(St. Anton) 스키장을 모두 둘러보고, 그 경험을 되새겨 보면서, 특별히 다시 특정구간, 즉 'St. Anton의 보석'이라고 이름 붙이기에 손색이 없는 구간을 설명하지 않을 수 없다. 이는 현지에서 '데어 바이쎄 링(Der weisse Ring)'(영어로 the white ring에 해당)이라고 부르는 구간이다. 또는 '마드로흐 투어(Madloch Tour)'라고도 부르는데, 그 이유는 위 코스가 마드로흐 요흐(Madloch Joch)(2,438m)라는 봉우리를 두고 이를 크게 일주하고 있기 때문이다. 그래서 'Ring'이라는 단어도 들어가 있다. 스키 동호인들과 환담하면서 흔히 지금까지 다녀 본 스키장 중에서 어느 곳이 가장 좋았느냐(아니면, 또 다시 가보고 싶은 곳은 어디냐)는 질문들을 한다. 나의 경우(물론 주관적인 판단이고, 더욱이 세계의 모든 스키장을 전부 다녀본 것도 아니지만) 본격적인 해외 스키 경력 20여 년 동안 경험한 가장 멋있고 감동적인 곳으로 감히 이곳 '데어 바이쎄 링(Der weisse Ring)'을 꼽고 싶다.

이 코스는 레히(Lech)에서 케이블 카를 타고 뤼피코프(Rüfikopf)까지 간 후 그곳에서부터 슬로프를 활강해 내려가는 것으로 시작한다. 즉, 그곳에서 두 개의 길고(정말 길다) S자형의 중급 정도의 슬로프를 타고가면 취르스(Zürs)구역의 트릿트코프(Trittkopf)에 도착한다. 다시 그곳에서 취르서제(Zürsersee) 리프트를 타고 제콥프(Seekopf) 레스토랑에서 내린다. 사방의 멋진 설경을 감상하면서 식사 또는 음료를 마친 후, 안내표지에 따라 이동하면 무겐그라트(Muggengrat) 리프트를 만나게 된다. 그 중간에 짬을 내어 마드로흐(Madloch)행 리프트를 타고 마드로흐 요흐(Madloch Joch)에 다녀와도 좋다.

아무튼 무겐그라트(Muggengrat)(2,460m. Grat는 산등성이라는 뜻이다)에 다다르면 사방에 황홀한 백색의 봉우리들이 날카롭게 솟아있고, 그 사이로 환상적인 슬로프가 적당히 가파르고, 충분히 길게 펼쳐져 있다. 당연히 단번에 활주해 내려가 버리기에는 너무나 아까워서, 군데군데 멈추어 서서

(이 책의 표지사진으로 채택된) 무겐그라트 전경

사진을 찍고 자연의 경이로움에 감탄하지 않을 수 없다. 이 구간 이름이
무겐그라트-텔리(Muggengrat-Täli)인데, 세인트 안톤(St. Anton)에 스키여행을
간 스키어이면 반드시 가봐야 할 must이다. 바로 이 구간에, 즉 레히(Lech)
와 취르스(Zürs) 사이에, 이 슬로프가 있기 때문에라도 Lech-Zürs가 최고
급 스키구역으로 평가받는 이유이다. 다만 트릿트코프(Trittkopf)로 귀환하
는 마지막 끝부분 약간은 경사가 완만해져서 평지를 걸어야 하는 불편함
이 있으나, 그동안의 즐거움에 비하면 충분히 감내할 수 있을 정도이다.
이 '데어 바이쎄 링(Der weisse Ring)' 코스의 중간중간에는 그 루트임을 표시
해 주는 표지판이 설치되어 있다.

  세인트 안톤(St. Anton) 스키를 이야기하면서 다른 곳에서는 없는 '특
이한 행사'(시합)를 언급하지 않을 수 없다. 이는 '데어 바이쎄 라우쉬(Der
weisse Rausch)'라고 불리는데, Rausch는 독일어로 '황홀, 도취'라는 뜻으
로 영어의 ecstasy 또는 thrill이라는 의미이다. 따라서 'White ecstasy 또는
thrill', '백색의 황홀경'이라고 번역될 수 있다.

  이 경기는 매년 스키 시즌의 마지막 날(2019년에는 4월 21일 일요일이었다.)
오후 다섯시 정각에 시작된다. 위 시각이 되면 세인트 안톤(St. Anton) 스키
장의 모든 리프트가 멈추고 스키어들의 진정한 축제가 시작된다. 열리는
장소는 세인트 안톤(St. Anton) 스키 지역의 최고봉인 발루가(Valluga)(2,811m)
정상으로서, 그 바로 밑에 옆으로 길게 펼쳐진 언덕(길이가 약 200m는 훨씬 넘
는다) 위에서 시작한다. 출발신호를 기다리면서 언덕위에 운집해 있던, 스
키어, 보더, 텔레마크 등 수백명(2019년에는 555명이었다)이 동시에 집단으로
출발하여, 저기 맨 아래 결승점인 갈치거 반 베이스(Galziger Bahn Base)까지
질주한다. 물론 먼저 도착하는 사람이 우승이다. 우승상금은 500유로에
불과하지만, 다들 완주에 더 큰 의미를 둔다.

홍미로운 점은, 위 발루가(Valluga) 정상의 언덕에서 출발하여 약 200미
터쯤 전속력으로 활강해서 내려오면, 그곳부터 150미터 정도의 끔찍한
오르막 길이 펼쳐진다. 더 이상 스키를 탈 수가 없으므로 모두들 스키(보
드 등)를 벗어 메고, 숨을 헉헉대며 고통의 구간을 걸어서 올라가기 시작한
다. 이 구간에서 이미 재미삼아 참가한 사람들은 크게 뒤처져 버린다. 이
오르막 구간에는 '평소에는' 일반 스키어들을 배려하여 T-bar를 운행하고
있다. 이 오르막이 끝나면(즉, T-bar의 종점에 다다르면) 다시 평지와 경사진 슬
로프들이 나타나며, 다들 시간 단축을 위하여 최대한의 속도로 질주한다.
그런데 다시 만만치 않은 점은 코스의 중간중간에 grooming(정설)해 놓지
않은 구간이 있어, 울퉁불퉁한 설면 때문에 마음 놓고 달릴 수도 없다.

기진맥진하여 스키를 타거나, 넘어져 기어가거나 어찌해서 전구간
을 마치고 결승선에 도착하면, 응원이나 구경 나온 관객들로부터 축하
와 갈채가 쏟아진다. 역대 최고의 기록은 2011년에 파울 슈바르차허(Paul
Schwarzacher)에 의해 세워진 8분14초라 하는데, 평균 11분에서 18분 정도면
아주 좋은 기록이라 한다.

나도 재미삼아 위 코스에 도전해 보았다. 물론 앞서 본 T-bar는 이용하
지 않고 경기 규칙에 순응하여 150미터의 오르막구간을 스키 들고 걸어
올라갔었는데, 어찌나 숨이 찬지, 몇 발자국 가다가 쉬기를 반복하였다.
어찌되었던 전구간을 주파하고 보니 대충 한 시간쯤 걸린 것으로 생각되
었다.

힘들었지만, 즐거운 추억거리를 만든 하루였다. 스키어들은 공감하겠
지만, 계속하여 20분 가까이 쉬지 않고 스키를 탄다는 것은 엄청난 체력
을 요구하는 일이다.

세인트 안톤(St. Anton)에 관한 유익한 지식 몇 가지를 추가해 둔다.

무겐그라트의 절경

Der
weisse
Rausch

85

85

78   Schindlergrat

56

Galzig
2185

Tanzböden

Osthang

Schindler

...stoph

22

Von Weisser Rausch

Seit ein paar Jahren haben auch Kinder und Jugendliche im Alter zwischen 11 und 16 Jahren die Chance beim legendären „Weissen Rausch" teilzunehmen.

For the last few years, children aged between 11 and 16 years old have had the chance to take part in the legendary "Weisser Rausch".

start
mini

Route

Roggspitze
2746

Knoppenjochspitze
2680

Weißschrofen Spitze
2752

Mattunjoch

Kapall
2330

Mattun

Schöngraben

Gampen
1850

Kapall

Lat

Gampen II

Gampen I

Rodelbahn

Nasserein

Mattun

Nasserein

Nassere

Fang

Kindisfeld

Kitterjoch

50

finish

Gampen

Mulden

st.Anton

1304

e längste Skiabfahrt am Arlberg

Der weisse Rausch 지도

Der weisse Rausch 출발지점

Der weisse Rausch 오르막

S SCHNEIDER
chneiderhof

Garni

HANNES SCHNEIDER
and the Schneiderhof

슈나이더의 모습

즉, 1901년 1월 3일에는 세인트 크리스토프(St. Christoph)에서 최초로 알베르크 스키 클럽(Arlberg Ski Club)이 창립되었다. 그 후 downhill(활강) 스키 기술은 이곳에서 발전되어 나갔다고 할 수 있다. 그 중에서도 선구적인 역할을 한 사람은 한네스 슈나이더(Hannes Schneider)이었는데, 최초로 체중이동(weight shift) 및 크라우치(crouch) 기술을 발명하였다. 또한 스키의 교황이라 불리는 스테판 크루켄하우저(Stefan Kruckenhauser)는 최초로 베데른(Wedeln) (이는 '총채질 한다'라는 뜻으로 스키 뒷면을 계속 좌우로 흔들어 속도를 줄이면서 활강하는 기술이다.)을 발명하였다.

이러한 기술들을 가르치고 전수하기 위하여 1921년 1922년 시즌에는 세계에서 최초로 Ski School이 설립되었다. 그 밖에도 많은 사람들이 스키 발전에 이바지 하였는데, 특히 위 슈나이더(Schneider)의 제자인 프리들 파이퍼(Friedl Pfeifer)는 미국에 이주하여 아스펜(Aspen)에 스키장을 건설하였다.

이러한 세인트 안톤(St. Anton) 스키 역사를 알리기 위하여 Museum이 설치되어 있고(Rudi-Mate Weg 10번지), 트릿트코프(Trittkopf) 리프트 출발지점에는 'Hall of Fame'(명예의 전당)이 만들어져 있어서 여러가지 흥미로운 정보들을 접할 수 있다.

1931년에는 위 슈나이더(Schneider)와 여배우 루미(Lumi)가 주연한 '데어 바이쎄 라우쉬(Der weisse Rausch)'라는 영화가 만들어 졌는데, 스키 타기에 love story를 곁들여 재미를 배가하였다.

이번 12일간의 스키 일정 중에 휴식을 겸하여 7일째의 하루를 빈(Wien) 여행에 할애하였다. 왕복 각 5시간 남짓의 기차여행과 유명한 구스타프 클림트(Gustav Klimt)의 작품들(Der Kuss를 포함하여)을 보기 위한 벨베데레(Belvedere) 미술관 방문은 이번 스키여행을 더욱 품위있게 하는 데에 이바지 하였다.

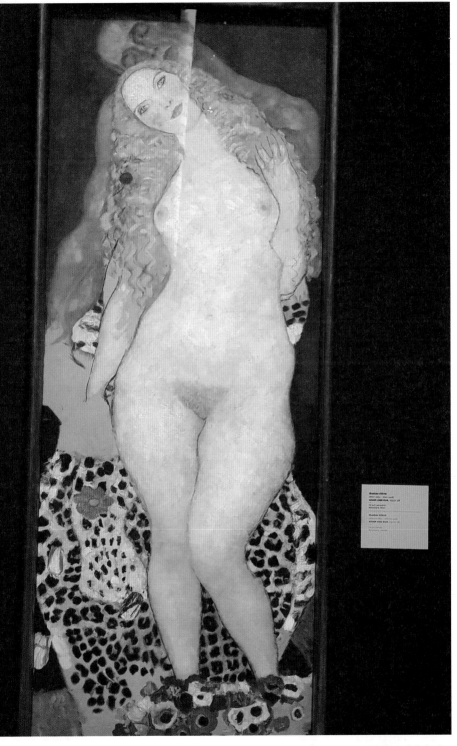

(클림트) 아담과 이브

13

추크슈핏체ZUGSPITZE를 품은,
가르미슈-파르텐키르헨Garmisch-Partenkirchen

세계 스키장 순례의 대미(大尾), 추크슈핏체(Zugspitze)

1999년 봄, 판사의 직을 사임하고 변호사로서 자유의 몸이 된 이후 매년 한해도 거르지 않고 세계의 스키장 여러 곳을 탐방하여 왔다. 그 첫번째 해인 2000년부터 계속하였으니 2019년 올해는 20년째가 된다. 얼마 전부터 마음속으로 이러한 스키장순례를 20년쯤 하면 '일단' 마무리하기로 하고(물론 그 이후에도 기회 있는 대로 계속할 생각이다.) 그 마지막 장소를 어디로 하는 것이 좋을까 궁리해 왔다.

시간이 흐르면서 자연스럽게 정리되는 곳이 나타났는데 그곳이 독일의 추크슈핏체(Zugspitze)이었다. 이 산은 2,962m로 독일의 최고봉이다. 1977년과 1978년 독일에 유학 중 스위스, 이탈리아, 프랑스 등으로 여행하면서 독일로 돌아오는 기차를 타면 거의 매번 통과하는 구역이었으나, 한번도 그곳에서 내려 구경한 적이 없었다. (거의 경제적인 이유로)

더욱이 당시 독일정부로부터 장학금을 받아 많은 것을 보고 배우고 느껴 나의 발전에 크게 도움을 받았었는데, 스위스, 프랑스, 이태리, 오스트리아 등의 스키장은 전부 가보았으면서 독일 스키장을 안 가본다면 괜히 예의에 어그러지는 것 같은 느낌도 있었다.

그리하여 2019년의 스키는 독일의 가르미슈-파르텐키르헨(Garmisch-Partenkirchen)(이곳에 추크슈핏체: Zugspitze 산이 있다.)에서 하기로 하고 2월 10일부터 23일까지 아내와 둘이서 (즉, 단체 여행을 피해서) 그곳에 머물렀다. 독자적인 여행을 하면, 모든 것을 스스로 계획·준비해야 해서 불편함이 따르지만, 이제 그동안의 스키여행경험도 쌓이고, 또한 특별한 의미가 부여된 여행이기에, 보다 많은 자유를 찾아 그렇게 하기로 하였다.

가르미슈(Garmisch)와 파르텐키르헨(Partenkirchen)은 중간에 철도 길로만 분리되어 서로 인접해 있으나 독립된 작은 마을이다. 그런데 1936년 히틀러가 그곳에서 동계올림픽을 개최하기로 결정하면서 두 마을을 합쳐서 이름도 함께 붙여 부르게 되었다(이하 Ga-Pa라고 줄여부른다). 두 마을 모두 역사가 오래된 마을로서 오스트리아, 스위스 등 인접국과 연결되는 요지이다. 스키장쪽으로 가까운 곳은 가르미슈(Garmisch)이고 나도 그곳 중심지에서 묵었다. 가르미슈(Garmisch) 스키장의 특징은, 숙소로부터 대중교통수단(스키버스 또는 Ga-Pa버스)을 이용해서 스키장입구까지 스스로가 찾아가야 한다는 것이다. 따라서 처음 며칠(2~3일 동안)은 그 교통편을 익히는 데에 신경을 써야 한다. 스키버스는 스키 리프트권을 보이면 무료로 승차할 수 있고, Ga-Pa카드는 호텔에 체크인 할 때 호텔에서 무료로 받을 수 있다. 이 Ga-pa카드는 관광객의 편의를 위하여 모든 대중교통수단을 자유로이 이용할 수 있도록 배려해 주는 것이다.

시내지도와 버스노선도를 연구한 결과, 나의 숙소에서는 걸어서 3분 거리의 스키버스 정류장에서 버스를 타고 (15분마다 운행), 15분쯤 걸려 하우스베르크(Hausberg) 스키장 입구에 내리는 것이 최선이었다.

가르미슈(Garmisch) 스키장은 크게 두 부분으로 나누어져 있다고 할 수 있다. 하나는 Garmisch-Classic 구역이고 다른 하나는 추크슈핏체(Zugspitze) 스키구역이다. 부수적으로 한군데를 더 추가한다면, 추크슈핏체(Zugspitze) 산의 반대편, 즉 오스트리아 쪽 구역인 에어발트(Ehrwald) 구역까지 포함시킬 수 있다.

먼저 가르미슈-클래식(Garmisch-Classic) (즉, '전통적인' Garmisch 구역) 지역은 스키지도상으로 보면 왼쪽의 3분의 2 정도를 차지하고 있는 가장 중심이 되는 부분이다. 이 스키구역에는 다시 세 개의 커다란 산봉우리가 속해 있는데, 그 봉우리의 이름을 따서 ① 하우스베르크(Hausberg)(해발1,310m) 구역, ② 크로이츠엑크(Kreuzeck)(해발1,651m) 구역, 그리고 ③ 오스터펠더콥프(Osterfelderkopf)(해발2,057m) 구역으로 불린다. 위 각 구역에의 접근은 스키 버스 또는 기차로 그 베이스(Base)까지 간 후, 그곳에서 시작하는 리프트를 타고 올라가면 된다. 또한 위 세 구역은 그 정상부근에서 서로 연결되어 있으므로 스키를 타고 이리저리 왔다갔다 할 수도 있다. 물론 리프트와 슬로프를 적절히 잘 이용해야 한다. 이 독립된 세 개의 스키장은 각각 나름의 특색을 가지고 있다.

먼저 스키지도상 제일 왼쪽에 표시되어 있는 하우스베르크(Hausberg) 스키장은 우선 버스나 기차를 이용한 접근성이 가장 좋다. 그리하여 많은 스키어들이 매일 이곳을 통하여 스키를 시작하고 또한 끝내기도 한다. 산의 고도는 세 봉우리 중 가장 낮지만, 그렇다고 마냥 초급자나 중급자용 슬로프만 있는 것은 아니다. 길고도 멋진 black course도 있어서 상급자도 충분히 즐길 수 있도록 되어 있다.

다음으로 세 개 중 지도상으로 가장 오른쪽에 있는 오스터펠더콥프(Osterfelderkopf) 구역은 그 바로 뒷편에 있는 더 높은 봉우리 이름을 따서 알프슈핏체(Alpspitze)(해발 2,628m) 구역으로 부르기도 한다.

이 구역은 스키구역이 모두 수목한계선(tree line)을 훌쩍 넘는 산정상 부근에 몰려 있어서, 즉 스키를 타고 베이스(Base)지역까지 내려오지 않고, 세 군데 모두를 스키를 타고 왕복하면서 즐기는 풍광이 뛰어나다. 고원에 펼쳐진 넓은 스키지역은 슬로프의 수도 많고 다양할 뿐만 아니라 어느 곳에서든지 눈덮힌 알프스의 산봉우리들을 즐길 수 있다. 특히 오스터펠더콥프(Osterfelderkopf) 정상에 있는 레스토랑은 최고의 전망을 자랑한다. 그곳에서의 식사나 커피 한잔은 강력히 추천할 만하다.

이제 스키지도상 classic 세 개 구역 중 가운데에 위치한 크로이츠엑크(Kreuzeck) 구역을 경험할 차례이다. 여기는 수목한계선 바로 밑부분에 슬로프가 펼쳐져 있어서 울창한 숲사이로 활주해 내려오는 재미가 각별하

다. 그런데 이 구역의 명물은 바로 옆 봉우리인 크로이츠요흐(Kreuzjoch)(해
발 1,719m) 정상에서 시작하여 베이스(Base)까지 장장 3,700m를 끊임없이 활
강할 수 있는 칸다하르(Kandahar) 슬로프 구간이다. 여기에 오르기 위해서
는 산중턱쯤에서 시작하는 칸다하르 익스프레스(Kandahar Express) 리프트
를 타야 하는데, 산정상에서 시작하는 지점의 경사가 너무나 급하기 때
문에, 그러한 급경사를 내려올 자신이 없는 스키어들을 위해서 리프트를
타고 올라가는 중간쯤에서 '도중하차 할 수 있는' 장치를 별도로 마련해
두었다. 자신이 없으면 그곳에서 내려야 한다. 일단 이곳을 지나치면, 어
쩔수 없이 정상까지 올라가서 급경사를 타고 내려올 수밖에 없다.

정상의 출발지점에 서니 과연 경사도가 장난이 아니다. 출발지점의
양쪽 끝에는 "주의! 급경사임! Expert Only! 경사도 92%"라는 경고문이
쓰여진 게시판이 설치되어 있다. 경사도가 92%라는 의미는 직각 삼각형
의 수직높이길이가 바닥길이의 92%에 해당된다는 의미이므로, 경사각
도로 환산하면 약 42° 정도 된다는 뜻이다. 우리가 TV에서 흔히 보는 스
키점프를 위한 점프대의 경사각도가 35° 전후라 하니까 42° 면 이보다 훨
씬 더 급경사인 셈이다. 내가 다녀본 세계 어느 곳의 경사도보다 훨씬 심
한 경사도 이었다. (참고로 미국의 아스펜: Aspen구역 등 몇 곳에서는 이에 버금가거나 이
보다 심한 구간이 있었다.)

다만 다행스러운 것은, 슬로프의 폭이 상당히 넓어서 옆으로 사활강
할 수 있는 공간이 충분하였고, 또한 슬로프의 눈상태가 잘 관리되어 있
어서 (즉, 눈이 짧여 얼음이 많이 나타나 있지 않아서) 스키날의 edge가 작동하기에
나쁘지는 않은 점이었다. 이러한 급사면을 100m가까이 타고 내려가면
그 다음부터 경사도가 약간 낮은 슬로프가 길고 길게 계속된다. 숨을 헐
떡이면서, 허벅지에 불이 나는 것 같은 통증을 참고 견디면서 한참을 활

강하면 마지막 약 200m쯤을 남겨놓고 마지막 급사면이 다시 나타난다. 시합을 하는 선수가 아닌 마당이므로 이쯤에서 스키를 멈추고 한숨 돌리면서 지나온 먼거리를 되돌아 본다.

우리나라나 일본에서 스키를 타면서, 다리가 아파서 더 못달릴 정도로 긴 슬로프를 쉬지 않고 타보는 것이 꿈이었는데, 막상 그러한 곳에 와 보니, 허벅지가 아파 쉬지 않을 수가 없다. 마지막 구간을 마저 활주해 끝내고 나니 만족감과 함께 따뜻한 차 한잔을 하고 싶은 피로감이 온몸을 덮쳐온다.

자료를 확인해 보니 위 칸다하르(Kandahar) 코스는 표고차가 940m, 총 활주거리가 3,700m로서 매년 이곳에서 월드 컵 스키 다운힐(World Cup Ski Downhill) 대회가 열리고 있다 한다.

다운힐(downhill) 스키장의 국제공인규격이 표고차 800m이상이어야 하고, 중간에 세 번 이상 jump할 구간이 있어야 한다는데, 이 규격을 넉넉히 충족시키고 있다. 우리나라 평창 동계올림픽에서 위 다운힐(downhill) 경기장 규격에 맞는 곳이 남한을 통틀어 가리왕산 한군데 밖에 없어 자연훼손을 해야 하는가를 놓고 논란이 많았던 일이 생각나 비교가 된다. 그리고 이 다운힐(downhill) 스키장의 이름에 들어가 있는 "칸다하르(Kandahar)"의 뜻과 그 명칭이 들어가게 된 경위는 앞서 융프라우(Jungfrau) 스키장을 설명하면서 자세히 본 바와 같다. 요컨대, 아프카니스탄의 칸다하르(Kandahar) 도시를 점령한 영국의 장군에게 부여된 작위의 이름인데, 다운힐(downhill) 스키의 발전에 이바지한 그의 공로를 기려서 '명품 downhill 슬로프(slope)'에 이 이름을 붙인 것이다.

이제 가르미슈(Garmisch) 스키장의 또 하나의 명물인 추크슈핏체(Zugspitze) 고원 구역을 가볼 차례이다. 독일의 최고봉인 이곳에 가기 위해

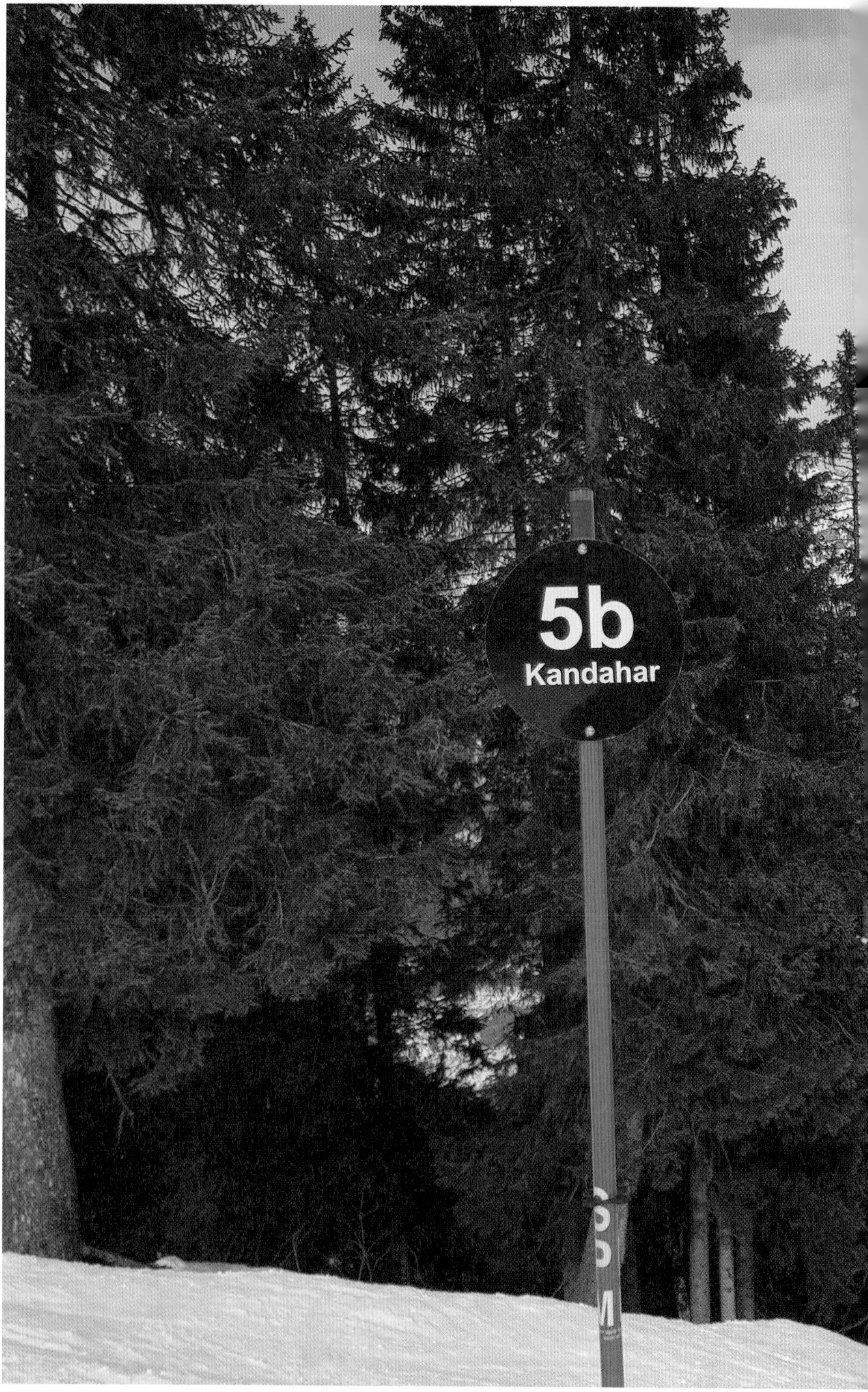
5b
Kandahar

칸다하르 출발지점

서는 기본적으로 기차를 탈 수밖에 없다. 이 기차도 역시 ski pass가 있으면 별도의 요금을 지불하지 않고 그대로 이용할 수 있다. 기차는 Ga-Pa 역에서 출발하는데, 주의할 점은 출발점이 '중앙역'이 아니라 중앙역 서쪽에 바로 붙어있는 추크슈핏체(Zugspitze)행 전용역이라는 것이다. 한 시간에도 몇차례 출발하는 기차는 중간에 6군데를 들러서 1시간 10분 정도 걸려 종착역인 추크슈핏츠플라트(Zugspitzplatt)(Zugspitze 고원)에 도착한다. 출발해서 네 정거장쯤인 그라이나우(Grainau)역에서 기차를 갈아타는 경우도 있으니 주의해야 한다. 물론 안내방송이 나온다. 마지막 중간역인 리펠리츠(Riffelriß)('톱니모양'의 '갈라진 틈'이라는 뜻으로 주위에 솟아있는 바위모습을 나타낸다.)를 지나서부터는 암벽속으로 뚫은 터널속으로 운행한다. 이 종착역에서 내려 다시 한번 그래처반(Gletzerbahn)이라는 곤돌라를 타면 추크슈핏체(Zugspitze)산 정상에 다다르고 밖의 테라스로 나가면 흰눈에 덮인 준봉들을 감상할 수 있다. 이곳에서는 다시 타고온 곤돌라를 타고 원위치로 돌아 올 수도 있지만, 아니면 바로 옆의 아이프제 자일반(Eibsee Seilbahn)을 이용하여 저 아래쪽의 아이프제 Eibsee(Eib 호수라는 뜻) 역까지 단숨에 내려갈 수도 있다. 또다른 선택가능성은 약간 옆쪽에 설치되어 있는 (쉽게 찾을 수 있다.) 케이블카 역으로 가서 오스트리아 쪽으로 내려가는 케이블카(이는 티롤러 추크슈핏츠반(Tiroler Zugspitzbahn)이라고 부른다)를 이용하여 오스트리아 지역으로 들어갈 수도 있다. 거의 3,000m 높이의 산정상에 식당 등 온갖 편의시설이 완비되어 있는 것이 놀랍다.

이제 스키를 타기 위하여 종착역인 추크슈핏츠플라트(Zugspitzplatt) 역에서 밖으로 나오면, 어떻게 이렇게 높은 곳에 이만큼 넓고 광활한 구역(고원)이 있을까 싶은 광경이 벌어진다. 이 구역 자체만으로도 웬만큼 큰 스키장이 되기에 충분할 정도이다. 이 고원스키장만을 위한 지도가 따로 있기는 하지만, 정상으로부터의 시야가 너무 좋아서 (단, 날씨가 좋은 것을 전 제로 해서) 한 눈에 전체 구도가 파악될 수 있다. 전 구역이 수목한계선 윗 부분이라 좋은 시야에서 모든 슬로프를 마음껏 활주할 수 있다. 맨 아래 쪽에 깊숙히 있는 브룬탈(Brunntal) 구역을 제외하고는 난이도 역시 중급 정도여서 하루종일을 이곳에서 지내어도 지루하지 않을 듯하다. 마지막 귀환열차의 출발시간을 미리 잘 파악하여 막차를 놓치지 않도록 해야 함 은 물론이다.

　여기에서 추크슈핏체(Zugspitze)로 스키를 타러 가는 분들에게 강력하 게 추천하고 싶은 코스를 이야기해야겠다. 이 코스는 스키지도상에 리 펠리츠(Riffelriß)역에서 출발하여 아이프제(Eibsee)역에 도달하는 중급자 코 스(red course)로 그냥 무심하게(?) 표시되어 있으나 그냥 그렇게 지나칠 코 스가 결코 아니다. 나의 의견으로는 가르미슈(Garmisch)의 스키 코스 중에 서, 앞에서 이미 본 칸다하르(Kandahar) 코스가 '드러난 보석'이라면, 이 리 펠리츠(Riffelriß) 코스는 '숨겨진 보석'이라고 할 수 있을 것 같다. 이 코스 를 경험하기 위하여는 추크슈핏체(Zugspitze)로 올라가거나 아니면 반대 로 그곳에서 내려가는 기차를 타고 리펠리츠(Riffelriß)역에서 내려야 한다. 중간의 아주 작은 정류장인 이곳은 오로지 위 코스를 타기 위해서 만들 어진 곳이다. 여기에서 내리는 승객이 별로 없기에 열차가 이 역에 가까 이 접근하면, 안내방송으로 "이 역에서 내리실 분은 (기차 안에 설치되어 있는) 버튼을 눌러 주세요"라는 멘트가 나온다. 기차에서 내려 스키를 메고 약 100m 정도 걸어가면 (한갈래 길 밖에 없다) 갑자기 눈앞으로 계곡을 따라 숲 속으로 길게 나있는 슬로프가 나타난다. 나는 그 매력에 이끌려 네 번이 나 이곳을 찾아갔었는데 어떤때는 깊은 계곡 속에 나와 아내만이 있는 경우도 있었다. 슬로프는 적당히 완만하고 바닥의 설질은 최고의 상태이

Zugspitze행 열차

며, 잠깐 머물러서 뒷면의 경관을 살펴보니 삐죽삐죽 높이 솟은 바위산
들이 병풍처럼 둘러져 있다. 리펠리츠(Riffelriß)의 의미 그대로 '톱니모양'
의 바위절벽 그대로이다.

황홀한 활강을 한참 즐기고 나면 아이프제(Eibsee)역에 도착한다. 이곳
에서는 잠시 걸어 역으로 가서 상행선(추크슈핏체: Zugspitze 행) 또는 하행선
(가르미슈: Garmisch역 행)의 기차를 탈 수도 있고, 아니면 바로 그곳에서 출발
하는 케이블카 '자일반 추크슈핏체(Seilbahn Zugspitze)'를 타고 다시 산정상
으로 갈 수도 있다. 이 구간은 수목한계선 아래 지역이어서 울창한 숲길
사이로 난 슬로프는 오래도록 기억으로 남는다.

한 가지 주의사항은 이곳 리펠리츠(Riffelriß)에서 내릴 계획이면 반드
시 열차 안에 스키를 가지고 타야 한다. 즉, 스키를 열차 밖(옆)에 있는 스
키 거치대(holder)에 꽂아두고 열차를 타면 안된다. 왜냐하면 위 리펠리츠
(Riffelriß)역에서는 다른 곳에서와는 달리 스키 거치대가 있는 반대쪽으로
기차의 문이 열려 그곳으로 내려야 하기 때문이다. 물론, 이러한 안내 방
송이 나오기는 한다.

가르미슈(Garmisch) 스키 구역에 대한 이야기를 정리하면서 몇가지 추
가해 둘 사항이 있다. 하나는 가르미슈(Garmisch) 스키 여행에는 한 가지
보너스 사항이 있다. 즉, 조금만 여유를 가지고 하루쯤 할애를 한다면, 바
로 인접한 오스트리아의 티롤(Tirol) 지역의 스키장을 경험해 볼 수 있다
는 것이다. 이 스키장은 사실 앞에서 본 독일의 추크슈핏체(Zugspitze) 산의
바로 뒷면에 펼쳐져 있는 넓고 넓은 스키장들이다. 그곳에 가기 위해서
는 가르미슈(Garmisch) 기차역의 서쪽에 있는 버스정거장에서 리니에(Linie)
2(2번노선) Bus(게스테 부스: Gäste Bus라고 한다)를 타고 약 35분을 가면 오스트리
아의 에어발트(Ehrwald) 역에 도착한다. 그곳에는 여러 개의 버스노선이

리펠리츠 전경(저 멀리 추크슈핏체 정상이 보인다)

리펠리츠 입

있어서 티롤러 추크슈핏체(Tiroler Zugspitze) 스키구역의 모든 곳으로 순환 운행하고 있다. 이 구역에는 크게 보아 6개 정도의 스키장들이 있는데 각각이 전혀 손색없는 훌륭한 규모를 자랑하고 있다. 그중에서도 그루비히 슈타인(Grubigstein) 스키장이 가장 선호되고 있는 것 같았다.

흥미로운 것은 스키지도상의 맨 왼쪽 하단에서 출발하는 티롤러 추크 슈핏츠반(Tiroler Zugspitzbahn) 케이블카를 타면 오스트리아 쪽에서부터 추크슈핏체(Zugspitze) 정상에 다다를 수 있다. 이곳은 앞서 본 독일쪽에서 올라오는 케이블카(자일반 추크슈핏체: Seilbahn Zugspitze)와 정상에서 만나도록 되어 있다. 오스트리아행의 게스테 부스(Gäste Bus) 역시 Ga-Pa 카드로 무료로 이용할 수 있으며, 오스트리아 구역 내의 모든 스키장도 역시 독일에서 구입한 Ski-Pass로 자유롭게 이용가능하다. 진정한 세계화가 완성되어 있음을 느끼게 한다.

가르미슈(Garmisch)에 대한 마지막 이야기는 스키 이외의 화제로 정리하고자 한다.

우선, 가르미슈(Garmisch)는 독일의 유명한 작곡가 리하르트 슈트라우스(Richard Strauss)가 1949년에 사망할 때까지 생애의 대부분을 지낸 곳이다. 따라서 매년 그와 관련된 음악활동이 많이 열리고 있다.

다음 가르미슈(Garmisch) 인근(버스로 약 45분 거리)에 있는 오버암머가우(Oberammergau) 마을은 특별한 역사를 가지고 있어서 한번 방문할 가치가 충분히 있다. 즉, 1632년 유럽에 페스트가 번져 수많은 주민들이 죽어갈 당시, 주민들이 하느님께 기도를 올리면서, "이 페스트로부터 마을주민을 구제해 주신다면, 영원토록 주님을 믿고 섬기겠다"고 약속하였다. 그런데 기적적으로 위 기도가 받아들여져서, 그 이후 1634년부터 예수 수

난극(파시온스스필: Passionsspiel)을 공연해 왔다.

이 공연은 현재까지 매 10년마다 한번씩 5월부터 10월까지 8시간에 걸쳐 행해지는데 (다음 공연은 2020년으로 예정됨), 모든 출연자(주연을 포함하여)는 마을주민들로만 구성되어 있고 5,000명의 주민 중 어린이부터 94세까지 2,500명이 참여한다고 한다. 이 수난극 전용극장에서는 매일 두시부터 가이드가 동행하는 투어가 열리는데, 역사적 배경, 극장내부구조, 각종 의상 및 공연도구 등이 진열되고 있고, 상세한 설명이 더해져서 정말로 흥미롭다. 공연은 독일어로만 행해지고 (영어 번역이 없다.) 일정 기간(3년) 이상 위 마을에 거주하는 주민만이 위 공연에 참가할 수 있다고 한다.

그런데 2020년 초에 예상치 못했던 돌발사태가 발생하였다. 즉, 코로나 팬데믹이 발생한 것이다. 고심 끝에 운영위원회는 2020. 5. 16부터 2020. 10. 4까지로 예정되었던 제42회 예수수난극의 공연을 2년 연기하여 2022. 5. 14에 첫 공연을 하기로 결정하였다.

주민, 공연 참가자 및 관객의 건강을 최우선적으로 고려한 조치였지만, 이 공연의 출발점이 페스트라는 전염병이었다는 사실에 생각이 미치니, 묘한 아이러니를 느끼게 된다.

가르미슈(Garmisch) 인근에는 두 군데 더 방문해야 할 곳이 있다.

하나는, 현지인들이 노이슈반슈타인(Neuschwanstein)보다 훨씬 더 사랑하는 린더호프(Linderhof) 성이고, 다른 하나는 성지순례하는 기독교인들의 필수 방문코스인 에탈 클로스터(Ettal Kolster)(수도원)이다.

참고로 가르미슈-파르텐키르헨(Garmisch-Partenkirchen)은 우리나라 평창과 함께 2018년 동계올림픽의 개최지로 신청하였으나, 주민들의 반대로 무산되었다. 구태여 개최의 필요성을 느끼지 못한 것이다.

가르미슈(Garmisch)에의 이번 스키여행은 지난 20여 년 동안의 여행경험에서 터득한 여러 know-how들이 어울러져서 편안하고 즐겁고 품위있는 여행이 되었고, 여기에 더하여 12일간의 모든 일정이 나의 독립적인 기획에 따라 이루어진 것이어서 더욱 만족감과 성취감이 높아졌다고 자찬하고 싶다.

가르미슈-파르텐키르헨(Garmish-Partenkirchen)을 끝으로 나의 "개인적인" 세계 스키장 순례는 "공식적으로" (두 단어의 조합이 서로 어울리지 않아 보이지만) 마무리 되었다.

큰 사고없이 스키여정을 지내온 행운에 감사한다.

이제 앞으로 혹시 기회가 생기면, 스웨덴(Sweden)의 Åre("Ore"라고 읽는다.)나 이란(Iran)의 토찰(Tochal) 산에 있는 스키장들(예, 디진: Dizin 등)을 찾아보고 싶다.

페스트 극장입구

Das offizielle Plakat, 1934
The slogan 'Germany is calling you!' on the official poster, 1934

린더호프 내부

나는 왜 스키를 하는가?

　　지난 20년간 나름 열심히 외국으로 스키여행을 다녔다. 멀리 또는 가까이, 험한 곳 또는 평이한 곳, 남들이 많이 가는 곳 또는 별로 가지 않는 곳 등 여러 곳을 경험하였다.

　　돌이켜 보건대, 나는 왜 그렇게 눈을 찾아, 눈에 빠져, 이곳저곳을 싸돌아 다녔을까?

　　한마디로 정리하자면, '스키에서만 즐길 수 있는 "재미"를 느끼고 만끽하기 위해서'였다. 스키에서 맛보는 세 가지 황홀경이 그것이다. 'grooming이 잘된, 경사도가 적당한 설면을 정확한 edge를 넣어, 커다란 S 자를 그리며, 활강해 내려갈 때의 쾌감을 느끼기 위해서'였다. 나아가 '드물게 만나게 되는 파우더 스노우(powder snow)로 가득찬 계곡을, rhythm을 잘 맞추어 상하운동을 하면서 춤추듯이 내려올 때 나타나는 무중력상태의 황홀감을 느끼기 위해서'였다. 그리고 '뜻밖에 만나게 되는, 경사도가 아주 낮은 슬로프(slope)에, 흰 눈송이가 사뿐히 내려 쌓인 곳을, 여유롭게 지나가면서 발끝부터 올라오는, 비단길을 걷는 듯한 포근함을 느끼기 위해서'였다.

　　이를 위해서 많은 것을 바쳤다.

　　하지만 이것만이 전부는 아니다.

　　스키를 위해서는 어차피 눈이 있는 산간벽지(오지)를 찾아 다녀야 하는 만큼, 스키장의 정상에 서면 평소에는 보기 어려운 광활한 자연을 보면서 호연지기를 느끼게 된다. 하찮은 인간이라는 생각이 나를 겸손하지 않을 수 없게 만든다.

　　3,000m 이상의 눈덮힌 봉우리들을 내려다 보면 세상사의 추한 면면들이 모두 흰 눈에 덮혀 보이지 않는다. 그러한 까닭에 많은 skier들이 눈 녹는 봄이 닥쳐와 시커먼 바위들이 드러나고 일상에 돌아갈 생각을 하면

서 슬퍼하는 이유인 듯하다. 그래서 로맹 가리(Romain Gary)가 소설 "게리 쿠퍼여 안녕(Adieu Gary Cooper)"(최초 제목은 "Ski Bum"(스키꽝))을 쓰면서 "사는 게 더러워? 그러면 해발 2,500m 아래 세상은 아예 똥바다로 여기는, 나같은 스키 건달로 살아보는 건 어때?"라고 속삭였던 것은 아닌지?

또한 스키를 통해서 나와 크게 다른 skier들을 만나 어려움을 함께 경험하는 과정에서 나의 생각만이 반드시 옳거나 전부가 아니며, 나와는 다른, 때로는 정반대의, 생각을 가진 사람도 많을 뿐만 아니라, 그들도 세상을 "잘" 살아가고 있다는 것을 느끼게 된다. 사람에 대해서 많이 배우게 된다.

나아가, 스키를 하면서, 인간은 자연법칙에 순응하면서 사는 것이, 순리이고 잘 사는 것이라는 깨우침을 얻게 된다. 우주를 지배하는 큰 힘인 중력에 순응하고 이를 적절히 활용하는 것이 인간이 할 수 있는 유일한 길이다. 인간이 하는 다른 모든 일과 마찬가지로, 스키에서도 자연법칙에 순응·적응하는 것이 잘하는 비결이다.

그러나, 위에서 말한 모든 것에도 불구하고, 나의 마음 깊은 곳에서는 또다른 생각이 꿈틀거리고 있음을 억누를 수 없다. 나는 과연 앞서 말한 즐거움과 유용성 때문만에 의해서, 스키를 하고, 그러면서도 일부러 난 코스나 위험한 구역을 찾아들어 갔던가. "아니다." 인간이 하는 다른 모든 짓(?)들과 마찬가지로 스키도 역시, "좀더 잘 살아보려는 사람의 발버둥이다." 알고 보면, 기가막힌 인생의 굴곡·풍파를 겪어오면서 이를 이겨내려고, 아니, 이를 잊어버리고 덮어버리려고 눈을 찾아나서고, 눈녹는 봄이 오는 것을 슬퍼하는 사람들이 있다는 것을 나는 알고 있다. 나도 역시 마찬가지였다.

남들은 건강부회라고 폄하할른지 모르겠으나, 내 나름으로는, "나의 평생의 직업적 소망이자, '정의를 실현함에 있어서 요체'인 '용기'를 잃지 않고 간직하기 위해서 였다"고 고백하지 않을 수 없다.

이제 스키와 관련하여 내가 하고 싶은 이야기를 모두 마쳤다.

그런데, 이전에 생각지도 못했던 이상한 느낌이 든다.

책이라는 것은 사람의 삶을, 그 중에서도 그에게 일어난 가장 인상적인 (때로는 감동적이고 때로는 끔찍한) 일을 되살린 기억일 터이다.

사람들은 이 기억을 매력적인 것처럼 꾸며내지만 실은 그러하지 못하다.

오히려 너무나 힘들고 쓰라린 기억들로 가득 차있다.

사람의 삶이라는 것이, "대부분은" 흐리다가 "가끔" 맑고 해가 비치는 것과 마찬가지로…….

여기에서부터 책의 마술이 시작된다. 즉, 이러한 기억들을 적어 책으로 엮어내게 되면 희한하게도 이들은 기억되는 것이 아니라 잊어버리게 된다.

이 같은 마술 때문에 뭇 사람들이 쓰라린 기억들을 모아 책을 쓰는 것이 아닌가 싶다.

지난 20년간 깊은 눈속을(Into Deep Snow) 다녀온 후, 이제 sweet home으로 돌아와 일상에 젖어 지내는데, 존 크라카우어(John Krakauer)가 "에베레스트에서 어렵게 살아 돌아온 후, 에베레스트에 대한 열정이 사라져 버렸다"("희박한 공기 속으로": Into Thin Air)고 말한 것이 새삼스럽게 떠오른다.

부 록

01 세계 스키장 '총' 목록: ADAC Ski Guide (2009) (A4 크기, 총 784면)

(우리나라의 '모든' 스키장도 포함되어 있음)

02 유럽 스키장 '총' 목록:

ADAC Ski Guide (2018)

Die besten Skigebiete in Europa (A4 크기, 총 671면)

03 세계 100대 스키장(100 Best Ski Resorts of the World)

(Gerry Wingenbach 지음)

04 가장 아름다운 40개 스키장(Die 40 Schönsten Ski Resorts - von Aspen bis Zermatt)

(Arnie Wilson 지음: Christian Verlag)

05 나의 해외 스키여행 일지 (일본 이외 지역)

06 나의 일본 스키여행 일지

03 세계 100대 스키장(100 Best Ski Resorts of the World)

NORTH AMERICA

United States
ALASKA
알리에스카 리조트(Alyeska Resort)

California
헤븐리 스키 리조트(Heavenly Ski Resort)
맘모스 마운틴(Mammoth Mountain)
스쿠어 밸리(스쿠어 밸리(Squaw Valley))
  USA

Colorado
아스펜(Aspen)
비버 크리크 리조트(Beaver Creek Resort)
브렉켄리지 스키 리조트(Breckenridge Ski Resort)
코퍼 마운틴 리조트(Copper Mountain Resort)
크레스티드 벗 마운틴 리조트(Crested Butte Mountain Resort)
키스톤 리조트(Keystone Resort)
스팀보우트 스키 리조트(Steamboat Ski Resort)
테루라이드 스키 리조트(Telluride Ski Area)
베일(Vail)
윈터 파크 리조트(Winter Park Resort)

Idaho
선 밸리 리조트(Sun Valley Resort)

Maine
슈거로우프(Sugarloaf/USA)
선데이 리버 스키 리조트(Sunday River Ski Resort)

Montana
빅 마운틴 리조트(Big Mountain Resort)
빅 스카이 리조트(Big Sky Resort)

New Hampshire
룬 마운틴 리조트(Loon Mountain Resort)
워터빌 밸리 리조트(Waterville Valley Resort)

New Mexico
타오스 스키 밸리(Taos Ski Valley)

New York
화이터페이스 마운틴(Whiterface Mountain)

Oregon
마운트 베철러(Mount Bachelor)

Utah
알타 스키 에리어(Alta Ski Area)
더 케년스(The Canyons)

디어 밸리 리조트(Deer Valley Resort)
파크 시티 마운트 리조트(Park City Mountain Resort)
스노우버드 스키 엔 섬머 리조트(Snowbird Ski and Summer Resort)
솔리튜드 마운틴 리조트(Solitude Mountain Resort)

Vermont
제이 피크 리조트(Jay Peak Resort)
킬링톤 리조트(Kilington Resort)
마운트 스노우(Mount Snow)
스토우 마운틴 리조트(Stowe Mountain Resort)
스트라톤 마운틴 리조트(Stratton Mountain Resort)
슈거부쉬 리조트(Sugarbush Resort)

Washington
크리스탈 마운틴(Crystal Mountain)

Wyoming
잭슨 홀 마운틴 리조트(Jackson Hole Mountain Resort)

Canada

Alberta
레이크 루이스 스키 에리어(Lake Louise Ski Area)
스키 마못 베이슨(Ski Marmot Basin)
선샤인 빌리지 리조트(Sunshine Village Resort)

British Columbia
페르니 알파인 리조트(Fernie Alpine Resort)
킴벌리 알파인 스키 리조트(Kimberley Alpine Ski Resort)
휘슬러-블랙콤 리조트(Whistler-Blackcomb Resorts)

Quebec
몽-생-안느(Mont-Sainte-Anne)
트랑블랑(Tremblant)

EUROPE

Austria
바트 가스타인(Bad Gastein)

인스브룩(Innsbruck)

이쉬글(Ischgl)

킷츠뷜(Kitzbühel)

레히(Lech)

마이르호펜(Mayrhofen)

잘바흐-힌터글램(Saalbach-Hinterglemm)

슈라드밍(Schladming)

제펠트(Seefeld)

죌텐(Sölden)

세인트 안톤 암 알베르크(St. Anton am Arlberg)

스투바이 글래시어(Stubai Glacier)

첼 암 제(Zell am See)

France
알프 드 후에즈(Alpe d'Huez)

아보리아-모르진(Avoriaz-Morzine)

샤모니-몽 블랑(Chamonix-Mont Blanc)

쿠슈벨(Courchevel)

플레인(Flaine)

라 클루사-르 그랑-보르나르(La Clusaz-Le Grand-Bornard)

라 플라뉴(La Plagne)

레 자크(Les Arcs)

레 되 알프/라 그라브(Les Deux Alpes/La Grave)

메제브(Megève)

메리벨(Méribel)

틴느(Tignes)

발 디제르(Val d'Isère)

Germany
가르미슈-파르텐키르헨(Garmisch-Parten-kirchen)

Italy
보르미오(Bormio)

체르비니아(Cervinia)

코르티나 담페초(Cortina d'Ampezzo)

쿠르마요르(Courmayeur)

마돈나 디 캄피글리오(Madonna di Campi-glio)

발 가르데나(Val Gardena)

Spain
시에라 네바다(Sierra Nevada)

Sweden
오레(Åre)

Switzerland
아로사(Arosa)

샹페리(Champéry)

크란-몬타나(Crans-Montana)

다보스(Davos)

엥겔베르크(Engelberg)

그린델발트(Grindelwald)

그슈타드(Gstaad)

클로스터스(Klosters)

사스-페(Saas-Fee)

생 모리츠(St. Moritz)

베르비에(Verbier)

벵엔 엔드 뮤렌(Wengen and Mürren)

체르마트(Zermatt)

SOUTH OF THE EQUATOR

Argentina
바리로체(Bariloche)
라스 레냐스(Las Leñas)

Chile
포르티요(Portillo)

New Zealand
마운트 쿡 타스만 글레시어(Mount Cook Tasman Glacier)
퀸스타운(Queenstown)

04 가장 아름다운 40개 스키장-아스펜부터 체르마트까지

[Die 40 schönsten Ski Resorts – Von Aspen bis Zermatt(Arnie Wilson)]

EUROPA

FRANKREICH

발 디제르 & 틴느(Val d'Isère & Tignes)

쿠슈벨 & 레 트루아 발레(Courchevel & Les Trois Vallées)

샤모니 & 아르장티에(Chamonix & Argentière)

레 자크 & 라 플라뉴(Les Arcs & La Plagne)

라 그라브 & 레 되 알프)(La Grave & Les Deux Alpes)

Österreich

세인트 안톤 암 알베르크(St. Anton am Arlberg)

키츠뷜(Kitzbühel)

이쉬글(Ischgl)

SCHWEIZ

체르마트(Zermatt)

베르비에(Verbier)

생 모리츠(St. Moritz)

다보스 & 클로스터스(Davos & Klosters)

안더마트(Andermatt)

DEUTSCHLAND

가르미슈-파르텐키르헨(Garmisch-Partenkirchen)

ITALIEN

코르티나 담페초(Cortina d'Ampezzo)

볼켄슈타인 & 그뢰드너탈(Wolkenstein & Grödnertal)

SKANDINAVIEN

오레(Åre)

릭스그랜센 & 나르빅(Riksgränsen & Narvik)

NORD & SÜDAMERIKA

KANADA

휘슬러 & 블랙콤(Whistler & Blackcomb)

레이크 루이스 & 벤프(Lake Louise & Banff)

페르니(Fernie)

USA

아스펜(Aspen)

잭슨 홀(Jackson Hole)

레이크 타호(Lake Tahoe)

베일(Vail)

파크 시티, 스노우버드 & 알타(Park City, Snowbird & Alta)

타오스 스키 밸리(Taos Ski Valley)

텔루라이드(Telluride)

CHILE

발레 네바도, 라 파르바 & 엘 콜로라도
  (Valle Nevado, La Parva & El Colorado)

포르티요(Portillo)

ARGENTINIEN

라스 레냐스(Las Leñas)

산 카를로스 데 바리로체(San Carlos de
  Bariloche)

GIPFEL IM PAZIFIK

JAPAN

하포네 & 시가고겐(Happo-one & Shiga
  kogen)

NEUSEELAND

트레블 콘(Treble Cone)

루아페후(Ruapehu)

AUSTRALIEN

진다바이브: 스레드보 & 페리셔 블루
  (Jindabybe: Thredbo & Perisher Blue)

HELISKING

블루리버(Blue River)

발데즈(Valdez)

마날리(Manali)

아오라키/마운트 쿡(Aoraki/Mount Cook)

05 나의 해외스키여행 일지(시간순)(일본 이외 지역)

1. 벤프(Benff)(Lake Louis, Sunshine Village)(Lookout Mtn. , Goat's Eye) (2000. 4월)
2. 퀸스타운(Queenstown) (2001. 8월)
3. 휘슬러-블랙콤(Whistler-Blackcomb) (2002. 2월)
4. 폴스 크리크(Falls Creek) (2002. 8월)
5. 레이크 타호(Lake Tahoe) (2003. 3월)
6. 스레드보(Thredbo)(페리셔 블루: Perisher Blue) (2003. 8월)
7. 플레인(Flain) (2004. 1월)
8. 테르마스 데 치안(Termas de Chian), 포르티요(Portillo), 발레 네바도(Valle Nevado) (2004. 8월)
9. 발 토랑스(Val Thorens)(메리벨: Meribel, 쿠슈벨: Couchevell) (2005. 2월)
10. 마운트 헛(Mt. Hutt) ① (2005. 8월)
11. 체르마트(Zermatt) ① (2006. 1월)
12. 키스톤(Keystone)(베일: Vail) (2006. 3월)
13. 퀸스타운(Queenstown) (2006. 8월)
14. 아보리아 - 모르진(Avoriaz – Morzine) (2007. 2월)
15. 마운트 헛(Mt. Hutt) ② (2007. 9월)
16. CMH 헬리 스키(CMH Heli Ski) ① (2008. 1월)
17. 바리로체(Bariloche), 체로 카스토르(Cerro Castor) (2008. 9월)
18. CMH 헬리 스키(CMH Heli Ski) ② (2009. 1월)
19. 솔트 레이크 시티(Salt Lake City)(더 케넌스: The Canyons, 파크시티: Park City, 디어 밸리: Deer Valley, 스노우 버드: Snow Bird, 잭슨 홀: Jackson Hole) (2010. 2월)
20. 아스펜(Aspen)(아스펜 마운틴: Aspen Mtn., 아스펜 하이랜드: Aspen Highlands, 스노우 매스: Snow Mass, 비버 크리크: Beaver Creek) (2011. 2월)
21. 마운트 루아페후(Mt. Ruapehu) (2011. 8월)
22. 샤모니(Chamonix)(메제브: Megève) (2012. 3월)
23. 스쿠어 밸리(Squaw Valley), 알파인 메도우(Alpine Meadow), 맘모스(Mammoth) (2013. 3월)

24. 체르마트(Zermatt) ② (2014. 1월)

25. 그린델발드(Grindelwald) (2014. 2월)

26. 완다(万达) 리조트(长白山 스키장) (2014. 12월)

27. 파라디 스키(Paradi Ski), 레시벨(Les Sybelles) (2015. 1월)

28. 스노우 볼(Snow Bowl), 빅 스카이(Big Sky), 브릿저 볼(Bridger Bowl), 그랜드 타기 (Grand Thaghee), 잭슨 홀(Jackson Hole) (2015. 3월)

29. 피레네(Pyrénées), 생 라리(St. Lary) (2016. 1월)

30. 돌로미테(Dolomite) (2016. 2월)

31. 침불락(Symbulak) ① (2017. 12월)

32. 사할린 ①(고르니 보즈두흐) (2017. 3월)

33. 야불리(Yabuli) (2017. 3월)

34. 침불락(Symbulak) ② (2017. 12월)

35. 사할린 ②(고르니 보즈두흐) (2018. 1월)

36. 세인트 안톤(St. Anton), 레히(Lech) (2018. 2월)

37. 시베리아(세레게쉬) (2018. 11월)

38. 구다우리(Gudauri) (2019. 1월)

39. 가르미슈-파르텐키르헨(Garmisch – Partenkirchen) (2019. 2월)

40. 침불락(Symbulak) ③ (2019. 3월)

멋진 세상, 스키로 활강하다

06 나의 일본 스키여행 일지(시간순)

1. 시가고겐 ① (2001. 1월)
2. 루스츠 ① (2002. 4월)
3. 후꾸시마 (이나와시로, 아르츠 반다이) (2003. 1월)
4. 핫꼬다 (2003. 3월)
5. 나에바 ① (2004. 3월)
6. 니세꼬 ① (히라후, 히가시야마, 안누푸리) (2004. 3월)
7. 자 오 (2004. 12월)
8. 하꾸바 ① (2005. 2월)
9. 시가고겐 ② (2005. 12월)
10. 압 비 (2006. 12월)
11. 시츠구이시 ① (2007. 2월)
12. 니세꼬 ② (2007. 3월)
13. 키로로 ① (2007. 4월)
14. 시츠구이시 ② (2007. 12월)
15. 루스츠 ② (2008. 1월)
16. 후라노 (2008. 2월)
17. 니세꼬 ③ (2008. 3월)
18. 시가고겐 ③ (2009. 1월)
19. 니세꼬 ④ (2010. 1월)
20. 나에바 ② (2010. 2월)
21. 하꾸바 ② (2011. 2월)
22. 키로로 ② (2012. 1월)
23. 루스츠 ③ (2012. 2월)
24. 루스츠 ④ (2013. 2월)
25. 나에바 ③ (2014. 1월)
26. 묘고고원 (2016. 1월)
27. 아사히 다케 (2016. 12월)
28. HBC 스키(키로로, 모이와, 루스츠, 니세꼬, 치세노푸리, 테이네) (2018. 12월)

저자약력

양삼승(梁三承)

1947 서울 출생
1965 경기고등학교 졸업
1970 서울대학교 법과대학 졸업
1972 제14회 사법시험 합격
1974 서울 민사지법 판사
1977 독일 Göttingen(괴팅겐) 대학·법원 연수
1987 서울대학교 법학박사(민사법)
1990 헌법재판소 연구부장
1992 서울 형사지법 부장판사
1994 서울 민사지법 부장판사
1998 서울고등법원 부장판사, 대법원장 비서실장
1999 법무법인 화백, 대표 변호사, 영산대학교 부총장
2003 법무법인(유) 화우, 대표 변호사
2012 영산대학교 석좌교수
2014 영산법률문화재단 이사장

저 서

• 법과 정의를 향한 여정(까치출판사, 2012년 출간)
• 권력 · 정의 · 판사(까치출판사, 2017년 출간)

논 문

• 가정적 인과관계론(1982) (석사 논문)
• 손해배상의 범위에 관한 기초적 연구(1988) (박사 논문)
• 정정보도청구권(반론보도청구권)의 법적성질, 헌법상 비례의 원칙 등 다수

멋진 세상, 스키로 활강하다 -아스펜에서 체르마트까지-

초판발행	2020년 8월 15일
지은이	양삼승
펴낸이	안종만 · 안상준
편 집	배근하
기획/마케팅	조성호
표지디자인	조아라
제 작	우인도 · 고철민
펴낸곳	(주) **박영사**
	서울특별시 종로구 새문안로3길 36, 1601
	등록 1959. 3. 11. 제300-1959-1호(倫)
전 화	02)733-6771
f a x	02)736-4818
e-mail	pys@pybook.co.kr
homepage	www.pybook.co.kr
ISBN	979-11-303-0974-3 03690

정 가   25,000원